普通高等教育经济与管理类规划教材

销售管理

(第2版)

杜向荣 主编

清华大学出版社
北京交通大学出版社

·北京·

内容简介

本书涵盖了销售管理的主要内容体系，全书围绕销售规划设计与管理、销售技术探索和销售人员管理三条主线展开。销售规划与设计主要包括销售预测的方法及工具、销售预算体系与销售预算方法、销售目标的制定与分解、销售计划的编制与执行、销售区域的设计与管理、企业整体销售业绩评估与控制；销售技术探索主要包括销售活动中的日常规范、销售过程管理与控制、销售技巧与方法；销售人员管理主要包括销售人员的招聘、培训、考核与激励及薪酬管理，销售经理的基本技能及工作重点和销售团队建设。除此以外，本书还重点介绍了销售管理组织体系的设计、企业客户的信用管理与应收账款管理等相关内容。

本书是为适应培养现代高级销售管理人才的需要而编写的教材，通过学习能够掌握企业销售管理的基本方法和手段，具备运用相关理论和方法解决企业在销售活动中解决实际问题的能力。

本书适合作为高等院校工商管理、市场营销、旅游管理等专业本科生和研究生的教材，也可供从事工商管理实践的企业中高层管理人员及销售人员参考使用。

本书封面贴有清华大学出版社防伪标签，无标签者不得销售。
版权所有，侵权必究。侵权举报电话：010-62782989　13501256678　13801310933

图书在版编目（CIP）数据

销售管理/杜向荣主编. —2版. —北京：北京交通大学出版社：清华大学出版社，2013.7（2017.7重印）
普通高等教育经济与管理类规划教材
ISBN 978-7-5121-1516-3

Ⅰ. ①销… Ⅱ. ①杜… Ⅲ. ①销售管理-高等学校-教材 Ⅳ. ①F713.3

中国版本图书馆CIP数据核字（2013）第146389号

责任编辑：赵彩云　　特邀编辑：林夕莲	
出版发行：清　华　大　学　出　版　社　邮编：100084　电话：010-62776969	
北京交通大学出版社　　　　　邮编：100044　电话：010-51686414	
印　刷　者：北京时代华都印刷有限公司	
经　　　销：全国新华书店	
开　　　本：185×260　　印张：16　　字数：400千字	
版　　　次：2010年3月第1版　2013年8月第2版　2017年7月第6次印刷	
书　　　号：ISBN 978-7-5121-1516-3/F·1203	
印　　　数：12 501～14 500册　　定价：32.00元	

本书如有质量问题，请向北京交通大学出版社质监组反映。对您的意见和批评，我们表示欢迎和感谢。
投诉电话：010-51686043，51686008；传真：010-62225406；E-mail：press@bjtu.edu.cn。

第 2 版前言

第 2 版教材在编写过程中尽量从国内外最前沿的销售管理理论出发，结合国内外企业销售管理的成功案例，把抽象的销售管理理论和方法同现实的企业销售活动实践相结合，突出企业销售管理决策时代性。全书包括三大内容体系：第一部分为销售规划管理与设计，主要研究企业销售组织的结构设计与岗位职能设计、销售预测的方法与工具、销售预算的确定与控制、销售计划的内容和制订与执行、销售区域的设计与管理、企业信用管理与应收账款的管理等；第二部分内容属于销售技术探索，主要研究销售准备、销售展示、处理异议、促成交易和售后服务的方法与技巧，销售活动中的商务礼仪常识等；第三部分为销售人员管理与团队建设，主要研究销售人员的招聘、培训、激励、绩效评价、薪酬管理，销售经理的技能和销售团队建设与管理等。

第 2 版教材在编写过程中力求理论与实践密切结合，突出实用性，突破目前同类教材中对销售管理与营销管理不加以区分和界定的做法，在主要章节中使用案例来诠释相关理论含义，重点章节用综合性案例配合学习，特别是在每一章后面增加了相关综合案例，使得读者能够深入理解和掌握相关理论的应用方法。另外，教材的编写尽力结合目前理论界较新的研究成果，并努力反映当代企业管理的发展趋势和新思维、新观念、新方法。

本书既是对前人研究成果的总结和发展，也是集体智慧的结晶，在编写过程中得到了许多专家学者的热情帮助和无私支持，同时也参考了国内外大量的文献资料，并尽可能地在引用时注明出处或者在参考文献中予以列出。在此特别对所参考的书籍、期刊、论文的作者及相关网站表示最诚挚的谢意。最后，由于时间紧迫，加之编写人员水平所限，书中难免有错漏之处，敬请广大读者批评指正。

编　者
2013 年 8 月

前　言

销售管理理论作为整个市场营销理论体系的一个延伸和分支,以企业销售活动中涉及的销售组织结构设计、销售规划与设计管理、销售人员管理、销售队伍建设和销售过程管理为研究对象,探索其中的普遍规律。随着中国经济的快速发展,市场营销的理论和方法已经广泛应用于传统制造企业和服务业。高等院校也培养了众多优秀的市场营销方面的人才,特别是伴随着相关理论研究的进一步深化,市场营销学的课程体系也在不断细化和丰富,对于相关人员专业水平的要求也越来越高,市场不仅需要具备营销策划能力的人才,更需要销售管理、渠道管理、品牌管理、服务营销管理等方面的专业化人才。近年来,全国开设"销售管理"课程的高校也越来越多,许多高校一般将销售管理课程作为工商管理和市场营销专业学生必修的核心课程。同时工商管理硕士的培养以及企业界人员对于具有可操作性的销售管理教材的需求也日益强烈。本书正是基于这种背景进行编写的。

本书的特色在于结合销售管理的基本内容体系,基于中国企业销售管理的现状,通过借鉴欧美现代企业管理的先进理念和原理,对销售管理理论的内容体系和方法体系进行比较全面系统的研究,为读者提供一本内容充实、体系清晰、理论与实践密切结合的销售管理教材。

本书在编写过程中尽量从国内外最前沿的销售管理理论出发,结合国内外企业销售管理的成功案例,把抽象的销售管理理论和方法同现实的企业销售活动实践相结合,突出企业销售管理决策时代性。全书包括三大内容体系:第一部分为销售规划管理与设计,主要研究企业销售组织的结构设计与岗位职能设计、销售计划的制订与执行、销售预测的方法与工具、销售预算的确定与控制、销售区域的设计与管理、企业信用管理与应收账款的管理等;第二部分内容属于销售技术探索,主要研究销售准备、销售展示、处理异议、促成交易和售后服务的方法与技巧,销售活动中的商务礼仪常识等;第三部分为销售人员管理与团队建设,主要研究销售人员的招聘、培训、激励、绩效评价、薪酬管理,销售经理的技能和销售团队建设与管理等。

本书的编写力求理论与实践密切结合,突出实用性,突破目前同类教材中对销售管理与营销管理不加以区分和界定的做法,在主要章节中使用案例来诠释相关理论含义,重点章节用综合性案例配合学习,在每一章后面增加了相关综合案例,使得读者能够深入理解和掌握相关理论的应用方法。另外,教材的编写尽力结合目前理论界较新的研究成果,并努力反映当代企业管理的发展趋势和新思维、新观念、新方法。

本书既是对前人研究成果的总结和发展,也是集体智慧的结晶。全书由杜向荣总策划,杜向荣完成了第1章、第6章、第8章、第10章的编写;陈滢旭完成了第2章、第4章、第5章的编写;安晓伟完成了第7章、第9章的编写;陈滢旭、安晓伟完成了第3章的编写。

本书在编写过程中也得到了许多专家学者的热情帮助和无私支持,同时也参考了国内外大量的文献资料，并尽可能在引用时注明出处或者在参考文献中予以列出。在此，特别对所参考的书籍、期刊、论文的作者及相关网站表示最诚挚的谢意。最后，由于时间紧迫，加之编写人员水平所限，书中难免有错漏之处，敬请广大读者批评指正。

编　者

2010 年 1 月

目 录

第1章 销售管理概述 ······················· 1
  本章导读 ····························· 1
  1.1 销售概述 ·························· 1
    1.1.1 销售的含义 ····················· 1
    1.1.2 销售活动的分类 ··················· 2
    1.1.3 销售工作的特点 ··················· 3
    1.1.4 销售与营销 ····················· 5
  1.2 销售管理 ·························· 6
    1.2.1 销售管理的含义 ··················· 6
    1.2.2 销售管理的内容 ··················· 7
    1.2.3 销售管理的过程 ··················· 7
    1.2.4 销售管理的发展趋势 ················· 9
  思考题 ····························· 9
  本章案例 ···························· 10

第2章 销售管理体系的设计 ··················· 12
  本章导读 ···························· 12
  2.1 销售组织的发展与变革 ···················· 12
  2.2 销售管理体系的设计原则 ··················· 13
  2.3 销售管理体系的职能设计 ··················· 14
    2.3.1 销售部和市场部的主要职能 ·············· 15
    2.3.2 销售管理体系的基本职能设计 ············· 16
    2.3.3 销售管理体系的基本岗位设计 ············· 16
  2.4 销售管理体系的组织架构设计 ················· 18
  2.5 销售管理体系的岗位职责设计 ················· 24
    2.5.1 销售经理的岗位职责 ················· 24
    2.5.2 销售代表岗位职责 ·················· 25
    2.5.3 销售助理岗位职责 ·················· 26
  思考题 ····························· 26
  本章案例 ···························· 26

第3章 销售计划管理 ······················ 30
  本章导读 ···························· 30
  3.1 销售预测 ·························· 30
    3.1.1 销售预测的相关概念 ················· 30

3.1.2　销售预测的原则 ··· 31
　　3.1.3　销售预测的基本要素 ·· 32
　　3.1.4　销售预测的影响因素 ·· 32
　　3.1.5　销售预测的流程 ·· 34
　　3.1.6　定性预测方法 ·· 35
　　3.1.7　定量预测方法 ·· 37
　　3.1.8　提高销售预测的准确性 ··· 41
　3.2　销售目标管理 ··· 47
　　3.2.1　影响销售目标的因素 ·· 47
　　3.2.2　确定销售目标的几种方法 ··· 47
　　3.2.3　销售目标的分解 ·· 50
　　3.2.4　销售目标的分解方法 ·· 51
　3.3　销售预算管理 ··· 54
　　3.3.1　销售收入预算 ·· 55
　　3.3.2　销售成本预算 ·· 56
　　3.3.3　销售费用预算 ·· 59
　　3.3.4　销售利润预算 ·· 61
　3.4　销售预算方法 ··· 61
　　3.4.1　弹性预算 ·· 61
　　3.4.2　零基预算 ·· 63
　　3.4.3　滚动预算 ·· 65
　　3.4.4　其他销售预算方法 ·· 66
　3.5　销售计划的制订 ··· 68
　　3.5.1　销售计划的含义和内容 ··· 68
　　3.5.2　销售计划的制订步骤 ·· 69
　思考题 ·· 72
　本章案例 ·· 72

第4章　销售区域设计与管理 ··· 76
　本章导读 ·· 76
　4.1　销售区域概述 ··· 76
　　4.1.1　销售区域的含义 ·· 76
　　4.1.2　销售区域管理的意义 ·· 76
　4.2　销售区域设计 ··· 77
　　4.2.1　选择基本的控制单位 ·· 80
　　4.2.2　估计控制单位的市场潜量 ··· 82
　　4.2.3　初步组合区域 ·· 83
　　4.2.4　进行工作负荷分析 ·· 83
　　4.2.5　调整预定区域 ·· 85
　　4.2.6　将销售人员安排到销售区域内 ·· 85

    4.3 销售区域管理 ··· 85
        4.3.1 销售定额管理 ·· 85
        4.3.2 窜货管理 ·· 91
        4.3.3 销售业绩评估 ·· 93
        4.3.4 销售费用控制 ·· 95
    思考题 ·· 100
    本章案例 ·· 100

第 5 章 销售理论与模式 ·· 106
    本章导读 ·· 106
    5.1 销售的基本理论 ·· 106
        5.1.1 销售方格与顾客方格 ·· 106
        5.1.2 销售三角理论 ·· 110
    5.2 常见销售模式 ··· 112
        5.2.1 AIDA 模式 ··· 112
        5.2.2 DIPADA 模式 ··· 115
        5.2.3 FABE 模式 ·· 118
        5.2.4 PRAM 模式 ··· 120
    思考题 ·· 121
    本章案例 ·· 121

第 6 章 销售过程的基本规范 ·· 125
    本章导读 ·· 125
    6.1 销售活动中的礼仪规范 ·· 125
        6.1.1 仪容仪表 ·· 125
        6.1.2 动作与姿势 ·· 127
        6.1.3 接待语言规范 ·· 130
        6.1.4 电话礼仪 ·· 131
    6.2 销售活动中的其他规范 ·· 133
        6.2.1 会客的位次规范 ·· 133
        6.2.2 合影的位次规范 ·· 135
        6.2.3 会议的位次规范 ·· 136
        6.2.4 谈判的位次 ·· 138
        6.2.5 签字的位次 ·· 140
        6.2.6 宴会的位次 ·· 140
        6.2.7 交往规范 ·· 141
    思考题 ·· 145
    本章案例 ·· 145

第 7 章 销售过程管理 ·· 147
    本章导读 ·· 147
    7.1 销售准备 ··· 147

7.1.1	寻找潜在顾客	147
7.1.2	顾客资格审查	149
7.1.3	销售展示的准备	150

7.2 销售展示 ... 152
- 7.2.1 接近客户 ... 152
- 7.2.2 展示的技巧 ... 155

7.3 处理顾客异议 ... 157
7.4 促成交易 ... 162
7.5 售后服务 ... 166
- 7.5.1 售后服务的含义 ... 166
- 7.5.2 售后服务策略选择 ... 166
- 7.5.3 处理顾客投诉的原则 ... 167
- 7.5.4 处理顾客投诉的程序 ... 168
- 7.5.5 处理顾客投诉的方法 ... 169

思考题 ... 170
本章案例 ... 170

第8章 销售信用管理 ... 176
本章导读 ... 176
8.1 信用管理概述 ... 176
- 8.1.1 信用管理的意义 ... 177
- 8.1.2 信用风险的类型 ... 178
- 8.1.3 信用管理的内容 ... 179

8.2 客户资信管理 ... 180
- 8.2.1 客户信用调查 ... 180
- 8.2.2 客户信用评价 ... 182

8.3 应收账款管理 ... 184
- 8.3.1 应收账款对企业的影响 ... 184
- 8.3.2 应收账款管理的要点 ... 186

思考题 ... 189
本章案例 ... 189

第9章 销售人员管理 ... 191
本章导读 ... 191
9.1 销售人员的招聘 ... 191
- 9.1.1 销售人员的特点 ... 191
- 9.1.2 销售人员的招聘流程 ... 194

9.2 销售人员的培训 ... 198
9.3 销售人员的激励 ... 201
- 9.3.1 销售人员的类型 ... 201
- 9.3.2 销售人员激励的方式与原则 ... 202

9.4 销售人员的行动管理 ·· 205
9.5 销售人员的薪酬管理 ·· 209
    9.5.1 销售薪酬概述 ·· 209
    9.5.2 销售薪酬管理的原则 ·· 211
    9.5.3 销售薪酬的类型与选择 ··· 213
    9.5.4 销售人员的福利 ·· 215
9.6 销售人员的绩效评估 ·· 216
    9.6.1 绩效评估概述 ·· 216
    9.6.2 绩效评估的指标和方法 ··· 217
9.7 销售团队管理 ·· 221
    9.7.1 销售经理的任务概述 ·· 222
    9.7.2 销售经理的知识背景 ·· 224
    9.7.3 销售团队建设 ·· 226

思考题 ··· 231
本章案例 ··· 231

参考文献 ·· 242

第1章 销售管理概述

【本章导读】
理解销售的含义
理解销售与营销的区别与联系
理解销售管理的内容与过程

1.1 销售概述

随着信息技术的日新月异,社会正经历着以数字和网络化为主要特征的科技革命,以科技革命为基础的知识经济对企业营销管理和销售管理,都将产生极为深刻的影响。

传统的销售方式主要是通过中间商和零售商,现代的销售方式更多地利用和依靠飞速发展的信息技术。传统的营销管理模式受到地理位置和时间的约束,实行的是所谓松散型的管理,面对着以信息产业和高科技产业为基础的知识经济,企业要迎接挑战,就必须进行营销创新去适应现代社会的发展。营销创新的一个重要方面就是要有销售方式的创新,传统条件下是企业把东西卖到消费者手上,只是被动地满足顾客的需要。随着社会环境的改变,要求企业去创造满足顾客需求的新的营销观念和方式。

1.1.1 销售的含义

管理理论家彼得·德鲁克曾说过:"销售只是市场营销冰山上的顶尖而已。"可见,销售活动必须建立在与其他营销活动相配合的基础上,如需求分析与评价,营销信息调研,产品或服务的开发、定价、分销和促销等。如果不进行消费者需求的调查和开发新产品,不进行定价、分销和促销等工作,企业的销售活动就不可能顺利完成。因而现代营销导向下的销售是不能离开营销而独自完成的,必须服从营销的整体战略,与营销的其他功能相互配合,在不断满足市场需求的前提下实现销售收益。

销售就是在最短的时间内,用合适的价格把产品或服务卖给相关的人或组织。销售最主要的工作就是主动去与有潜力的消费者或客户沟通,销售本身可以看作是一种服务,是帮助消费者或客户解决问题或帮助消费者或客户把工作做得更好。

销售在日常生活中非常普遍,当然销售活动首先是由众多要素组成的系统活动,是商品、信息传递、心理变化等过程的统一；其次销售的核心问题是说服客户；最后，销售是一种设法以最方便和吸引人的方式向可能的买主介绍商品的艺术。通常认为销售包含五个要素，如图1-1所示。

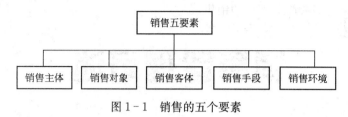

图1-1 销售的五个要素

销售主体就是企业或企业销售团队；销售对象就是现实客户和潜在客户；销售客体包括产品或服务及其质量、营销组合等方面；销售手段就是把产品或服务介绍给客户的方法、方式及工具，包括介绍、演示、说服、广告宣传等；销售环境与企业营销环境密切相关，包括宏观环境和微观环境。

销售是市场经济不可缺少的环节，企业不论从事什么，都需要有人去做销售，销售的可以是产品，也可以是服务。

销售是最富挑战性的职业，也是流动性最强、工作量极大、工作最辛苦、最富社交性的职业。产品或者服务的销售直接或者间接地推动经济的发展，因为人们消费的大部分商品或服务都是买来的，而有买的，就有卖的。

销售是在买卖双方同意的条件下所完成的交易行为。这种交易，实现了所有权的转移：买方获得了有形产品或无形服务，取得了商品效用；卖方实现了商品市场价值，收回了货币。所以销售是卖方将产品或服务传递到买方手中，获得销售收入而进行的经营管理活动或过程。

销售功能在现代市场经济条件下扮演着重要角色。销售活动的目的、过程和结果，往往体现了企业的战略变化和执行效果，企业正是通过销售功能与外部市场环境中的消费者、竞争者、零售批发机构、仓储、运输部门以及政府机构发生有机的联系，因此销售功能在企业的市场经营活动中具有战略性的作用。

销售活动的好坏，决定着企业的成败，反映了企业营销战略的有效程度。一个企业无论其营销战略制定得多好，如果没有销售活动，其他一切活动都只能是空谈，所以销售是营销活动中不可缺少的重要功能。

1.1.2 销售活动的分类

销售活动的类型是多种多样的，不同行业又有着不同的销售方式，即使在同一行业中，不同企业通常也选择不同的销售方式。

通常情况下可以把销售活动分为两大类：一类是针对消费者的销售，也称零售销售，主要是指为个人、家庭消费而出售的产品和服务的活动，它包括从事这些活动的人员和组织，如挨家挨户访问的销售人员、保险代理商、房地产经纪商和零售商店的职员等；另一类是针对组织市场的销售，也称产业销售，指的是批发层次的销售活动，按顾客的不同又可分为以下三种。

（1）针对中间商的销售：生产者将商品卖给零售商，再由零售商出售给最终用户。这是比较常见的销售类型。

（2）针对生产企业的销售：生产者将原材料或零部件出售给另一个生产者，由其作为投入品进行再生产。大多数产业用户的销售就是这种类型。

（3）针对非营利组织的销售：产品的买方是政府或其他非营利机构团体，主要用于公共事业消费。

消费者市场销售与组织市场销售有许多不同，主要体现在以下几个方面：

（1）组织市场销售的产品和服务价值一般比零售要昂贵，其技术含量相对较高；

（2）组织市场销售的购买批量大，参与购买决策的人员多；

（3）组织市场销售高度专业化，需要对销售人员进行专业化的培训；

（4）组织市场销售计划和决策要比消费者市场更为复杂，范围更广。

1.1.3 销售工作的特点

现代销售职业包括内部销售职位、外部销售人员和渠道销售职位。

内部销售职位（Inside Salespeople）是在公司所在地展开销售活动，典型的如负责电话销售。很多制造商和批发商建立了内部销售人员来负责接订单、对小客户进行电话销售以及给现场销售人员提供支持。内部销售可以是接入或是拨出。接入的内部销售人员对客户的初次来店做出相应服务；拨出的内部销售通常就是所谓的电话营销。

外部销售人员（Outside Salespeople）则是去客户的经营现场或所在地，登门会见潜在客户和现实客户。

渠道销售是指产品与服务从制造商到终端用户所通过的发送环节。一般又包括批发销售（Trade Selling）和传教士式销售（Missionary Sale）也叫特派小分队销售（Details Sales）。

销售活动说大不大，说小不小，小可做一针一线，大可做跨国集团。销售工作可以说是一项报酬率高，但难度也高的工作，或者说是报酬率低的轻松工作。

销售就是热情，就是战斗，就是勤奋工作，就是忍耐，就是执着的追求，就是勇气。这是日本推销之神原一平的座右铭，他告诉我们销售是能让你充分发挥自主性和表现性的职业，可以靠智慧和坚毅的精神而取得成功，并赢得自由的职业。销售是不断地迎接挑战，又是投资小、见效快、收益高等各种因素综合在一起的工作。销售还是助人为乐、能使自己在精神上得到满足、不断完善自我的工作。一般来讲销售工作具有以下一些特点。

1. 主动性与灵活性

为了顺利完成销售任务，销售人员必须不断地去开发客户，主动和客户接触。另外，销售本身就是一种艺术，销售人员应当灵活运用各种销售技巧，用最短的时间、最快的方式让客户了解产品并让他们采取购买行动，同时销售人员还要学会进行自我管理，有效地分配时间和精力，对所做的工作采取适当的对策。

2. 行动的自由性

销售人员不像生产车间里的工人那样必须遵守标准的操作规程，他们可以将大部分时间花费在所负责的区域，有相对的自由来安排自己的时间以完成所负责的工作。销售工作的自由性赋予了销售人员的独立性、解决问题的自信心和工作的主观能动性，但这种工作的自由性也为销售人员带来了责任和压力，使销售人员的工作具有自律性。

3. 服务性

销售本身也是一种服务，过去的销售只是把产品卖给顾客就完结了事，但现在的顾客不仅是买你的产品，也是在买你的服务。所以说，销售也是最完善的服务。要求销售人员周到而完美地服务自己的顾客和那些可能会购买自己产品的潜在客户。

4. 变化性和挑战性

销售工作充满着变幻和挑战性，因为每一个潜在的顾客都有不同的需求和问题，销售人员必须具有足够的洞察力、创意和分析技巧才能解决问题。对于许多销售人员来说，工作的最大回报莫过于战胜来自工作上的不断变化和挑战，并以此作为个人成长的机会，其次才是金钱和物质奖励。

5. 发展性

对于销售人员而言，其职业生涯规划的目标应该包括自身的发展目标。优秀的销售经理或者大区经理是许多销售人员奋斗和拼搏的目的。当然，对于从事销售工作的人士，这样的机会始终存在。对于销售主管而言，除了了解公司的顾客、产品、竞争优势和劣势外，还必须研究公司管理政策和自身的升迁问题。

6. 报酬的特殊性

销售人员的收入一般很丰厚，其收入来源主要取决于其业绩水平。销售人员的薪水和奖金比其他单位或部门的都要高，而且增长的速度也较快。许多公司甚至对销售人员的最高报酬不作任何限制。

小案例

来自《输赢》的故事：三个小贩卖李子的故事。一个老太太在市场上买李子，她来到了第一个小贩面前。

老太太："这李子怎么样？"

第一个小贩：

"我的李子又大又甜，特别好吃。"小贩回答。

结果呢，老太太摇了摇头没有买，走到另外一个小贩面前。

第二个小贩：

"我这里是李子专卖，各种各样的李子都有，您要什么样的李子？"

"我要买酸一点儿的。"

"我这篮李子酸得咬一口就流口水，您要多少？"

"来一斤吧。"老太太买完李子继续在市场里逛。

第三个小贩：

"你的李子多少钱一斤？"

"请问您要哪种李子？是您吃吗？"

"不，我儿媳妇要生孩子了，想吃酸的。"

"老太太，您对儿媳妇真体贴，她想吃酸的，说明她一定能给您生个大胖孙子。您要多少？"

"我再来一斤吧。"老太太被小贩说得很高兴，便又买了一斤。

小贩一边称李子一边继续问："您知道孕妇最需要什么营养吗？"

"不知道。"

"孕妇特别需要补充维生素。您知道哪种水果含维生素最多吗？"

"不清楚。"

"猕猴桃含有多种维生素，特别适合孕妇。您要给您儿媳妇天天吃猕猴桃，她一高兴，说不定能一下给您生出一对双胞胎。"

"是吗？好啊，那我就再来一斤猕猴桃。"

"您人真好，谁摊上您这样的婆婆，一定有福气。"小贩开始给老太太称猕猴桃，嘴里也不闲着："我每天都在这儿摆摊，水果都是当天从批发市场找新鲜的批发来的，您媳妇要是吃好了，您再来。"

"行。"老太太被小贩说得高兴，提了水果边付账边应承着。

为什么三个小贩，面对同一个客户，结果不同呢？

客户的真实需求、潜在需求和深层次需求是询问出来的。

第一个小贩没有掌握客户真正的需求，所以失败了。

第二个小贩通过询问了解客户的需求，所以销售成功。

第三个小贩不仅通过提问了解客户的需求，而且更深层次地了解客户的需求，将客户需求层次提高，所以销售了更多的产品。

询问高手与解疑专家："您知道孕妇最需要什么营养吗？""孕妇特别需要补充维生素。您知道哪种水果含维生素最多吗？"

所以，销售高手总喜欢通过提问，让别人多讲，自己仅仅不断地回应与解疑。

许多销售人员连客户的需求、客户的问题是什么都不清楚，谈何销售，谈何回款呢？了解了客户的需求、客户的问题以后，我们就可以通过自己的口才，对客户进行说服。

资料来源：销售酒吧，http://www.sales98.com/，有删改。

1.1.4 销售与营销

菲利普·科特勒认为市场营销是指企业的这种职能，即识别目前尚未满足的需求和欲望，估量和确定需求量的规模，选择和确定企业能最好地为之服务的目标市场，并决定适当的产品、劳务和计划，以便为目标市场服务。实际上就是个人和组织通过创造并同他人进行交换产品和价值，以取得其所需的过程。换句话说，营销是指企业在了解消费者或顾客需求的基础上，通过各种途径和方法为其提供相关产品或服务的过程。

销售的角色更多的是指企业在目前的事业基础上让顾客购买自己的产品以及服务。销售是实现营销目标的重要手段。

销售就是单纯地通过一种或多种渠道把产品或服务卖出去，如果通过主动给客户介绍的方式，就是一般意义上的推销，推销只是销售的一种方式；营销是产品策划、生产、推广、出售、售后以及服务的综合完整过程，包含销售，推销是销售的一种手段，销售是营销的一个部分。

从市场营销的角度来研究，销售的概念可以分为广义与狭义的销售。广义的销售就等于促销，包括人员销售、广告、营业推广、公共关系；狭义的销售就等于人员销售。

从企业的角度来看，销售不是一股脑地解说商品的功能；销售不是与客户辩论、说赢客户；销售不是我的东西最便宜，不买就可惜；销售不是只销售商品，因为客户对你有好感，才会信任你所说的话。好的销售不是强有力的销售，而是把问题提出，让别人以与以往不同的方式进行思考，销售多数是通过销售渠道实现的。

销售与营销是有区别的。营销包含销售，可以说销售是营销的组成部分。一般也可以这样理解：销售是实现产品、服务卖出去，营销是帮助策划、出主意、出谋略使得产品或服务卖出去，卖得更多更快、价格更合理、时间更持久、货款收回更及时。销售负责任务完成，是"做"，营销是帮助，重在回答和解决为什么"做"和怎么"做"的问题。营销工作主要是市场调研、市场分析、竞争分析；营销策略如产品策略、价格策略等制定、活动策划等，是"谋"的问题。

销售（Sales）也不等于推销（Selling）。推销是说服顾客购买产品或服务，并协助满足其需要的一种活动；推销是一种"推"的策略，顾客在接受推销活动中一般处于被动地位。而销售不仅包括"推"的策略，常常还会用到"拉"的策略，通过广告、营业推广及公共关系等手段，吸引消费者主动购买产品或服务。

1.2 销售管理

1.2.1 销售管理的含义

传统的销售管理往往局限于人员推销活动的管理方面，没有从营销导向的角度去认识。销售管理应当站在市场营销的视角看问题，它具有整体性和全方位性。研究销售管理必须先知道什么是营销管理，并将其与销售管理作出明晰的区分。

菲利普·科特勒认为营销管理是为了实现各种组织目标，创造、建立和保持与目标市场之间的有益交换和联系而设计的方案的分析、计划、执行和控制。根据以上营销管理的定义，可以看出营销管理是企业管理中非常重要的一个工作环节。市场营销工作必须与企业的产品开发、生产、销售、财务等工作环节协调。只有这样，企业的整体经营目标才能够得以达成，企业的总体经营策略才能够得以有效地贯彻落实。而且营销管理工作是在企业的经营目标、战略经营计划的总体战略之下，根据对经营环境的分析结果，对市场进行细分，选定希望进入的目标市场，然后据此而制订市场营销计划和营销组合，并且推动计划的落实执行和对执行计划的过程进行监督控制、评估、检讨和修订。

那么什么是销售管理呢？销售管理在市场营销管理中又处于什么位置呢？对于销售管理，美国印第安纳大学的达林普教授定义如下：销售管理是计划、执行及控制企业的销售活动，以达到企业的销售目标。由此可见，销售管理是从市场营销计划的制订开始，销售管理工作是市场营销战略计划中的一个组成部分，其目的是执行企业的市场营销战略计划，其工作重点是制定和执行企业的销售策略,对销售活动进行管理。

国内大多数学者认为销售管理是对企业销售活动进行的规划、指导、控制和评估,销售管理重点研究通过对销售人员的管理直接实现销售收入的过程。

同销售的定义一样,销售管理有广义和狭义之分。狭义的销售管理专指以销售人员为中心的管理。在市场发育比较好、企业营销职能部门划分较细的西方发达国家持这种观点。广义的销售管理是对所有销售活动的综合管理。我国学者大多持这种观点。而在企业界,销售活动包括的范围比较广,一些企业的销售管理涉及人员销售、营业推广、分销渠道的管理等活动。

1.2.2 销售管理的内容

销售管理主要涉及销售规划与设计、销售技术的探索和销售人员管理三个方面的内容。

1. 销售规划与设计

销售规划与设计主要包括销售管理组织体系的设计;目标销售额的确定及分解;销售计划的编制;销售预测的程序与方法;提高预测准确性的策略;销售预算的方法与销售费用的控制;销售区域的设计与管理;窜货管理;信用管理及应收账款管理等。

2. 销售技术探索

销售技术探索管理主要包括销售过程管理;销售行为和技巧管理;客户开发和服务管理;销售活动记录及管理;客户资料收集、客户关系的分析与维护等,此外还包括销售卖场管理,如卖场的商品陈列、环境布置、宣传展示及促销活动等。

3. 销售人员管理

对销售人员的管理主要包括销售人员的招聘、培训;制定销售人员的任务和效益指标、定期评估与考核销售指标的完成情况;制定销售人员的报酬制度和薪酬标准及福利政策,选择薪酬方式;制定销售人员的竞争激励政策和方法;确定销售人员的业绩考核方式;针对销售经理的技能要求和知识背景,加强团队建设与管理等。

1.2.3 销售管理的过程

在明确了销售管理的含义与内容之后,企业销售管理的过程一般包括以下步骤。

1. 建立销售组织并进行人员招聘与培训

企业首先需要研究并确定如何组建销售组织架构,确定销售部门的人员数量和岗位设置、销售经费的预算、销售人员的招聘办法和资历要求。

在销售计划的制订和执行过程中,如何组织销售部门,如何划分销售地区,如何组建销售队伍和安排销售人员的工作任务是一项非常重要的工作。销售部门需要根据目标销售量、销售区域的大小、销售代理及销售分支机构的设置情况、销售人员的素质水平等因素进行评估,以便确定销售组织的规模和销售分支机构的设置。

2. 制订销售计划

在立足于公司整体营销战略和发展目标的前提下,依据营销计划,销售部门开始制订具体细致的销售计划,以便开展、执行企业的销售任务,以达到企业的销售目标。销售部必须清楚地了解企业的经营目标、产品的目标市场和目标客户,对这些问题有了清晰的了解之后,才能够制订出切实而有效的销售策略和计划。销售计划必须要做到具体和量化,要能够明确定出每一个地区或者每一个销售人员需要完成的销售指标。

3. 制定相应的销售管理政策

在制定销售管理政策的时候,必须考虑市场的经营环境、行业的竞争状况、企业本身的实力和可分配的资源状况、产品所处的生命周期等各项因素。特别是信用政策的确定、应收账款政策及窜货管理等政策的制定尤其重要。

4. 进行销售过程控制

根据预测的销售目标及销售费用,销售部开始确定销售人员的具体工作安排、销售技巧培训、销售区域的划分及人员的分配、销售人员的日常行动管理和控制等。

销售工作的最终目的,是为了出售产品及维持与客户的关系,从而为企业实现销售收入和利润。销售人员的销售业绩一般以销售人员所销售出的产品数量或销售金额来衡量。此外,销售人员所销售出的产品的利润贡献,是衡量销售人员销售业绩的另一个标准。而对于一些需要重复购买产品的客户,销售人员要维持与这类客户的关系。维持与客户的业务关系的能力及对客户的售后服务质量也是一个重要的考核因素。

销售部需要按照销售计划去执行各项销售工作,要紧密跟进和监督各个销售地区的销售工作进展情况,要经常检查每一个地区、每一个销售人员的销售任务完成情况。发现问题立刻进行了解及处理,指导、协助销售人员处理在工作中可能遇到的困难,帮助销售人员完成销售任务。销售部需要为销售人员的工作提供各种资源,支持和激励每一个销售人员去完成某销售指标。

5. 进行绩效评估

销售人员的工作表现评估是一项重要的工作,销售部必须确保既定的工作计划及销售目标能够完成,需要有系统地监督和评估计划及目标的完成情况。销售人员的工作表现评估一般包括检查每一个销售人员的销售业绩,这当中包括产品的销售数量,完成销售指标的情况和进度,对客户的拜访次数等各项工作。对销售人员的销售业绩的管理及评估必须定期进行,对评估的事项必须订立明确的准则,使销售人员能够有章可循。而评估的结果,必须对销售人员进行反馈,以使他们知道自己做得不够的地方,从而改进工作中的不足。

工作评估最重要的不仅在于检查销售人员工作指标的完成情况和销售业绩,更重要的是要检讨销售策略和计划的成效,从中总结出成功或失败的经验。成功的经验和事例应该向其他销售人员推广,找出的失败原因也应该让其他人作为借鉴。对销售业绩好的销售人员应当给予适当奖励,以促使他们更加努力地做好工作,对销售业绩差的销售人员,应当向他们指出应该改善的地方,并限时予以改善。

根据销售人员的工作表现情况和业绩评估的结果,销售部需要对公司的市场营销策略及销售策略进行研讨,发现需要进行改善的地方,应该对原制订的策略和计划进行修订。与此同时,也应该对公司的销售组织机构和销售人员的培训及督导安排进行检讨并加以改善,以增强销售人员的工作水平,提高销售工作的效率。

销售管理的核心,在于动态地管理销售活动以实现企业的营销目标,并获取源源不断的销售利润。因此,销售管理必须要以销售计划为中心,注意与其他营销战略的协调配合,循序渐进地展开各项销售活动,以最终实现企业的目标。

1.2.4 销售管理的发展趋势

随着信息技术的日新月异,企业的营销环境正经历着前所未有的剧变。顾客的需求在变化,顾客的兴趣在变化,顾客的消费观念和购买行为在变化,顾客要求的服务方式也在变化。如何应对急剧变化的市场形势,已成为所有企业和销售管理者面临的最大挑战。

1. 销售构成要素的变化使得销售管理难度增加

首先,从销售的对象——产品或服务来看,由于科学技术的快速发展,使得产品的寿命周期越来越短。在某些领域,很多产品的生命周期短到只有几个月。这不但加大了企业技术研发的难度,对销售管理工作而言也是极大的挑战。因为产品的快速更新,要求销售部门以最快的速度、最有效的方式打开市场,同时也给销售管理过程中的退换货和售后服务带来极大的困扰。

其次,信息技术的发展,使得渠道管理和控制变得越来越困难。传统的以地理界线划分的区域管理模式越来越受到来自电子商务的挑战,困扰渠道管理的两大"顽症"——窜货和价格管制变得越来越难以管理,这也给销售管理工作带来较大的冲击。

最后,消费者需求的变化速度也在不断加快。消费者将变得越来越挑剔,如何从众多的竞争者手中将消费者抢夺过来,需要企业及其销售管理人员为顾客提供更高的价值才能实现。

2. 销售管理从粗放式向精细化方向发展

在市场竞争日益激烈的今天,粗放式的管理越来越难有用武之地。这迫使企业不得不从以前依靠人海战术的粗放管理模式向"深度分销"、"协销"、"联销"等各种精细化管理方式转变。向管理要效益,已成为所有企业和营销人员的共识。

3. 销售管理更加专业化、科学化

在市场环境动荡不定的情况下,光凭经验管理已经显得有点捉襟见肘。销售管理工作与财务管理、生产管理一样,正在向专业化、科学化方向发展。这不但是体现在具体的管理指标体系、管理方法和工具上,更体现在思想观念上。

4. 整合销售将成为主流

认为能把产品卖出去就是销售的观点现在已经行不通了。如何实现再次销售、持续销售、阶梯式销售才是现代企业认为的销售。企业需要整合与销售有关的各类资源,建立真正的销售系统及销售系统的平台,这才是企业产品销售的精髓所在。

5. 服务销售将取代产品销售

现代企业的竞争已经不再仅仅是围绕产品展开,今后服务将成为企业建立竞争优势的主要手段。当前销售不可克服的一个缺陷就在于被动销售,缺乏对客户群的主动研究和细分、定位。而顾问式销售显然可以很好地弥补这一缺陷,通过一对一专家顾问式销售,可以把售前咨询、售中服务、售后维护有机结合起来,形成面向客户的全程销售模式,减少来自不同环节的潜在客户流失。

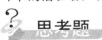

1. 简述销售与营销的区别与联系。

2. 简述销售管理的内容与过程。

本章案例

陈经理的失败

2002年开始，S公司所代理的品牌厂商对市场策略进行了调整，决定将战略发展方向放在发展商用电脑上，商用电脑即专为政府机关、大公司、社会组织等设计制造的电脑，商用电脑的用户不是普通的家庭用户，像清华大学、中国石化、北京电信、北京市政府、平安保险等单位，才是商用电脑的采购方。

S公司的市场策略也进行了相应的调整，他们瞄准了北京的四大行业：教育、金融、电信运营商和政府采购，准备大力发展公司的销售二部，也就是商用电脑销售部。因为陈经理在家用电脑销售部管理出色，公司撤换了原来负责商用电脑销售工作的经理，改由陈经理出任。很自然，陈经理又把他原来的那套管理模式移植到了新部门。上任以后，他采取了一些同以前类似的改革措施。

第一，他把商用电脑销售部销售代表的底薪都降低了，相应地提高了提成的比例。同时采用了强势激励措施，还是"第一个月红灯；第二个月走人；连续两个月业绩排最后的，末位淘汰"。

第二，严格执行早会和夕会制度，不管你今天要到哪里去，都要先到公司来开早会，陈述一下今天的计划；也不管你今天跟客户谈得怎么样，是否赶上了吃饭的点儿，也都要回来开夕会，向陈经理汇报一天的客户进展情况。

第三，强调对每个项目的整个过程进行严格的控制与管理。他要求每一个销售代表都要严格填写各种管理控制表格，包括日志、周计划、月计划、竞争对手资料、项目信息表、客户背景表等共十二项表格，而且每个表单都设计得非常细致，用陈经理的话说："公司一定要监控到每一个业务细节。"

第四，严格业务费申报制度，所有的业务招待费用，必须事先填好相应的申请单据。比如想请客户吃饭，一定要事先写明什么时候请、参与吃饭的人是谁、想通过吃饭达到何种目的等，都要填写清楚，由陈经理签字认才能实施，否则，所有招待费用一律自理。

开始，商用电脑部的状况仿佛有了很大的改观，迟到早退的人少。财务费用降低了，经常可以看到办公室里人头攒动，大家在办公室里谈天，早晚还会传来阵阵激动人心的口号声。

但好景不长，到了2002年7月，竟出现了以下几种情况。

第一，个别业务代表为了完成业绩，开始蒙骗客户，过分夸大公司产品的性能配置，过分承诺客户的要求，使公司在最终订单实施的时候陷于被动，尾款收得非常费力。

第二，员工之间表面上一团和气、充满激情，但私下里互不服气拆台，甚至内部降价，互相挖抢客户。

第三，以前的业务尖子不满意公司当前的管理机制，抱怨管理机理不合理，控制得过死，事事都要汇报，根本无法开展业务。两名前期业绩最好的业务员都已离职。

第四，新招的四个人，业务水平明显不足，除了冲劲之外一无所有。想培养他们"上道"，达到基本要求，看起来是"路漫漫其修远兮"。

整个商用电脑销售部的业绩水平没有像预期的那样增长，甚至还略有下降，应收账款的拖欠也日趋严重，更令人堪忧的是，前期公司的老客户群正在流失，新客户的开拓也无着落，致使整个销售二部下半年完成业务指标的希望更加渺茫。

9月，公司将陈经理调离了商用电脑销售部经理的岗位。10月，一个阴雨连绵的下午，陈经理带着郁闷和疑惑，最终不得不离开了这家公司。

问题：
1. 点评陈经理失败的原因。
2. 本案例对你有何启示？

【案例点评】

1. 失败原因分析

作为一个家用电脑的销售经理去担任商业电脑销售本来就是一个错误，把家用的销售模式加在商业的模式上更是错上加错。

家用电脑属于快速销售方式，而商业属于高利润和慢销售的一种，往往在家用销售培养一个客户非常快，然而成本和利润非常低，而商业电脑的采购是一笔高利润和高销售的订单，培养一个客户需要的是时间和人性化的模式。从寻找满意的目标客户到谈判客户的进程，再到签单和售后的服务都是一个漫长的过程，过死的销售管理，会让销售人员为了完成目标，而不顾客户的利益和公司利益，有时候制度会压死一切，人性化的管理才是最佳的销售方式。

2. 启示

作为销售经理，引导和领导是最佳的管理方式。引着下面员工去做事，领着员工去做事情，这里"引"是指用公司的文化、职业的道德、服务的理念、人性化的制度，领着员工做正确的事情，这包括不能用制度去让员工产生自学，应该如何想办法让员工从内心去爱这个职业、这个公司、这个产品、这个客户，否则一切都是空谈。

从销售管理的角度来说，不主张销售人员忠诚企业，应该主张销售人员忠诚于自己的职业，只要忠诚于自己的职业，那么就是忠诚于企业。

从激励的角度来说，如果一个企业想用高提成来吸引销售人员去为公司做事，很难，如果一个企业想要员工高效益工作，是完善提供各自的福利和收入，特别是上面的商业电脑销售，一个订单客户培养，需要很长的时候，如果制度压着销售人员，在短时间不能很好服务于客户，没有了订单，销售人员会在制度下失去对企业的忠诚。一个企业的销售人员代表着企业的形象，所以一个企业想要让员工忠诚，就应该把员工当成自己的家人一样看待，更加人性化地去管理，不要以为看紧了口袋就是致富，实际上打开口袋让钱进来才是致富。

资料来源：销售酒吧，http://www.sales98.com/，有删改。

第 2 章 销售管理体系的设计

【本章导读】
了解销售管理的基本岗位及各自的职责
了解销售管理组织的类型
理解销售管理组织模式的优缺点

2.1 销售组织的发展与变革

营销环境是影响企业市场营销活动的内外部因素和条件的总和。企业总是在一定的环境下进行生产和经营活动的,不可避免地受到市场环境的制约和影响。营销环境是企业生存和发展的条件,企业的市场营销环境是经常处于变动之中的,并且许多变动往往又由于其所具有的突然性而形成强大的冲击波,环境的变化或者给企业带来可以利用的市场机会,或者给企业带来一定的环境威胁。企业必须重视分析市场营销环境,能否适应不断变化的市场营销环境关系到企业营销成败。作为密切接触市场的销售组织,受环境变化的影响更为直接。所以企业应当密切关注市场营销环境的变化,正确把握环境变化的规律和趋势,积极采取措施,调整和变革企业销售组织,主动适应环境变化,这对于加强与改善企业竞争能力,避免经营风险具有重要意义。

1. 企业销售组织发展与变革的影响因素

营销环境的构成要素是影响企业销售组织发展与变革的重要因素,宏观环境作为外部力量是促进组织变革的重要推动力;企业内部资源变化则是推动组织发展的驱动因素。由内外因素共同作用于销售组织时,便形成了四种销售组织变化的组合情况,如图 2-1 所示,具体影响因素如表 2-1 所示。

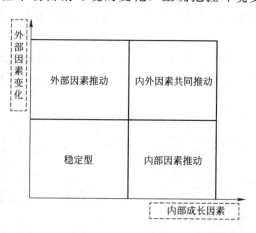

图 2-1 销售组织发展与变革的力量来源

表 2-1 企业销售组织发展与变革的影响因素

		销售组织发展驱动力	
外部变化因素	政治环境	外部因素推动：企业销售活动维持在一定规模和水平，当外部环境变化较大时，企业变革销售组织是为了适应环境求生存	内外因素共同推动：企业自身在发展，外部环境在变，组织变革是为了拓展发展空间
	经济环境		
	文化环境		
	法律环境		
	技术环境	稳定型：企业发展平稳，内外环境相对稳定。销售组织主要是解决局部出现的问题	内部因素推动：企业在扩张，外部环境稳定，销售组织变革是企业成长的需要
	市场环境		
	竞争环境		
内部成长因素		销售人员的数量、结构和质量的变化	
		公司销售策略的改进与销售管理政策的调整	
		公司产品生命周期的变化及产品组合的调整	
		公司产品销售区域的调整	
		销售管理新技术的运用	

资料来源：杜琳，刘洋. 销售管理. 北京：清华大学出版社，2011.

2. 企业销售组织变革的程序

1）确定销售组织变革的目标

首先需要明确销售组织变革是局部式还是颠覆式变革，其次需要明确变革的原因以及预计达到的目的，最后要针对现状确定销售组织变革的核心任务和关键节点及阶段性成果。

2）确定销售组织变革的内容

主要包括销售组织的管理层次、管理幅度、管理权限、隶属关系、工作描述、岗位设计与职责、业务流程体系设计、人员要求等。

3）团队或项目授权

建立一支有能力、有责任感、了解企业销售组织现状并具有一定声望与权威的团队，按照项目管理的方式开展工作，管理层对于该团队给以充分授权。

4）有效沟通

项目团队应当与管理层和销售队伍进行有效沟通，使相关人员就销售组织的变革形成共同的愿景，相关信息及时上下传达，争取各方的理解与支持。

5）实施变革

按照既定的变革计划推进销售组织变革的实施，同时密切关注销售队伍、客户及竞争者作出的反应，发现问题及时反馈并采取措施。

6）评价结果

对变革中的阶段性成果要及时进行评价与推广，以增强销售队伍和管理层对变革愿景的信心。同时要对变革过程进行客观评价，及时找到不足之处予以改进。

2.2 销售管理体系的设计原则

销售管理的重要目标之一就是增强企业外部竞争的优势，而企业为了获得外部竞争的优势，首先会以健全企业销售管理体系为必备条件。只有完善了内部的机制，保证整个销售管理体系是健康运转的，企业才能经受得住外部的激烈竞争。现实中有很多企业恰恰是由于内部机制不健全，在市场形势发生转变之时，不能以最快的速度适应，从而最终导致企业处于不利的市场竞争地位。建立完善的销售管理体系，也要以一定的原则作为基础，如果不遵循这些原则，销售管理体系的建立将无从谈起。

1. 市场导向原则

销售组织设计的目标就是选择组织的存在方式，也就是说，必须要紧紧围绕组织的生存和发展来进行。按照市场营销观念的指导，企业必须首先关注市场，考虑满足市场需求，服务消费者。所以无论是针对组织局部的具体设计，还是组织整体框架的设计，都必须以这一点作为基本原则。

2. 公司行为原则

公司是投资的主体，也是销售行为的主体。在销售活动中，销售相关人员如果把销售工作体现成个人行为，就违背了公司行为原则，也会使公司与销售人员之间在责任和权利方面出现不对称，给公司的销售带来风险与隐患。销售人员希望不断地扩大销售额，从而增加收入，获得个人更大的收益，但真正承担经营风险的是公司。公司与个人构成的非共同承担经营风险的组合，决定了两者的经营行为在一定程度上的不协调性，甚至其经营行为有时是对立的。因此，在设计销售体系时，要遵循公司行为的原则来建立体系结构，将公司的利益放在首要位置。

3. 精简高效原则

精简原则是指销售组织的结构在满足管理需要和保证目标实现的前提下，确定合理的管理幅度，把组织中的机构和人员的数量减少到合理限度，使组织结构的规模与所承担的任务相适应。销售组织的内部臃肿等问题不仅产生人力资源的浪费，而且由于环节的增加而加大了交往成本，人员一多，也会增加人际关系方面的矛盾。另外，企业销售组织的设计应遵循提高效率原则。要建立合理的组织结构，使企业内部形成良好的运行机制，从而提高工作的效率，降低流通成本，为社会提供优良服务，使企业的经济效益和社会效益不断提高。

4. 责权一致性原则

销售组织的设计要符合责权一致性原则，不仅要求组织中的各个部门和个人要有明确的工作任务和责任，而且还要有相应权力，即责权相适应。有责无权，不能保证组织机构正常履行工作职能，承担不了应有的责任。权力过大，会造成滥用职权，企业运行混乱。

5. 闭环原则

闭环原则要求销售组织的设计可以使功能块间形成联系的封闭回路。要使组织正常而稳定地运行，组织各部门间的封闭是一个至关重要的问题。任何一个组织体系不仅要与外部保持必要的联系，使输入与输出形成封闭回路，而且在组织体系内部也要形成一个封闭回路。只有构成封闭回路的关系，才能形成相互制约、相互作用的循环运动，保证销售组织的各分支机构按照组织的要求运转，达到有效管理的目的。

2.3 销售管理体系的职能设计

体现销售管理体系价值的重要途径是根据销售管理体系的职能建立属于企业自己的专业

化销售组织，完成制订的销售计划，实现企业目标。

2.3.1 销售部和市场部的主要职能

现代企业的销售组织通常有两大基本职能部门、销售部和市场部。其中销售部的任务是解决市场能不能买到产品的问题；市场部的任务是解决市场对企业产品需求问题。两个部门同时作用于市场，基本构成了企业的市场营销工作。一般销售部与市场部的工作配合方式如图2-2所示。

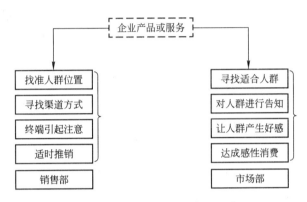

图2-2 销售部和市场部的配合

销售部是企业的主要部门，也是企业最直接的效益实现者。销售工作是实现企业目标至关重要的一环，其成功与否直接决定企业的成败，而企业的各项销售管理工作最终是以市场为检验标准。

以快速消费品为例，通常销售部门的职能如下：

(1) 进行市场一线信息收集工作；
(2) 提报年度销售预测给营销副总；
(3) 制订年度销售计划，进行目标分解，并执行实施；
(4) 管理、督导销售部门正常工作运作、正常业务运作；
(5) 设立、管理、监督区域分支机构，使其正常运作；
(6) 销售网络的开拓与合理布局；
(7) 建立各级客户资料档案，保持与客户之间的双向沟通；
(8) 合理进行销售预算控制；
(9) 研究把握销售员的需求，充分调动其积极性；
(10) 制订业务人员行动计划，并予以检查控制；
(11) 配合本系统内相关部门做好推广促销活动；
(12) 检查渠道障碍、预测渠道危机，呈报并处理；
(13) 按照推广计划的要求进行货物陈列、宣传品的张贴及发放；
(14) 按企业回款制度，催收或结算货款。

而对于市场部来说，其主要职能如下：

(1) 制订年度营销目标计划；

(2) 建立和完善营销信息管理系统；
(3) 对消费者购买心理和行为的调查；
(4) 对竞争产品的性能、价格、促销手段等信息进行收集、整理和分析；
(5) 作出销售预测，提出未来市场的分析、发展方向和规划；
(6) 制定企业营销组合策略；
(7) 实施品牌规划和品牌的形象建设；
(8) 负责产销的协调工作。

市场部与销售部应当积极配合共同实现企业营销目标。市场部将营销策划方案及相关计划提供给销售部，并作必要的说明、培训及研讨，销售部应将终端产品陈列情况、网点开发、覆盖率情况、竞争品牌市场信息反馈、客户反馈等方面的资料向市场部提供，实现资源共享。

2.3.2 销售管理体系的基本职能设计

一般而言，一个企业的销售组织的基础职能是客户开发与管理、信息管理、物流管理和信用管理。

1. 客户开发管理

进行新客户的开发，以及对老客户的维护管理。需要强调的是企业除了进行基本的客户开发和维护之外，还应当主动向客户和消费者提供高质量的服务，去打动人心，在客户和消费者那里留下良好的印象，使企业与客户之间能建立起持久的信任关系。

2. 信息管理

通过销售人员迅速把产品的信息和企业的信息传递给客户和消费者，激发客户和消费者的购买欲望。同时也要从客户和消费者那里挖掘消费和销售信息，这些信息对于改进产品结构、提高产品质量、增加产品功能具有重要意义。

3. 物流管理

实现产品的高效运转，用快捷而经济的方式把企业的产品分送给客户去实现销售。此外，物流管理还包括发货票的管理和日常产品仓储、运输的管理等。许多企业内部已经设立了独立的物流管理部门来完成企业的物流工作，但其工作仍然离不开销售部的大力配合与支持。

4. 信用管理

企业要保证销售出去的产品使顾客满意，维护企业形象和企业信誉。同时销售部也应当进行客户的资信调查，及时掌握客户的信用状况，确保客户能够按时、按量支付应收账款。

2.3.3 销售管理体系的基本岗位设计

销售组织为了能够顺利完成以上销售管理职能，通常需要设立一些基本岗位，具体包括销售经理（或销售主管）、销售代表、销售内勤、信用助理和行政助理。如图 2-3 所示，销售经理或销售主管是销售组织的核心，主要负责管理销售代表、销售内勤、信用助理和行政助理。随着企业销售的发展，在此基础上仍然可以进一步细分和扩展。

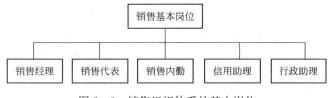

图 2-3 销售组织体系的基本岗位

1. 销售经理

全面负责完成销售组织各项管理功能，进行客户管理、信息管理、物流管理和信用管理，负责进行销售决策、销售财务管理及费用控制和销售组织的人员管理及销售团队建设。

2. 销售代表

执行各项具体销售任务，重点是做好客户的开发与维护工作。此外，还必须努力完成销售任务的各项指标，负责销售信息的收集工作等。

3. 销售内勤

负责销售组织内部的文档管理工作。包括如下几项工作。

(1) 销售报表的统计。即对销售组织内部日常业务和行政管理报表的统计与分析。对销售代表收集并记录的大量市场信息和消费信息报表进行统计与分析，及时提供相关分析报告并提出参考建议。

(2) 销售分类账的记录。销售收入是销售商品、自制半成品或提供服务等而收到的货款，销售收入按比重和业务的主次及经常性情况，一般可分为主营业务收入和其他业务收入。正确地确认收入对于企业管理非常重要，做好销售分类账工作，对销售管理工作是非常关键的。

(3) 完成销售部的发票和发货清单的日常管理工作。

4. 信用助理

信用助理是公司财务部门或信用管理部门派到销售部里专门负责客户信用管理的工作人员，主要负责客户信用额度的制定和追收逾期应收账款等工作。

(1) 客户信用额度的制定。如果一个公司大量采用赊销的方式，即先把产品发到客户那里，过一段时间后再收回货款，这就相当于公司把钱借给客户一样。公司要根据客户的经营状况和信用程度来制定信用额度。

(2) 追收逾期应收账款。一般性的账款可以由销售人员负责追收。但是出现了逾期应收账款，即客户拖欠的货款或销售的呆账，应由信用助理而不是销售人员来负责追回。如果由销售人员去追收逾期应收账款，将会严重影响销售人员正常的销售工作，使销售业绩下降。企业应该从整体利益来考虑问题，销售人员往往考虑公司、客户和自身个人的利益。在公司利益和客户利益之间发生冲突时，销售人员很可能选择客户的利益。因为销售人员可以离开公司，到其他同类型公司去任职，但是他不能离开那些客户，因为客户资源是他生存的关键。

5. 行政助理

行政助理是负责销售管理行政事务的人员。工作范围包括各类销售信息档案，特别是客户信息档案的管理、销售制度的监控、销售管理制度的执行、销售组织财务和成本的管理及客户投诉的处理。

2.4 销售管理体系的组织架构设计

销售部门组织架构设计通常要受到企业人力资源、财务状况、产品特性、消费者及竞争对手等因素的影响,企业应根据自身的实力及企业发展规划,设计和选择合适的组织形式,量力而行,用最少的管理成本获得最大的经济效益。下面介绍几种常用的销售组织的基本模式。

1. 地域型组织模式

按照地理位置组织销售人员的这种结构是最简单而且最常见的模式,如图2-4所示,企业将目标市场按照地理位置划分为若干个销售区域,销售人员被派到不同地区开展销售业务。

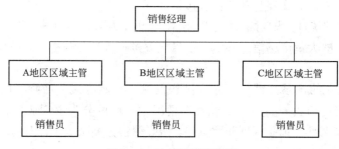

图2-4 地域型销售组织

这种组织模式的优点如下:

(1) 销售区域主管权力相对集中,决策速度快,销售人员清楚自己的职责和任务,能够积极地开发当地业务和培养人际关系;

(2) 地域集中,相对费用低,人员集中易于管理。

其不足之处在于:

销售员要从事所有的销售活动,技术不够专业,不容易适应种类多、技术含量高的产品。

这种组织类型适合于企业产品种类较少、技术含量不高时采用。

我国大部分企业都采用地域性销售组织模式,各区域的销售主管负责该地区所有产品或服务的销售。在制定地域分支结构时,一般要求该地域便于管理,销售潜力易估计,并且尽可能地节省出差时间。同时,地域内的每个销售员都要有充足合理的工作负荷和销售潜力。地域分支机构可按地域的销售潜力或人员的工作负荷加以划定。具有相等销售潜力的地域给每个销售员提供了获得相同收入的机会,同时也给企业提供了一个衡量工作成绩的标准。各地销售额增长的不同,可认定为是各销售人员的能力或努力程度的反映。

但是在实际情况中有相同潜力的地域因为面积的大小可能有很大的差别,并且由于各地区的消费者密度、经济发展等情况的不同,被分派到大城市的销售员用较小的努力就可以达到同样的销售业绩。而被分到地域广阔且人烟稀少地区的,就可能在付出同样努力的情况下只取得较小的成绩或作出更大的努力才能取得相同的成绩。针对这样的问题,企业通常的解决办法是给派驻到边远地区的销售员较高的报酬,以补偿其额外的工作。但这削减了边远地区的销售利润。而另一个解决办法是,利用多重指标对销售人员进行考核,而不是单纯的销售额或销售量考核。

2. 产品型组织模式

产品型组织模式是指企业将产品分成若干类,销售人员负责销售产品中的一类或几类。企业一般用产品线来建立销售队伍结构,如图2-5所示。对于这种组织模式,销售员对产品的理解非常重要,特别是当产品技术复杂、产品之间联系少或数量众多时,按产品专门化组成销售队伍就较合适。

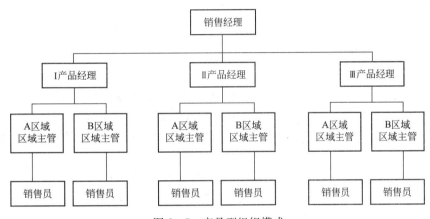

图2-5 产品型组织模式

这种组织方式的优点包括:
(1) 由于各个产品均有专人负责,使每个产品都不会被忽视;
(2) 产品经理更加贴近市场,对市场反应迅速,容易实现产销协调。

产品型组织模式通常适合技术含量高、产品种类多、产品间关联较少的企业。海尔和IBM就采用这种组织模式。与优点相比,其不足之处在于:
(1) 整体成本费用较高,许多销售人员要应付同一类顾客,造成浪费。
(2) 产品经理对其他营销职能部门依赖性强。

3. 顾客型组织模式

顾客型组织模式是指企业根据目标市场中的顾客属性进行分类,不同的销售人员针对不同属性的顾客进行销售。结构模式如图2-6所示。

这种组织模式的优点是:
(1) 能够让销售人员更好地满足顾客需要,有利于改善交易关系;
(2) 企业易于展开信息收集活动,为新产品的开发和设计提供思路。

随着营销观念的深入,企业越来越多地寻求有效的途径来更好地服务不同细分市场上的顾客,而这种组织模式在一定程度上改善了销售人员与顾客的相处局面。当然,该模式也存在以下缺点:
(1) 企业的营销策略受客户影响太大,客户减少容易给公司带来风险;

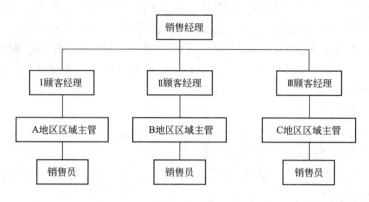

图 2-6 顾客型组织模式

（2）由于销售人员要熟悉产品线上的众多商品，培训费用高，人员负担重。

4. 职能型组织模式

职能型组织模式是企业按具体职能来组织分工，即把承担相同职能的管理业务及其人员组合在一起，设置相应的管理部门。随着产品种类的增多及市场多样化的发展，企业开始根据不同的产品种类和市场形态，分别建立各种集生产、销售为一体，自负盈亏的事业部制，如图 2-7 所示。

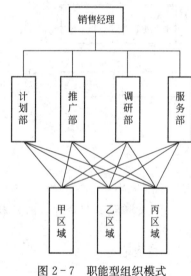

图 2-7 职能型组织模式

该组织模式的优点包括：

（1）将营销管理的各种职能如销售、广告和调研等综合运用；

（2）销售人员的力量和部门的职能得到充分发挥，资源配置更加合理有效。

当企业只有一种或很少几种产品时，这种组织结构比较有效。但是，随着产品品种的增多和市场的扩大，这种组织形式的缺点就暴露出来，具体如下。

（1）发展不平衡和难以协调。特别是各部门只强调各自的重要性，以便争取到更多的预算和决策权力，致使协调困难。

（2）部门和销售人员数量的增多，使成本也相应增加。

（3）因为难以协调从而使顾客和员工感到困惑。

职能型销售组织适合于经营规模较大、实力强、销售队伍较大，业务素质较高，能适应较细的专业分工的企业。

5. 复合型组织模式

复合型组织模式指当企业在一个广阔的地域范围内，面对各种类型的消费者，并且要销售种类繁多的产品时，通常将以上几种结构方式混合使用。销售组织可以按地区—产品、产品—顾客、地区—顾客等方法加以组织，一个销售员可能同时被一个或多个产品经理和部门经理负责管理，如图 2-8 所示。

除了以上几种常见的销售组织以外，近年来也出现了多种创新型的销售组织模式，如电

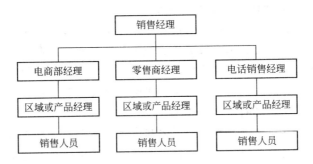

图2-8 复合型销售组织模式

商型组织、外包型组织和项目团队型组织等。

在实际销售工作中,不同的企业可分别采用不同的划分区域的方法,同一个企业在不同时期也可采用不同的模式,甚至可以使用好几种不同的模式。

销售组织结构的设计应遵循层级化或垂直化的管理原则。一级管理一级,下级只听命于其直接上级。要做好销售组织的层级化管理,应注意以下两点。

(1)高层管理者不要轻意越级管理。销售经理只有当下级销售主管不能履行其职责时,才能越级管理销售代表。

(2)销售人员不要超级汇报。如果有情况要向其直接领导汇报,而不要越级。这是为了维护中层管理人员的领导权威,因为中层人员对于企业的整体运营是至关重要的。

小案例

常见销售组织模式

1. 销售部的基本组织架构

把产品送到消费者面前并把产品卖出去的行为,称为销售。企业中负责售出产品的部门一般称为销售部,销售部是营销组织中的一员,与市场部和客户服务部共同构成营销组织。销售部门在整个企业的营销活动当中,是完成把产品送到消费者面前,并能够达成消费者购买的工作。具体可以通过直营的方式,也可以利用渠道成员来完成。一般来讲,销售部的基本架构形式如图2-9所示。

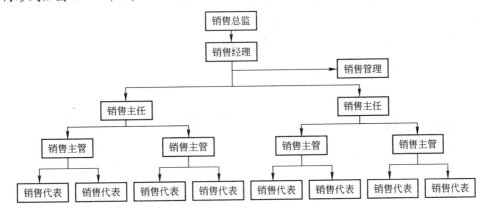

图2-9 销售部的基本架构形式

2. 消费品和工业品企业的销售组织设计思路

不同的产品类别，其产品在市场上的消费方式是不一样的，产品销售所采用的销售模式也同样存在区别，而且在利用和选择渠道的类别和长短上都需要考虑市场上的消费形态。比如，一个快速流转产品由于其产品的消费属于多次重复性购买，消费者需要就近和方便，企业就应选择可以更快流转的扁平化渠道结构，同时也更便于资金的流转和物流的顺畅，而这样的渠道方式也决定了其对应的销售管理方式。

图2-10是一个完整的日用消费品的渠道利用方式，企业产品可以分三个途径到达消费者面前，我们既可一直采用其中的一个途径，也可以将其中两个进行组合使用，还可以三个并用。总之，需要根据企业所选择的目标方式和该产品所处的产品阶段进行调整。

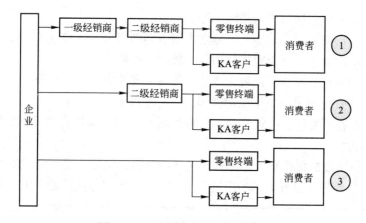

图2-10　日用消费品的渠道模式

销售部的组织架构完全是为了达成工作方便的需求，不是一个模板式固化模式，不同的渠道策略方式对应不同的销售管理控制方式。因为销售组织是要把产品有效地送到消费者面前，而管理好渠道的不同环节就是保证产品顺畅地流向消费者面前的基础，所以，涉及销售组织架构的时候，首先要注意销售策略的方式选择，这种策略方式取决于产品的阶段、产品的类别等因素。

图2-11是工业产品的渠道模式，不同类别的工业产品面对客户的距离也是有区别的。关键要看该产品在市场上的客户密集程度，客户越密集就越需要经销商的协助，客户密集度低的采用直接面对客户进行销售的方式。图中的三种方式也是可以单独采用或者选择其中两种或者三种方式同时采用，来完成企业的销售。

间接渠道模式下的销售架构如图2-12所示。

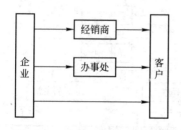

图2-11　工业产品的渠道模式

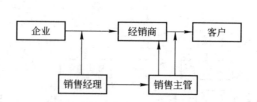

图2-12　间接渠道模式下的销售架构

3. 不同市场条件下的销售组织设计思路

所谓不同市场条件，主要是说不同区域市场的购买能力、产品的市场成熟程度和普及率状况及产品在当地市场的影响等方面有所不同。这些不同决定了企业所采用的销售策略的区别，而销售策略上的区别又决定了其销售管理方式的不同。下面列举不同市场条件下的一些销售配合方式，如表2-2所示。

表2-2 不同市场条件下的消费特点

	导入期	成长期	成熟期	创新期
商品普及率	5%左右	10%~50%	50%以上	55%以上
消费特点	尝试型	冲动型	习惯型	选择型

不同的市场阶段，主要是要考虑产品在市场上的成熟条件。在导入阶段，市场需求不大，没有渠道成员愿意和企业一起承担教育市场的风险，企业这时候需要利用更直接的方式接触消费者，让消费者感受到产品的利益，所以，销售部的组织架构要符合此时的市场条件，如图2-13所示。

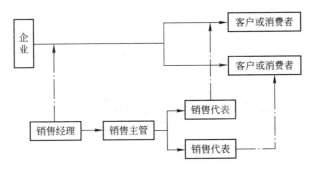

图2-13 导入阶段的销售组织基本架构

在产品的成长阶段，市场的需求突然加大，成长的速度是企业利用直营手段无法满足的。这个时候，企业需要利用渠道成员的帮助迅速抢占市场份额，以便在进入成熟期之前，能够在规模上得到扩张，占领市场的有利位置，所以应将经销商的管理加入进来，如图2-14所示。

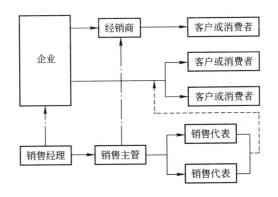

图2-14 成长阶段的销售组织基本架构方式

在产品的成熟阶段,市场份额的归属已经非常明显,市场的空间也不是很多,企业需要抢占一点保卫一点,已经抢占的份额要保护住,没有抢占的份额也要利用产品细分市场的方式增加企业在市场的生存能力。所以企业要完善销售组织的各个环节,进行梯级建设。有对经销商的管理,也有维护形象的直营管理,还有对终端的管理,几种管理职责要互相配合,达成稳固市场、赢取销量的目的,如图2-15所示。

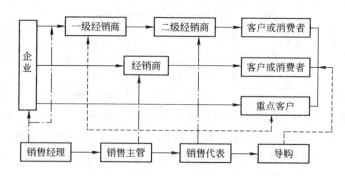

图2-15 成熟阶段的销售组织基本架构方式

资料来源:刘永炬. 销售部. 北京:机械工业出版社,2011,有删改。

2.5 销售管理体系的岗位职责设计

完成销售管理组织架构的设计之后,就要进行销售岗位职责的设计。只有将每一个销售岗位的职责作出明确的规定,才有利于贯彻执行。以日用消费品为例,销售岗位职责的内容一般包括三方面。

(1) 工作关系的确定:每一名销售人员,都要明确自己的上下级是谁。

(2) 岗位的陈述:每一个岗位的销售人员,都要明确自己所在岗位的销售目标与任务是什么。而对于一名销售管理人员,既要完成自己的销售任务,又要起到一个管理者应该起到的作用,要懂得每一个岗位的价值,并且在岗位职责中体现出来。

(3) 工作内容的描述:要具体规定出每个岗位的任务。为了完成确定的任务,要设计好工作行为,即进行行为设计。一些比较专业的公司,对其销售人员和销售管理人员进行表格化管理,通过这些表格来进行行为管理。

2.5.1 销售经理的岗位职责

销售经理是公司执行销售行为的管理者,应与其他部门相互合作,创造理想业绩。销售经理应执行并完成营销主管所下达的销售目标。具体职责包括:完成销售部的任务目标、建立并保持与地区经销商的业务关系、实现或超额完成销售目标及促销目标、管理及发展销售主管及销售代表等。具体内容如下。

(1) 将销售目标按月、季、年及区域情况分解至各个分区市场，并保证销售指标的合理性及挑战性。

(2) 建立完整的信息网络，有针对性地收集和处理有关销售信息。

(3) 协助经销商积极拓展每一区域市场的零售网点，并保障对零售渠道的有效管理和支持。

(4) 定期拜访重要客户，并讨论制订促销计划。建立各级客户资料存档制度，建立市场、销售目标的执行和回馈制度。

(5) 协调与公司各部门的关系，制定有效拓展市场的销售策略。主动与生产部门联系并反馈有关信息。同时，与市场部配合并建立自我培训及发展制度，定期向销售人员及内勤人员、经销商提供培训及教育。

(6) 管理、监督各地区办事处的日常工作及销售预算的使用，在销售费用预算内尽最大可能达到销售目标。

(7) 不断提高自身的管理水平、思想水平和业务素质水平，建立起具有现代营销意识的队伍，并建设和维护好整个销售团队。

(8) 公平地给予每一位销售部员工发展的机会。对全体销售部员工定期进行考评，并提出考评结果和奖惩意见。向各级销售人员阐述工作程序，保证销售人员理解、接受、判断并执行全部工作程序，从而保证各个环节的服务质量。

2.5.2 销售代表岗位职责

销售代表要在指定销售地区开发客户，完成销售目标和收回应收账款，同时在指定区域完成有效铺货和商品陈列工作。具体内容如下。

1. 销售任务的完成

(1) 按月、季、年完成各品种销售目标，保证订单顺利流转。

(2) 指定区域内，以销售计划为基础，按月完成铺货和陈列工作，并完成销售目标。积极配合批发商的分销工作，达到铺货目标。

2. 执行营销策略和工作程序

(1) 为营销活动提供最大支持。提供给销售管理部门客户回馈信息和与市场竞争有关的信息资料，完成销售主管布置的市场调查工作。

(2) 按公司需求，熟悉并正确理解日、周、月工作程序，并执行全部工作程序。

(3) 快捷准确地向销售主管提供所有报告和数据，如每日销售报告、客户资料信息等。

3. 客户服务

(1) 根据设定的拜访频率，走访客户，及时了解客户动态。

(2) 管理客户货物储存量，避免超量储存或脱销。

(3) 正确、及时向客户提供市场及销售信息，协助客户做好产品调查工作。

(4) 协调市场价格。

(5) 负责新客户的初步调查。

4. 费用控制

(1) 在指定区域内正确使用并妥善保管公司的资产（包括费用资金、销售手册、产品样品、促销文件、有关报告、宣传资料等），防止私自挪用和浪费。

(2) 在销售费用预算内，合理配置费用额度。

5. 关系与联络

(1) 与销售主管及客户的业务员保持联系以便有效地双向沟通。

(2) 与拜访客户或潜在客户保持多层次联系。

(3) 负责管理本地区内的助销员等人员，支持与指导他们有效地开展工作。

2.5.3 销售助理岗位职责

在销售区域协助销售代表完成销售目标，做好客户销售工作，同时在指定区域内完成有效铺货和商品陈列工作。具体内容包括：

(1) 在指定区域内完成铺货和陈列工作，处理损耗材料；

(2) 在指定区域内积极增加销售数量，按月、季、年完成各品种销售目标；

(3) 在指定区域内为地区销售管理部门提供市场竞争的信息资料以及所有报告、数据；

(4) 根据设定的联系频率走访客户，管理客户货物储存量，避免超量储存或货品脱销，及时公正处理或安排处理客户投诉；

(5) 应与销售代表及一级批发客户保持密切联系，加强促销活动，有效地达到销货的目的，并主动而及时地向一级批发客户提供二级客户的订单；

(6) 向二级客户及时提供市场及销售信息，并做好店员教育工作。协助二级客户做好产品调换工作。

思考题

1. 简述销售管理体系设计的基本原则。
2. 简述销售管理组织的几种模式及其优缺点。
3. 销售经理、销售代表的岗位职责有哪些？

本章案例

汽车制造企业销售组织类型

企业的销售活动应有组织地将商品从生产者送到用户手中，各环节应富有效率和活力，以便有效地完成商品的分销过程。为此，企业应根据自己的产品特点、市场特点和销售职能本身的特点，研究本企业的销售管理模式，科学设置组织机构，使整个销售环节分工明确，各司其职，责权利一致而又不失去整体协调性，形成销售管理特色。

1. 销售部门的机构设置类型

关于销售部门组织机构的设置，理论上有四种结构形式：职能专业化、产品专业化、地区专业化、客户专业化，如图1所示。

在现实中，这四种形式往往是不能满足要求的。尤其是大型汽车公司，由于其市场范围、产品种类、职能划分不尽相同，其组织机构的设置也各有特色，于是便出现了上述四种形式的复合型。各公司的销售结构要视自身特点而定。

第 2 章 销售管理体系的设计

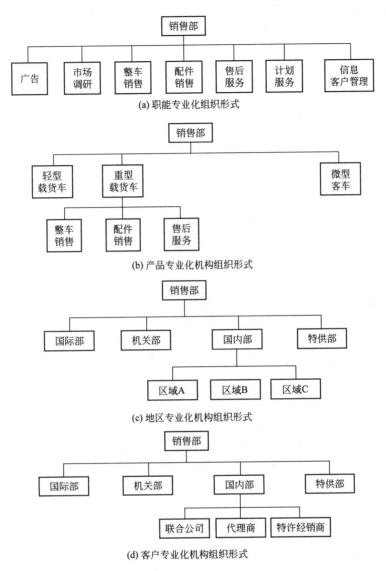

图 1 销售组织的四种理论结构模式

2. 汽车制造企业销售组织设置

1) 中国汽车公司销售机构设置类型

中国汽车公司在销售机构设置上将国际和国内业务分属销售部和进出口公司两个独立的部门，且两个部门基本都是按职能专业化设置的，如图 1 (a) 所示。

2) 国际汽车大公司销售机构设置类型

国际汽车大公司销售部门的组织机构一般比我国复杂一些，通常是上述四种理论结构的复合型。

(1) 大众汽车集团销售部机构设置。

该集团销售部具体负责大众集团的所有产品销售、配件供应和售后服务业务。销售部直属集团董事会，下设九个业务部，其组织机构如图 2 所示，这是一种按职能设置的销售机构。除国内销售部和直接销售部外,其他部对所属区域行使管理职能。

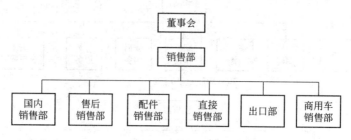

图 2　大众汽车集团销售部机构设置

(2) 雪铁龙公司销售部机构设置。

该公司销售部按市场专业化设置销售部的第一层机构,再按职能专业化设置第二层机构,如图 3 所示。福特汽车公司、克莱斯勒汽车公司的销售机构与此相似。

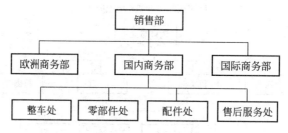

图 3　雪铁龙公司销售部机构设置

(3) 依维柯工业车辆工业公司销售部机构设置。

该公司的销售与售后服务机构的设置与雪铁龙公司正好相反,它先按职能专业化设置销售机构的第一层机构,再按市场专业化设置第二层机构,如图 4 所示。

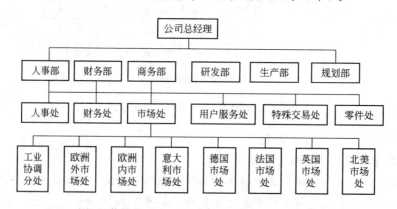

图 4　依维柯工业车辆工业公司销售部机构设置

(4) 日本汽车公司销售部机构设置。

日本的一些汽车公司,如丰田汽车公司和日产汽车公司,其销售部门机构通常首先按车型(产品专业化)设置,然后再按职能专业化或市场专业化设置第二层机构。从而形成多个产品销售系统,每一系统只负责一种特定车型的销售和售后服务工作。这样更符合专业化要求,可提高销售工作效率和向用户提供更好的服务,如图 5 所示。

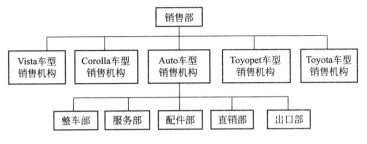

图 5　日本汽车销售部设置

(5) 通用汽车公司销售部机构设置。

通用公司由于规模庞大，没有统一的销售机构，销售公司由通用公司的子公司及其事业部如雪弗兰部、别克部、旁帝克部和凯迪拉克部等分别承担。这本身即是一种产品专业化组织，通用公司各子公司的销售机构一般是按市场专业化组织，再按职能专业化组织；有的分公司正好相反，但最终都是实行区域管理。

资料来源：精品培训网，http://cnshu.org/info/qchy/118221.shtml，作者刘祖柯，有删改。

第 3 章 销售计划管理

【本章导读】
掌握销售预测的方法
掌握销售目标的确定及分解方法
掌握销售计划的制订步骤
掌握常用销售预算的方法

3.1 销售预测

一个企业是否进入某一市场,取决于这个市场规模的大小和成长性,并保证企业进入这个市场能够获利。通过销售预测,可以发现市场的估计需要量以及企业在市场获利的可能性,从而有助于市场细分和目标市场的选择。企业还可以根据对市场需求潜量的预测,制订科学的市场营销方案,有效地分配其有限的资源。

销售预测是运用科学的方法对影响市场供求变化的诸多因素进行调查研究,并分析和判断其发展趋势,估计未来特定时间内产品的销售数量与销售金额,从而掌握市场供求变化的规律,为经营决策提供可靠的依据。通过销售预测为决策进行服务,不仅提高了管理的科学水平,而且能够减少决策的盲目性,把握经济发展或者未来市场变化的有关动态,使决策目标得以顺利实现。

3.1.1 销售预测的相关概念

1. 市场

市场是产品的实际购买者和潜在购买者的总和。市场规模与购买者数量及购买量大小有关。营销中通常涉及四个不同层次的市场名词:潜在市场、有效市场、目标市场和渗透市场。

(1)潜在市场:是指对某产品具有一定兴趣(或购买欲望)的消费者群体。

(2)有效市场:是指对该产品既有兴趣,又有购买能力,而且有机会购买该产品的消费者群体。

(3)目标市场:是指企业根据自身的目标与资源条件,在有效市场中选取的作为服务对象的那部分消费者群体。

(4) 渗透市场：是指目标市场中真正购买了该产品的消费者群体。

2. 市场需求

市场需求是指在一定地理区域和一定时期内，在一定的营销环境和一定的营销方案下，顾客群体愿意而且能够购买的商品总量。

市场需求不是一个固定的数字，而是一个受多种因素影响的函数，常被称作市场需求函数或市场反应函数。一些基本销售量（称为市场最低量）不需要任何的营销费用也会发生。高水平行业的营销费用会产生先是报酬递增随后是递减的高水平需求。当营销费用超过一定的水平后，就不能再进一步促进需求，市场需求达到了上限值。

3. 市场潜量

市场潜量是在既定环境下，当行业的营销努力达到无穷大时，市场需求所趋向的极限。这里"既定环境"在市场潜量的概念中是十分重要的。销售人员对市场需求函数的定位是无能为力的，因为它是由营销环境所决定的，但是销售人员可以通过改变对营销费用的投入来改变在需求函数上的定位。

4. 公司需求

公司需求是公司的市场需求份额。用符号表示为

$$Q_i = S_i Q$$

式中：Q_i——公司 i 的需求；
　　　S_i——公司 i 的市场份额；
　　　Q——市场总需求。

公司需求如同市场需求一样，是一个函数。这个函数称为公司需求函数或销售反映函数，受制于市场需求的全部决定因素和影响公司市场份额的所有因素。

5. 公司销售潜量

公司销售潜量是当公司相对于竞争者的营销努力增大时公司需求所能达到的极限。公司需求的极限是市场潜量。当公司取得100%的市场，即该公司已成为市场的独占者时，公司销售潜量等于市场潜量。在绝大多数情况下，公司销售潜量低于市场潜量，即使是公司的营销费用超过对竞争对手相当多的时候也是如此。其原因是每一个竞争公司都有一个由忠诚的购买者所组成的核心，这些人对其他公司怂恿他们离开的努力很少有反应。

3.1.2 销售预测的原则

进行销售预测要借助逻辑学、数学、统计学等方法论，也要借助于先进的科学手段。对企业的管理者而言，形成一套有效的思维方式是十分重要的，可遵循以下几个原则。

1. 相关原则

相关原则是指建立在分类思维基础上的，关注事物之间的关联性，当了解或假设到已知的某个事物发生变化，再推知另一个事物的变化趋势。最典型的相关有正相关和负相关。

正相关是事物之间的促进。例如，居民平均收入与汽车拥有量基本呈正相关关系，可以说企业应根据正相关的事物发掘未知市场面临的机遇。负相关是指事物之间相互制约，一种

事物发展导致另一种事物受到限制。最具有代表性的就是市场中的替代品。当政府出台一系列关于资源、环保的政策后，会导致一次性资源替代品的出现。

2. 惯性原则

任何事物发展具有一定惯性，即在一定时间、一定条件下保持原来的趋势和状态，这也是大多数传统预测方法的理论基础。比如线性回归、趋势外推等。

3. 类推原则

这个原则也是建立在分类思维高度基础上的，关注事物之间的关联性。

（1）由小见大，即从某个现象推知事物发展的大趋势。这一思路要防止以点代面、以偏概全。

（2）由表及里，即从表面现象推实质。例如，"统一食品"在进入某个城市后，当地生产同种类型产品的企业就应该意识到威胁的来临，采取相应对策来处理。

（3）由此及彼，比如企业可以适当地引进国外先进的产品或技术。在一定程度上说，某些发达地区被淘汰的东西，在发展中国家和地区还很可能有市场。

4. 概率原则

企业在进行销售预测时，并不可能完全把握未来，但可根据经验和历史，大致预估一个事物发生的大致概率，根据这种可能性，采取对应措施。

3.1.3 销售预测的基本要素

要搞好销售预测，必须把握销售预测的四个基本要素。

1. 信息

信息是客观事物特性和变化的表征和反映，存在于各类载体，是预测的主要工作对象、工作基础和成果反映。

2. 方法

方法是指在预测的过程中进行质和量的分析时所采用的各种手段。预测的方法按照不同的标准可以分成不同的类别。按照预测结果属性可以分为定性预测和定量预测，按照预测时间长短的不同，可以分为长期预测、中期预测和短期预测。按照方法本身，更可以分成众多的类别，最基本的是模型预测和非模型预测。

3. 分析

分析是根据有关理论所进行的思维研究活动。根据预测方法得出预测结论之后，还必须进行两个方面的分析：一是在理论上要分析预测结果是否符合经济理论和统计分析的条件；二是在实践上对预测误差进行精确性分析，并对预测结果的可靠性进行评价。

4. 判断

对预测结果采用与否，或对预测结果依据相关经济和市场动态所作修正需要判断，同时对信息资料、预测方法的选择也需要判断。判断是预测技术中重要的因素。

3.1.4 销售预测的影响因素

销售预测在企业管理中具有很重要的作用，它不仅是销售计划的前提，同时还影响和决定企业其他工作的安排,如生产进度的安排、原材料的购买、资金的应用、库存的控制、必要设施和配备的购买等。无论是谁来做销售预测工作,都应该熟悉销售预测的技术,以便准确客观地进行销售预测,使之成为工作指南。销售预测主要以过去的销售实绩为核心,但在决定销售目标之前,必须考虑到外界和内部各种因素。

1. 外界因素

1)需求因素

需求是销售预测的外界因素中最重要的因素。如市场流行的趋势、顾客偏好变化以及生活形态的变化、人口的流动等,均可成为产品或服务需求的影响因素,因此必须加以全面的分析与预测。企业的销售部门要定期收集有关目标市场中产品、顾客等相关信息以及关注市场调查机构提供的数据资料,以掌握市场的需求动向。

通常情况下,企业应先对市场的需求进行预测,因为市场需求决定销售潜力。销售潜力通常是一个公司最大可能的销售量。而销售预测值是在给定营销政策和内部因素的前提下统计出来的,因此其数值以销售潜力为基础,并低于销售潜力。一般常见的需求预测方法有市场调查法、消费者座谈法和市场试验法。需求预测有利于销售经理整体上把握市场状况,使销售预测更加客观准确。

2)经济因素

销售收入深受经济变动的影响,尤其随着科技、信息的快速发展,使很多影响因素无法预测,导致企业销售收入波动加剧。因此为了正确预测,需特别注意资源问题的未来发展、政府及财经界对经济政策的见解以及 GDP、CPI、PPI、基础工业、加工业生产、经济增长率等指标变动情况。

3)竞争因素

销售也深受同业竞争者的影响,企业为了顺利生存,必须掌握竞争对手在市场的所有活动。例如,竞争对手的市场重心、产品的价格、促销与服务体系等。企业在考察竞争对手情况时,并不能完全依赖诸如市场研究机构的资料,而更应该根据销售人员的亲自观察加以确认或在具体的销售活动中利用一手资料去把握相关动态。

2. 内部因素

1)营销策略

企业的产品策略、价格策略、销售渠道策略、促销策略、服务策略等要素的变更会对销售额产生明显影响。

2)销售策略

与销售管理有关的策略与方法的变化,诸如渠道管理内容、交易条件或付款条件、销售方法等对销售额也会产生较大的影响。

3)销售人员

销售活动是一种以人为核心的活动,所以人为因素对于销售额的实现具有深远的影响。

4)生产能力

企业应考虑自身的实际生产情况是否能与预测的销售收入配合,是否能够适应特定情况,如市场需求旺盛,需要加大产量时企业能否满足。

3.1.5 销售预测的流程

1. 选择预测目标

进行销售预测之前,首先要明确预测的目标。具体来讲就是指销售预测具体对象的项目和指标。其次还要分析销售预测的时间性、准确性要求,划分商品、地区范围等。对市场经济活动可以从不同的目的出发进行销售预测,目标不同,需要的资料、采取的销售预测方法也都有一些区别。有了明确的销售预测目标,才能根据目标需要收集资料,才能确定进程和范围。

企业在每次销售预测活动时,可能有不止一个的目标,这时需要分清主次关系,从实际出发,解决那些最迫切、最主要、最关键的问题。确定了销售预测目标之后,接着要分析时间性和准确性要求。如果是短期预测,允许误差范围要小,而中长期预测,误差在20%~30%之内是允许的。销售预测的地区范围应是企业的销售活动范围,划定预测的地区范围,过宽过窄都会影响预测的进程。

2. 广泛收集数据和资料

充分的市场信息资料是进行销售预测的前提。因此,选择并且确定了市场预测目标以后,接下来要广泛系统地收集与本次预测有关的各方面数据和资料。收集资料是进行销售预测工作的重要环节。按照要求,凡是影响市场供求发展的资料都应尽可能地收集。资料收集得越广泛、越全面,销售预测的准确性程度就能相应提高。收集的市场资料可分为历史资料和现实资料两类。历史资料包括历年的社会经济统计资料、业务活动资料和市场研究信息资料。现实资料主要包括目前的社会经济和市场发展动态,生产、流通形势,消费者需求变化等。

收集的信息资料应力求系统、完整、准确,这就需要对资料进行必要的核实与审查。例如,可以从不同角度复核历史资料,剔除历史发展过程中非正常因素所形成的数据。收集到的资料,要进行归纳、分类、整理,最好分门别类地编号保存。在这个过程中,要注意标明市场异常数据,要结合预测进程,不断增加、补充新的资料。

3. 选择预测方法

常用的方法是先将收集到的资料列出表格,制成图形,以便直观地进行对比分析,观察市场活动规律。分析判断的内容还应包括寻找影响因素与市场预测对象之间的相互关系,分析预测期市场供求关系,分析判断当前的消费需求及其变化,以及消费心理的变化趋势等。

在分析判断的过程中,要考虑采用具体的哪一种预测方法进行正式预测。销售预测有很多方法,要根据预测的目的和掌握的资料来决定选择哪一种。各种销售预测方法有不同的特点,适用于不同的市场情况。一般而言,掌握的资料少、时间紧,预测的准确程度要求低,可选用定性预测方法;而掌握的资料丰富、时间充裕,则可以选用定量预测方法。在预测过程中,应尽可能地选用几种不同的预测方法,以便互相比较验证其结果。

4. 建立预测模型

销售预测是运用定性分析和定量方法进行的市场研究活动,在预测过程中,这两方面不可偏废。一些定性预测方法,经过简单的运算,可以直接得到预测结果;定量预测方法要应用数学模型进行演算、预测。预测中要建立数学模型,即用数学方程式构成市场经济变量之间的函数关系，抽象地描述经济活动中各种经济过程、经济现象的相互联系，然后输入已掌握的信息资料，运用数学求解的方法，得出初步的预测结果。

5. 评价结果，编写报告

通过计算产生的预测结果是初步结果，这一结果还要加以多方面的评价和检验才能最终使用。检验初步结果，通常有理论检验、资料检验以及专家检验。理论检验是运用经济学、市场学的理论和知识，采用逻辑分析的方法，检验预测结果的可靠性程度；资料检验是重新验证、核对预测所依赖的数据，将新补充的数据和预测初步结果与历史数据进行对比分析，检查初步结果是否合乎事物发展逻辑，符合市场发展情况；专家检验是邀请有关方面专家，对预测初步结果做出检验、评价，综合专家意见，对预测结果进行充分论证。

对销售预测结果进行检验之后，就可以着手准备编写预测报告了。与调查报告相似，销售预测报告也分为一般性报告和专门性报告，每次根据不同的要求，编写不同类型的报告，一般性报告的读者是各级管理人员、决策人员，它的目的是提供预测结果和市场活动建议。这类报告要求将预测结果简单、明确地反映出来，对预测过程和结果作扼要的解释性说明和简单论证。而专门性报告的读者是市场研究人员，对预测技术方法比较了解的管理、决策、咨询人员，这类报告要求详尽，要将预测目标、预测方法、预测资料来源、预测过程作出详细说明，阐明对市场的分析，对市场运行规律的认识，还应包括预测检验过程、计算过程，并且需要从多方面论证预测结果的可靠性，最后附有必要的资料处理说明、预测计算公式等。这两类预测报告都可以附有必要的预测图表，以便直观形象地反映预测结果。

6. 事后跟踪

完成销售预测报告，并不是销售预测活动的终结，下一步还要对预测的结果进行追踪调查。销售预测结果是一种有科学根据的假设，这种假设毕竟仍要由市场发展的实际过程来验证，因此要考察销售预测结果的准确性和误差，并分析总结原因，以便取得销售预测经验，不断提高销售预测水平。

实际销售预测过程中，根据不同的情况，程序也可能有所变化，顺序有所调整，每个程序之中还可能派生出若干个子程序。但是预测中都应该包括这些基本过程，这样才能获得相应的预测结果。

3.1.6 定性预测方法

定性预测法是依靠人们观察分析能力、经验判断能力和逻辑推理能力所进行的预测分析，它是预测者根据所了解的情况和实践积累的经验，对客观情况所作的主观判断，也叫调查研究预测法。主要特点是利用直观的材料，依靠个人经验的综合分析，对事物未来状况进行预测。定性预测在实践中被广泛使用，而且特别适合于对预测对象的数据资料掌握不充分或影响因素复杂，难以用数字描述以及对主要影响因素难以进行数量分析等情况。

定性预测法偏重对市场发展方向的分析，能发挥专家经验和主观能动性，比较灵活，而且简便易行，可以较快地提出预测结果。但是在进行定性预测时，也要尽可能地收集数据，运用数学方法，其结果通常也是从数量上作出测算。常用定性预测方法主要有以下几种。

1. 专家会议法

专家会议法又称为集合意见法，是指根据规定的原则选定一定数量的专家，按照一定的方式组织专家会议，发挥专家集体的智能结构效应，对预测对象未来的发展趋势及状况作出判断的方法。"头脑风暴法"就是专家会议预测法的具体运用。

2. 专家调查法（德尔菲法）

这是根据有专业知识的专家的直接经验，采用系统的程序，以互不见面和反复进行的方式，对某一未来问题进行判断的一种方法。首先，草拟调查提纲，提供背景资料，轮番征询不同专家的预测意见，最后再汇总调查结果。对于调查结果，要整理出书面意见和报告。这种方法具有匿名性，费用低，节省时间，要比一个专家的判断预测或一组专家开会讨论得出的预测方案准确一些，一般用于较长期的预测。专家调查法的程序一般如下。

1) 组织领导

开展德尔菲法预测，需要成立一个预测领导小组。领导小组负责草拟预测主题，编制预测事件一览表，选择专家，以及对预测结果进行分析、整理、归纳和处理。

2) 专家的选择

专家一般指掌握某一特定领域知识和技能的人。人数不宜过多，一般 10~20 人为宜。可避免当面讨论时容易产生相互干扰等弊病，或者当面表达意见，可能受到约束。该方法以信函或电子邮件方式与专家直接联系，专家之间没有任何联系。

3) 确定预测内容

根据预测任务，制定专家回答问题的提纲及具体要求说明。

4) 预测执行

首先，提出要求，明确预测目标，用书面通知被选定的专家或专门人员。要求每位专家说明有什么特别资料可用来分析这些问题以及这些资料的使用方法。同时，请专家提供有关资料，并请专家进一步提出需要哪些资料。

其次，专家接到通知后，根据自己的知识和经验，对所预测事件的未来发展趋势提出自己的观点，并说明其依据和理由，以书面答复主持预测的单位。

再次，预测领导小组，根据专定预测的意见加以归纳整理，对不同的预测值分别说明预测值的依据和理由（根据专家意见，但不注明哪个专家意见），然后再寄给各位专家，要求专家修改自己原先的预测并提出还有什么要求。

最后，专家等人接到第二次信后，就各种预测的意见及其依据和理由进行分析，再次进行预测，提出自己修改的意见及其依据和理由。如此反复征询、归纳、修改，直到意见基本一致为止。修改的次数，根据需要决定。

3. 主管人员评定法

主管人员观点评定法是最古老和最简单的预测技巧之一，它要求公司高级主管对特定时期的销售作出预测，通过对这些预测平均化，即可获得拥有广泛基础的预测结果，这通常要比单个经理所做的预测精确一些。参与预测的人员包括营销、财务、生产、采购等部门的经理。这种方法的优点在于简单迅捷，主要的缺点则在于那些对公司产品并不熟悉的经理的观点会导致预测结果不够精确。

4. 销售人员意见汇总法

销售人员汇总法是从销售人员预测中汇总出有关将来销售额的预测。有时销售人员单独作出这些预测，有时则与销售经理共同讨论而得出这些预测。预测结果以地区或行政区汇总，地区经理或行政区经理再把这些结果与过去销售预测的精确度作比较，从而对这些预测结果作出评估。利用适当的偏差因子来校正每个销售人员的预测结果,然后利用自己的经验作最后的地区销售预测。最后将预测结果提交给母公司,由其汇总出公司总销售预测。

这种方法的偏差在于预测销量常低于实际的销售量。但这种过低预测可通过对每位销售人员建立悲观指数来补偿,此指数通过比较每位销售人员先前的销售预测与实际销售量的差异推导出来。对大多数销售人员来讲,销售预测量的偏差会在实际销售量的10%以内。

虽然销售人员汇总法包括那些最接近市场、有丰富实践知识的销售人员的预测,但在产出的预测结果可能在两方面不足:一是市场结构影响销售人员精确预测销售量的能力,当销售人员访问的客户较少,或较少的客户占了他们较大的业务量时,用这种方法预测就较精确;二是很多企业对销售人员的奖励和晋升是以实际销售量为基础的,而不是基于预测的准确性,因此,销售人员在作出预测时倾向于尽可能地少花费时间。

5. 购买者期望法

公司内存在少数的重要顾客占据公司大部分销售量的情况时,购买者期望法很有成效。尽管邮寄调查、电话调查或人员拜访等方法都可以询问顾客的购买意图,但人员拜访法可以得到更精确、更细致的预测。当潜在顾客夸大他们的购买意图时,问题就来了。修正这种夸大其词的方法是建立与销售人员预测汇总法相似的悲观指数来调低夸大的预测。这个方法是以过去每位购买者实际购买与预计购买为基础的。一旦指数确定下来,就可以被用来调低购买者的夸大预测数,从而得到精确的预测结果。

3.1.7 定量预测方法

定量预测是使用历史数据或因素变量来预测需求的数学模型,是根据已掌握的比较完备的历史统计数据,运用一定的数学方法进行科学的加工整理,借以揭示有关变量之间的规律性联系,用于预测和推测未来发展变化情况的一类预测方法。常用的有加权算术平均法、趋势平均预测法、指数平滑法、相关和回归分析预测法等。目前大多企业都是在收集数据的基础上数通过计算机软件来完成。

1. 指数平滑法

指数平滑法是由布朗(Robert G. Brown)所提出,布朗认为时间序列的态势具有稳定性或规则性,所以时间序列可被合理地顺势推延;他认为最近的过去态势,在某种程度上会持续地影响未来,所以将较大的权数放在最近的资料。指数平滑法是生产预测中常用的一种方法,也用于中短期经济发展趋势预测。所有预测方法中,指数平滑法用得最多。简单的全期平均法是对时间数列的过去数据一个不漏地全部加以同等利用;移动平均法则不考虑远期的数据,并在加权移动平均法中给予近期资料更大的权重;而指数平滑法则兼容了全期平均和移动平均所长,不舍弃过去的数据,仅给予逐渐减弱的影响程度,即随着数据的远离,赋予逐渐收敛为零的权数。也就是说指数平滑法是在移动平均法基础上发展起来的一种时间序列分析预测法,它是通过计算指数平滑值,配合一定的时间序列预测模型对现象的未来进行预测。其原理是任一期的指数平滑值都是本期实际观察值与前一期指数平滑值的加权平均。

指数平滑法的基本公式是:$S_t = \alpha y_t + (1-\alpha) S_{t-1}$

式中:S_t——时间 t 的平滑值;

y_t——时间 t 的实际值;

S_{t-1}——时间 $t-1$ 的实际值;

α——平滑常数,其取值范围为 [0, 1]。

由该公式可知:

(1) S_t 是 y_t 和 S_{t-1} 的加权算数平均数,随着 α 取值的大小变化,决定 y_t 和 S_{t-1} 对 S_t 的影响程度,当 α 取 1 时,$S_t=y_t$;当 α 取 0 时,$S_t=S_{t-1}$。

(2) S_t 具有逐期追溯性质,可探源至 S_{t-t+1} 为止,包括全部数据。其过程中,平滑常数以指数形式递减,故称为指数平滑法。指数平滑常数取值至关重要。平滑常数决定了平滑水平以及对预测值与实际结果之间差异的响应速度。平滑常数 α 越接近于 1,远期实际值对本期平滑值的下降越迅速;平滑常数 α 越接近于 0,远期实际值对本期平滑值影响程度的下降越缓慢。由此,当时间数列相对平稳时,可取较大的 α;当时间数列波动较大时,应取较小的 α,从而不忽略远期实际值的影响。生产预测中,平滑常数的值取决于产品本身的特点和管理者对良好响应率内涵的理解。

(3) 尽管 S_t 包含有全期数据的影响,实际计算时仅需要两个数值,即 y_t 和 S_{t-1},再加上一个常数 α,这就使指数滑动平均具逐期递推性质,从而给预测带来了极大的方便。

(4) 根据公式 $S_1=\alpha y_1+(1-\alpha)S_0$,当欲用指数平滑法时才开始收集数据,则不存在 y_0。无从产生 S_0,自然无法根据指数平滑公式求出 S_1。指数平滑法定义 S_1 为初始值,初始值的确定也是指数平滑过程的一个重要条件。如果能够找到 y_1 以前的历史资料,那么初始值 S_1 的确定是不成问题的。数据较少时可用全期平均、移动平均法。数据较多时,可用最小二乘法。但不能使用指数平滑法本身确定初始值,因为数据必会枯竭。

如果仅有从 y_1 开始的数据,那么确定初始值的方法有两种:一种是取 S_1 等于 y_1;另一种是待积累若干数据后,取 S_1 等于前面若干数据的简单算术平均数,如 $S_1=(y_1+y_2+y_3)/3$ 等。

根据平滑次数不同,指数平滑法分为一次指数平滑法、二次指数平滑法和三次指数平滑法等。基本思想都是预测值以前观测值的加权和,且对不同的数据给予不同的权,新数据给较大的权,旧数据给较小的权。一般原数列的项数较多时(大于 15 项),可以选用第一期的观察值或选用比第一期前一期的观察值作为初始值。如果原数列的项数较少时(小于 15 项),可以选取最初几期(一般为前三期)的平均数作为初始值。指数平滑方法的选用,一般可根据原数列散点图呈现的趋势来确定。如呈现直线趋势,选用二次指数平滑法;如呈现抛物线趋势,选用三次指数平滑法。或者当时间序列的数据经二次指数平滑处理后,仍有曲率时,应用三次指数平滑法。

指数平滑法的计算中,关键是 α 的取值大小,但 α 的取值又容易受主观影响,因此合理确定 α 的取值十分重要。一般来说,如果数据波动较大,α 值应取大一些,可以增加近期数据对预测结果的影响;如果数据波动平稳,α 值应取小一些。理论界一般认为有以下方法可供选择。

(1) 经验判断法:方法主要依赖于时间序列的发展趋势和预测者的经验作出判断。当时间序列呈现较稳定的水平趋势时,应选较小的 α 值,一般可在 0.05~0.20 之间取值;当时间序列有波动,但长期趋势变化不大时,可选稍大的 α 值,常在 0.1~0.4 之间取值;当时间序列波动很大,长期趋势变化幅度较大,呈现明显且迅速的上升或下降趋势时,宜选较大的 α 值,如可在 0.6~0.8 之间选值,以使预测模型灵敏度高些,能迅速跟上数据的变化;

当时间序列数据是上升（或下降）的发展趋势类型，α 应取较大的值，在 0.6～1 之间。

（2）试算法：根据具体时间序列情况，参照经验判断法来大致确定取值范围，然后取几个 α 值进行试算，比较不同 α 值下的预测标准误差，选取预测标准误差最小的 α。

在实际应用中预测者应结合对预测对象的变化规律作出定性判断且计算预测误差，并要考虑到预测灵敏度和预测精度是相互矛盾的，必须给予二者一定的考虑，采用折中的 α 值。

2. 相关和回归分析

当销售与时间之外的其他事物存在相关性时，相关和回归分析对于销售预测将是非常有用的。这些广泛使用的统计方法可以用来检验销售和一个或多个变量的数学关系。这样就建立起来一种函数关系，它描述了一个变量的某种变化与另一个或多个变量的特定变化。例如，汽车消费支出的变化可以与收入变化相关，如果某种统计显著关系能够建立起来，那么，收入水平就可以用来预测消费支出和汽车销售。

相关分析在决定销售是否与某种或某些变量相关时是有用的，这种关系的程度可以通过相关系数（r）来衡量。相关系数的值域范围为 -1～1，符号表示在销售与另一变量之间关系的方向，具体数值表示相关程度。负相关系数表示销售与另一变量间的关系是以相反的方向运动。例如，如果新房地产项目开工数反向于利率上升，那么，这将是负的相关系数。当利率上升时，新房地产开工数会下降。正的相关系数表示两个变量同一方向运动。当收入上升时，家具的购买量将会增长，因此，这两个变量之间有正的相关系数。关系的强度是通过相关系数的值来表示的，计算出的相关系数越接近于 1，变量之间的关系会越强；相关系数为 0，表示两变量之间没有关系存在。

回归分析试图判断在因变量（销售量）和一个或多个自变量之间是否存在某种偶然的关系，如果发现了某种关系，那么，因变量（销售量）的值可以根据自变量的特定值来加以预测。回归分析有多种形式，但是最简单的是直线回归。和相关分析一样，回归分析也是强有力的预测方法，但要注意确保潜在的被分析关系正在起作用，且这种关系将在整个预测期内持续。

小案例

辉瑞公司的销售预测分析法

辉瑞公司的国际业务要求对许多国家的销售人员和推销活动进行管理，而每个国家和地区又有其独特的需要和限制。他们在德尔菲销售预测法的基础上，创造了适合公司的销售预测法，用来预测不同资源配置情况下的不同销售情况。这一方法在销售人员规模、结构和资源配置方面的决策中融入了经理的判断，结合经理的判断，该方法能提供适用于每一市场需要的决策指导方针。对于在国际市场上竞争的美国公司来说，这一点特别重要，因为在美国最为适宜的决策在其他公司往往未必尽然。辉瑞公司使用该方法为地方销售经理开发以个人电脑为基础的决策支持系统。该方法可用于国际市场，也可用于国内市场，还可在逐个战略事业单位或子公司中应用，以便为整个公司制订销售计划。

1. 辉瑞公司的销售预测法的应用范围

（1）结合具体市场或所在国家及地区的地方经理的专业经验，制定合理的规划指导方针。

(2) 选择最富成效、成本最合算的方法配置销售力量和开支经费。

(3) 以地方市场的具体条件而非以单方意见或市场的均衡反映为基础作出销售人员和营销方面的决策。

2. 应用的程序与步骤

(1) 与地区经理面谈，找出他们在各自区域市场上规划产品的销售和营销策略时最关心的问题。

(2) 由市场部人员收集历年累计的信息，从中找出区域市场上销售人员规模、销售产品的开支以及其他变量与销售反应之间存在的明显趋势。

(3) 市场部准备一个简短报告，总结上一步骤中发现的趋势，并对该该产品和市场作出简要评价。

(4) 写下一系列问题，内容可能有，如果对现有销售和营销变量做哪些改动，预计将会出现何种销售形势。召集区域经理开会，请他们对上述问题填写答卷。

(5) 综合经理们的答案，将总结向他们公布。再次将上述空白答卷发给经理们，请他们在阅读总结后再次回答这些问题，重复几次，直到经理们达成一致意见为止。

(6) 准备一份报告，总结会议上所达成的一致意见，或请市场部人员以最后结果为基础，建立试算表模型。借助总结报告来评估各种销售计划和策略方案。

3. 该销售预测分析的具体做法与过程

(1) 找出一个供研究用的具体市场，从市场上选取一种产品（必须逐个产品进行分析）。与区域经理会面，找出他们认为最需要优先考虑的问题。这些问题可能很广泛，包括诸如新竞争对手、法规、销售支持等问题。

(2) 使用历年积累的数据，对该市场上历年来有成效的销售努力进行描述。

(3) 写一份简短报告，描述销售努力对销售结果的影响上有何清晰的定量或定性证据。报告中附上对该产品和市场的简要说明，简要说明应包括产品简介、竞争产品简介、销售历史记录、历年的促销活动大纲、今后的销售计划、市场特征。并将报告分发给参加会议的每一位经理。

(4) 召集经理开会，请他们回答一系列问题，内容是，针对今后三年销售收益的各种销售和销售策划方案预期效果如何。所提问题的设计应能用各种数据来描述资源配置方法将会导致何种销售反应。应匿名书写答案，不可有讨论。

设计问题时，首先应列出关于该产品和市场的各种变量。如销售人员数量、广告印刷品的费用水平、电视广告费用、常规销售、电话营销、直接邮寄广告等都可能是相关问题。问题的最好来源是年销售或营销计划，因为其中确立了营销变量，并规定了各变量不同的资源配置水平。针对每一变量，参考计划中的资源配置水平（如无计划，使用上一年的资源配置水平），制订出两到三个资源水平高一些和低一些的配置方案，就每一种方案提出问题，请答题人回答方案在今后三年对销售将有何种影响。

(5) 迅速总结答案，并将总结发给经理们。他们阅读总结后，再请他们重新回答问卷。同样，需要独立且匿名回答这些问题。重复这样的过程几次，直到他们的回答达成一致（并不需要答案绝对一致，答案中的小分歧可由主持会议的经理或协调人进行平衡）。

(6) 让经理们回到自己的工作岗位上去，将市场部人员历年的累积数据与经理们答案中的意见综合起来，从而避免历年数据和经理们的看法之间存在矛盾。如果发现矛盾，应通过进一步研究和讨论，确定正确的？。

资料来源：中国营销传播，作者张志强，有删改。

3.1.8 提高销售预测的准确性

销售预测是供应链管理中需求管理的内容，是供应链运作的源头，也是供应链优化的起点。销售预测与实际的需求差别太大，会对供应链运作带来巨大的影响，增加供应链运作成本，同时降低客户满意度。

提升销售预测准确度，可降低供应链的运作成本。对于快速消费品行业来说，如果能够做到70%准确，就已经是非常不错的水准。但是对于一些国际知名的快速消费品企业来说，预测准确度能接近或超过90%。销售预测准确度是可以提高的，可从下面几个角度入手。

1. 保证销售预测工作的持久性

提高销售预测准确度的前提是要保持工作的持久性。一些企业由于预测与实际销量误差太大，就放弃了预测，或者没有人关心预测，结果是销售部门每月把预测当成一项家庭作业，生产部门根据自己长期做生产的经验来生产，预测没有在供应链运作中发挥任何作用。提高预测准确度根本无从谈起。即使最初预测与实际误差很大，也要坚持执行预测流程，通过预测这个流程，可以在采购部门、生产部门以及销售部门之间建立定期沟通机制，可以把各方面的意见通过预测这个信息载体聚集在一起，相对供应链的各环节分头制定决策，减少风险。企业刚开始编制销售预测的时候，总是预测误差太大，而经过一段时间的不断改进，预测的精度会不断提高。如果不做预测或者预测没有持久性，则预测准确度永远也不能提高。

2. 制定好应对策略

既然是预测，就可能不准确。如果实际的需求与预测相差较大，企业各个环节要能够快速调整，适应变化，减少损失。

有一个例子或许可以说明这一点，在广州某超市，某品牌新上市的洗发香波缺货，专程前来购买的顾客不得不购买其他品牌的产品。该公司立即召开紧急会议：这个新品上市一周，全国销售40 000箱，已经超过两个月市场预测总和，市场严重缺货；公司会议计划把下周的预测从5 000箱提高到50 000箱，增加10倍，这个数量工厂虽然不可能立刻生产出来，但是立即生产，可以减少缺货的时间，比长期缺货好。工厂计划部经理看到新的预测量，目瞪口呆：生产要增加10倍，而原材料库存最多只能支持1.5倍的生产量；原材料大多是进口的，就算立刻下单，就算供应商仓库有能够支持10倍产量的库存，按照正常情况，运输清关需要2个月才能完成；而且下周生产计划已经排满了。工厂立即通知采购部门紧急给供应商下单，所有海外材料一律空运，这样运输和清关时间可以缩短到2星期，同时调整2周之后的生产计划，优先保证该新品种的生产。然后计划部经理告诉总部，三星期之后能够完成新的计划，建议先制定给现有客户的销售配额。一个月后，产品陆续摆上各个商店货架，公司上下都等着喜讯，但是市场却出奇地平静，新产品无人问津，甚至还不如其他产品卖得好。最有利的商机转瞬即逝，预测不准确以及过长的供应链给公司带来大量的损失：巨额的材料空运成本，囤积在仓库里面的大量库存，还有失去的消费者。

这是某著名快速消费品公司的一个例子,一方面说明了要实现准确预测是多么困难,市场的变换可能受到天气、竞争者推出的新品的影响,甚至毫无原因的变化;另一方面,企业在面临实际需求远大于预测的情况下的快速响应能力非常重要。

3. 充分利用滚动预测提高准确度

销售预测的时间越远,预测的准确度越差。为提升预测准确度,可以通过滚动预测的方式。如图3-1所示,滚动预测可以实现对一个时间间隔的多次预测,比如现在是5月,预测8月的销售数量,可以在5月作一个三个月周期的预测,比较精确地预测六月的需求,同时对于7月、8月作粗略预测;同样6月也会对8月作粗略预测,7月对8月作精确的预测。由于多次预测,可以充分考虑市场变化的因素,能够比单次预测有更好的可信度。

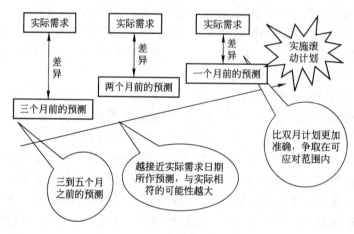

图3-1 滚动预测提高准确度

4. 让最了解市场的人作预测

销售经理对市场总体了解非常清楚,同时各个分公司办事处的经理对区域市场的总体比较了解,而一线的销售人员又对各自所负责的区域比较了解。因此要准确作出预测,必须由对该市场最为了解的人员来完成相关工作。业务人员汇报各自负责区域的预测,分公司办事处经理根据本区域各业务人员预测汇总,与业务人员沟通情况,并最后确定本区域的预测情况。市场总监根据与分公司办事处经理的沟通,以及他对行业整体发展情况,结合分公司办事处经理的预测汇总,作出企业总的销售预测。所以最终的预测结果,一定是整个销售体系的各级人员多次沟通的结果,这个过程也是企业对市场信息的反应。

5. 做好预测管理

前面已经提到,销售预测的结果对于供应链的运作成本有重大影响。如果各级销售人员、销售经理仅仅把预测当成一项普通工作任务来做,则销售人员就没有动力去收集更充分的市场信息,确定预测数据时非常随便,销售预测的准确度会大大降低。因此,需要把预测的准确度作为考核各级销售人员的一个重要指标。从本质上说,销售人员不仅要尽量多卖出产品,而且要把市场的需求尽可能准确地告诉供应链上游,以便满足市场需求,即准确地作出销售预测是销售人员的责任。

对于销售预测进行准确度的考核,可以根据企业产品的特点,考核关键产品的预测准确度,也可以考核所有品种的预测准确度。当然,在实际应用中还应当把销售预测和销售定额分开。销售人员承担的销量任务是销售人员最重要的业绩指标。但这个销量指标不等同于销售预测，它是企业销售部门对于销售人员的期望，而销售预测是对市场未来需求情况的估计，应该是在收集客观市场信息基础之上完成的。一些企业没有把二者分清，销售人员把自己的销售指标数据作为销售预测报给生产部门，结果导致在年末月份销售预测与实际的需求相差太大，可能对企业的运作产生致命的影响。

6. 让销售渠道成员参与销售预测

企业与经销商的利益是一致的，如果把经销商纳入销售预测流程，可以发挥经销商更接近消费者、更了解消费者、更了解市场的优势。同时，对经销商也有激励控制作用。经销商作出预测，需要对预测的数据承担相应的责任。如果实际的需求小于销售预测数据，则经销商必须努力提高销量以实现销售；如果实际需求大于销售预测数据，则企业可以根据预测数据给经销商发货（相当于供不应求的情况下，企业把经销商的预测数据作为发货配额）。对于经销商来说，无论预测高于实际需求还是低于实际需求都是不利的，所以经销商会尽力把预测做得准确。

7. 建立销售信息系统实现资源共享

建立分销信息系统也是可以提高销售预测准确度的手段。建立覆盖供应链分销网络的信息系统是每一个做快速消费品企业的梦想，但是建立这个信息系统代价昂贵，阻力巨大。这样的一个系统需要企业在供应链上有足够的号召力，要求对供应链上下游的利益进行必要的调整。如对于运用分销信息系统的经销商做必要优惠，通过分销系统帮助经销商加强管理等，也可以采用一些强制手段，如只通过系统接受订单。企业建立的分销系统能够实时实施掌握经销商的进销存数据，供应链上游可以根据前端的销售情况及时调整生产策略，促销也可以根据经销商的销售情况及时了解市场的反应，由于信息透明，供应链的反应速度大大提高，极大减少供应链运行中的不确定性，销售预测的重要性降低了，也就是应对销售预测出现较大误差的能力增强。

参考案例

酷 V 饮料为何昙花一现

1. 怡乐公司的困惑

短短 4 个月，怡乐的员工经历了一场大喜大悲的闹剧。就在 6 月份，酷 V 饮料刚刚推出 2 个月，月出货量就达到了 40 万箱，这让怡乐上下无不欢欣鼓舞。可是到了 8 月底，产品库存量已达到 77.3 万箱，瓶子成品 6 万箱，累计达到 83.3 万箱。而库存的饮料专用瓶胚数量达到 22.51 万支（500ML），折算为成品大约 150 万箱，折算金额则约为 1 210 万元，如果做成产品的话，金额高达 4 650 万元。

酷 V 饮料是怡乐公司面对现在茶饮料、果汁饮料横行市场的情况下，精心策划推出的一款运动型饮料。酷 V 饮料一亮相就以其独特而前卫的定位、包装、广告语和大手笔的广告活动在市场上独领风骚。从大街上青少年的手中、批发商门前堆砌杂乱装酷 V 饮料的箱子、零售店的货价上就能看出酷 V 饮料的风靡程度。

销售的火爆令怡乐公司始料未及，市场的需求大大超出了怡乐当初的产能规划，导致在一些区域市场，那些青春气氛浓郁的时尚消费地带和一部分大专院校的终端出现过断货。在怡乐这边，为了满足市场需求，紧急采购和运输，加班生产，调整生产过程，结果产品口味出现偏酸偏苦等问题，影响到消费者的忠诚度和口碑。而在看到市场异常火爆之后，怡乐的管理者自信心又有些膨胀，准备在下一年度大干一场，采购部门甚至采购了可以用一个季度的酷V饮料原材料。而与此形成强烈反差的是，酷V饮料在一些社区终端由于走货慢、出货少、货满为患，竟遭到店主们无情地清退。

这一缺一退，使怡乐在很短的时间内遭到了消费者无情的抛弃。为何会出现缺货和退货并存的情况呢？当初公司主管马克在进行策划时，根据产品策略对供应链整体运作策略进行了认真地考虑，并制订了详细的方案。比如，酷V饮料的消费通路规划：以一、二类城市KA卖场、品牌旗舰店和校园零售点为主（市场重心锁定在一类城市），同时采用传统渠道并进的策略，配合KA卖场打入夜店（娱乐场所）。为了有效形成渠道的推力与市场的拉力，怡乐还采取了由经销商出钱、库房、物流和一部分的市场网络，自己出品牌、市场人员和其他资源的方式，使自己的营销人员能直面消费终端，增加了市场控制力和渠道推力。拟投放的10万块店招和3万多台冰柜，及其为一些重点城市配备的车辆，有力地增强通路接受度。方案好像没有问题，那到底是哪里出了问题？

怡乐平时是依靠ERP系统管理客户订单的。只要把订单信息往ERP系统里面输入，则供应链的各个环节都可以看到订单，可以对订单自动处理。本来ERP的订单管理能够提供二批商直送的功能，产品可以直接送到二批商或者终端，从而提高反应速度。但是怡乐的经销商担心企业这样送货会把自己架空，自己失去存在的价值，因此拒绝怡乐给二批商甚至终端直送。

由于行业的特点，怡乐的经销商同时经营多个厂家的多个品牌，经销商和大多数制造商一样，都是"见钱眼开"的"俗人"，谁的利润大、谁的出货快、走量大、谁的市场支持大、谁的品牌有前途，就主要做谁的产品。在这种情况下，想与经销商建立集成的订单系统，有效地对产品分配进行控制是困难的。同样，由于无法向经销商推广信息平台，无法把客户的进销存信息都管理起来，因而无法根据客户的销量信息比较准确地预测客户需求，甚至由系统自动产生订单，向客户补货。因此，怡乐对二批商和终端信息的掌握有限，辐射和渗透能力受限，无法向他们主动补货，更不用提从普通终端中分析、提取一些发生高频率消费行为的销售网点，并将之当作重点终端客户来服务了。

2. 怡乐该如何收拾残局

当前怡乐公司最紧迫的任务是通过促销等手段，迅速调货，平衡需求，重点解决库存和退货问题。

酷V饮料上市后的缺货和大量退货与渠道不畅特别是信息系统管理的不完整有很大关系。虽然怡乐平时依靠ERP系统管理客户订单，供应链的各个环节都可以根据ERP系统进行业务处理。但怡乐的ERP的订单管理不能涵盖二批商或某些终端，如果没有其他的辅助系统，则很难采集分析通路的反馈信息、快速收集市场的真实信息、对大量含有水分的信息去伪存真，而这对酷V饮料的销售计划、生产计划和库存安排计划都相当重要。这可能也是避免酷V饮料上市后的缺货和大量退货的关键因素之一。

整个市场销售不平衡，特别是对于那些青春气氛浓郁的时尚消费地带、高校集中地区以及年轻人居多的场所，消费者对新事物的尝试热情会给酷V饮料带来迅猛的销量，导致产品短期缺货甚至断货，这很容易给人造成产品在普遍市场上的销售短缺，生产量不增加会造成市场更大缺货的错觉，并导致下一季度生产计划远远超出真实需求。

一些批发商或经销商虽然拥有大量的消费群和潜在客户，但是为了防止自己缺货甚至断货，人为地按估计销量几倍甚至更多倍非常理地要货。不仅造成了市场需求的虚假猛增，使生产部门忙于大量不切实际的生产准备，同时对不少经销商和二批商或某些终端造成了大量的库存，最后造成积压和大量退货的隐患。

因此，从根本而言，有效的行动来源于真实的综合信息。由于各种信息的复杂性与多变性，使得真伪难辨。要对信息去伪存真，就要有一定量的历史数据包括各地区各渠道的销售数据，更要了解各地区的经济发展、消费习惯、结构、现状和变化趋势等综合信息的来源。但是由于行业的特点，怡乐想与经销商建立集成的订单系统平台确有难度，各地区的经销商的规模、理念、管理水平和发展方向都不一致，无法在经销商处推广统一的信息平台，无法把客户的进销存信息都管理起来，因而无法根据客户的销量信息比较准确地预测客户需求，无法根据客户的实际库存进行销售指导。

在这种现状下，在短期内只有加强从各类较有代表性的普通终端样本点获取数据，发挥第三方跟踪报告的分析，增加收集市场信息包括同类已有产品和新产品的竞争状况，充分发挥销售等历史数据和其他综合信息的作用才能不被市场假象所欺骗，进行合理的生产预测和生产计划的制订。

在怡乐推出酷V饮料的前后，不仅应做好充分的预测和详细的计划，更应及时评估酷V饮料的实际市场需求和变化，协助批发商、二批商或某些终端做好合理的库存和备货工作。在批发商、二批商或某些终端订货时，要根据对方所处经营环境的经营情况及资金实力，适当提高容易出现缺货或断货的批发商、二批商或某些终端的安全库存，尽量予以满足保证正常的销售，而对销售环境不佳，终端销售能力不强，库存已有积压现象的批发商，则适当降低其安全库存和减少甚至停止发货。并及时与批发商、二批商或某些终端沟通，帮助他们对库存进行削峰平谷，从而将因货源短缺引起的断货造成的销售机会损失和因为货物不受限制的大量发放造成的大量退货的风险降到最小。

当然还会有另一种想法：通过短期内如无约束地过度增加大多供货商的库存来防止信息不畅造成的断货。但是，一方面怡乐的生产能力不允许，而且运输能力也有限制，同时生产和原副材料采购都有一定的必要周期；另一方面，由于供货商的库存大量增加，也会造成销售低谷季节和潜在消费能力不足地区的供货商、二批商或某些终端的资金、场地诸多因素的浪费，在一段时期内无法消化后，与怡乐产生不合作的态度，最后导致大量退货。

但是从长期发展的视角来看，怡乐公司应从提高销售预测的准确性方面着手治本。

导致怡乐公司目前困境的最重要的原因之一在于销售预测的准确性问题。由于销售预测的不准确，加上对市场暂时繁荣的乐观估计，造成供应链后端生产和采购环节的盲目性，导致大量的库存积压。而由于对不同渠道的预测不加区分地供货，造成缺货和退货问题。因此提高销售预测的准确性成为解决问题的关键。如何提高销售预测的准确性，是很多快速消费品企业遇到的普遍问题。一般应从技术、管理和IT三个方面来进行努力。

1) 技术上提高销售预测准确性

从技术上提高销售预测准确性的核心在于降低销售预测的复杂性。销售预测是一件非常复杂的工作，因为影响销售预测的因素太多，从技术上降低销售预测的复杂性是非常重要的。主要措施包括减少产品规格、缩短预测时间和简化预测的模型等。

对比分析销售预测与实际销售结果，我们会发现产品总量的预测准确率是较高的，而产品大类、产品小类和 SKU（存货管理单位）的预测准确性依次降低。所以减少产品规格是提高销售预测准确性的有效手段。减少产品规格所带来的另外的好处是可以推迟产品定制时间，避免造成有的规格积压、有的规格缺货的不平衡局面。

对于快速消费品，尤其是饮品而言，缩短预测时间，会大大降低预测的难度，提高预测的准确性。因为时间越短，市场波动越小，趋势也越明显，预测也会越准确。而企业往往因为预测体系不完整，预测结果统计时间长，而不得不用中长的预测代替短期预测，降低了预测的准确性，造成库存的积压。

快速消费品的销量受很多因素的影响，比如天气状况、地区差异、口味喜好、消费群体、促销活动等。在构建预测模型时，如果考虑因素太多，预测的准确性反而难以保证。因此，找到影响自身产品销量的核心因素，不断优化预测模型，是提高预测准确性的有效手段。

2）从管理上提高销售预测准确性

从管理上提高销售预测准确性的核心在于建立预测的激励机制。在管理上建立"由下至上、再由上至下"的长期、中期和短期的预测体系是很重要的，其中最关键的是建立预测的激励机制。以下是可以考虑的一些具体措施：

（1）销售人员在进行预测时，除了给出一连串数字，还需要给出预测的理由，以引导销售人员进行科学的预测，而不是凭感觉；

（2）对销售预测结果进行跟踪，与实际销售情况对比，与销售人员的薪资或佣金挂钩，对于客户可建立销售预测准确性的返点制度，以激励其提高销售预测的准确性；

（3）对销售预测结果不断进行总结，每月甚至每周分析总结上月销售预测准确性情况，以不断总结和积累经验，同时共享这些经验。

总之，通过建立相应的激励机制，使销售预测的结果与责任人的利益挂钩，提高各级销售以及市场人员对市场预测的重视程度。在此基础上形成相应的制度措施，提高整个公司的预测水平。

3）利用信息技术提高销售预测准确性

利用信息技术提高销售预测准确性的核心在于获得准确的终端数据。获得准确的终端数据是提高预测准确性和确定最终供货计划的基础，这需要不断提高 IT 系统覆盖的广度和深度。

在渠道上应用的信息系统一般包括支持经销商应用的供销存系统和终端 POS 系统（Point of Sale，译为销售点。供应链管理的定义为：对于某个销售点某一时间的销售数据的计算和存货的支出，通常用条形码或磁介质设备）。一般而言，如果不是非常强势的厂商要推广这样的系统是非常困难的。因为大的经销商都有自己的系统或者已经应用了更强势厂商的系统。这种情况下，首先要在自营渠道中建立系统，其次与大卖场和超市的系统建立接口，现在有很多大卖场和超市都提供这样的标准接口，最后设法在尚未建立系统的经销商推广自己的系统，就像占领产品市场一样占领 IT 系统的掌控权。

建立系统之后，需要对历史销售数据按品种、按规格记录并对数据进行有效汇总与分析。通过集中数据处理，减少数据的重复采集，反复加工；常用报表自动化产生，将相关人员从低效率的重复劳动中解放出来，使高层管理人员能迅速获得完整准确的决策支持信息。

信息系统的应用说起来容易，做起来困难，需要仔细地进行规划，包括系统功能、应用方式和推广策略等方面，这方面国内外一些知明厂商的做法值得学习和推广。

提高销售预测的准确性是一个不断完善和提高的艰苦努力的过程。只要企业有决心，从技术、管理和IT方面"三位一体"系统推进，是完全可以攻克的难题。当然，从整个供应链管理的角度讲，提高销售预测的准确性只是万里长征走完了第一步，需要在其他环节也采取相应的措施，但其核心是在数据分析的基础上建立评价指标，并落实到相应的责任人，建立激励和考核措施。只有建立这种持续优化的机制，才能提高整个供应链的管理和控制水平。提高销售预测准确性乃至供应链的管理水平是长期努力的方向。

资料来源：AMT企业资源管理研究中心，有删改。

3.2 销售目标管理

销售目标管理就是通过设定合理的销售目标，并对其进行合理的分解，通过合适的手段予以实施和监控，并关注最终结果的一种管理过程。

3.2.1 影响销售目标的因素

销售目标确定得恰当与否影响着后面整个计划的实施。销售目标的大小既要符合企业战略目标的要求，又要充分考虑市场实现的可能性。影响销售目标确定的主要因素，可以归纳为以下三个方面。

1. 市场因素

指所定的销售目标是以满足一定顾客为前提，企业产品在市场上打算占有什么样的位置等。它主要反映在企业的目标市场占有率上。

2. 收益目标

指在确定销售目标时，不能只单纯表示所要实现销售额的多少，它必须是以所要达到的利润指标为基础。这一目标必须能够确保为企业生存与发展带来必要的利润。

3. 竞争因素

指在确定销售目标时要充分考虑竞争带来的影响，众多的企业在有限的市场空间里寻找位置，你消我长，竞争性是企业确定目标不能忽视的因素。

3.2.2 确定销售目标的几种方法

1. 以过去销售目标为基数的方法

这种方法的出发点是以过去的销售实绩为基础来进行下一期的销售预测，并以此确定下一期的销售目标。销售预测可使用时间序列法、相关分析法等。

2. 以市场为主的方法

1) 以市场扩大率和实质增长率来确定的方法

市场扩大率是指企业自身在一定时期内的市场占有率的变化之比。

市场扩大率＝本年度企业市场占有率/去年企业市场占有率×100％

实质增长率是指在一定时期内，企业的市场增长率与整个行业的市场增长率相比实质增长的幅度。

实质增长率＝本企业的市场增长率/整个行业的市场增长率×100％

这两种不同比率的计算结果是一致的，只是从两个不同侧面来反映和综合评价企业经营实绩。它们之间的关系如表3－1所示。

表3－1 市场扩大率和市场增长率的关系

	去年	当年	增长率
本企业销售业绩	100	150	150％
整个行业销售实绩	1 000	1 200	120％
市场占有率	10％	12.5％	125％

其中，市场扩大率＝12.5％/10％＝125％；实质增长率＝150％/120％＝125％。

市场扩大率是根据企业实际市场占有率来确定的，而实际上对企业来讲准确地掌握市场占有率是比较困难的。因此，如果能够掌握同行业的增长率，直接与自己本企业的增长率相比，算出实质增长率，由此来推定市场扩大率也是可以的，实际中也多采用这种办法。而在制定下年的销售目标时，一般采用下列公式来进行计算：

下一年度销售目标＝当年销售实绩×实质增长率

2) 以顾客购买力来确定的方法

这种方法主要用于通过生产企业、中间商等各种特殊顾客的购买力的预测来决定销售目标，具体有以下三种方法：①根据用户订货情况；②根据用户销售额增加的比率；③根据重点用户的销售实绩。

这里着重介绍以重点用户的销售实绩来推测销售目标的方法。首先是确定重点用户，最常用的是ABC分类法，也称为巴雷特分析法。步骤如下：

(1) 将用户按其销售额的多少由大到小排位；
(2) 记录用户的具体销售额数据；
(3) 将销售额顺序累计；
(4) 合计总销售率额，其合计值作为100％，算出各累计比率。

划分ABC三部分的基准，没有一个十分确切的规定，主要是根据企业的实际需要来定，其划分标准一般如表3－2所示。

表3－2 ABC分类划分

	累计销售额比率	累计用户比率
A类	70％～80％	10％～20％
B类	80％～95％	20％～50％
C类	95％～100％	50％～100％

假定将累计销售额比率80%的用户作为重点，其用户有10家，那么就可以着重预测这10家用户的需求情况，由此预测出企业的销售目标。即：

本企业下一年度的销售目标＝重点用户的销售预测值/重点用户销售构成比

小案例

某公司是专业从事卡类、通信终端产品研发、制造和销售的高新技术民营企业。公司的产品包括磁条卡、IC卡等卡类产品、智能网话机系列（室内、室外型）、固网短信平台及话机、智能数字话机、自动拨号器等。公司的主要客户包括了中国电信、中国联通、中国移动、中国邮政等通信领域的大客户和银行领域的部分中小客户。

该公司的销售平台包括北京、上海、广州、西安、南京、济南、成都、沈阳8个办事处和深圳总部。表3-3是该公司2010年、2011年和2012年三年的销售额统计，从该表中可以看出，2011年公司销售额的增长幅度是46.42%，2012年比2011年增长了34.31%，市场增长的幅度较高，在2011年和2012年获得了可喜的成绩。

表3-3 某公司2010—2012年度销售统计表　　　　单位：万元

办事处	2010年销售额	2011年销售额	增长率	2012年销售额	增长率
北京办	1 936	2 658	37.29%	3 580	34.69%
广州办	1 484	2 436	64.15%	3 860	58.46%
南京办	680	1 238	82.06%	1 580	27.63%
上海办	396	487	22.98%	640	31.42%
深圳办	296	358	20.95%	538	50.28%
济南办	310	316	1.94%	183	−42.09%
西安办	307	524	70.68%	612	16.79%
沈阳办	160	212	32.50%	86	−59.43%
成都办	400	511	27.75%	660	29.16%
合计	5 969	8 740	46.42%	11 739	34.31%

在2013年，该公司除对个别几个办事处单独制订计划外，其他办事处的计划销售额均采用比较保守的市场增长率30%，因此2013年销售计划如表3-4最后一栏"计划调整值"所示，2013年该公司的销售计划额为15 200万元。

表3-4 某公司2012年销售计划表　　　　单位：万元

办事处	2012年销售额	计划增长率	2013年计划	计划调整值	第一季度（25%）	第二季度（20%）	第三季度（20%）	第四季度（35%）
北京办	3 580	30%	4 654	4 600	1 150	920	920	1 610
广州办	3 860	30%	5 018	5 000	1 250	1 000	1 000	1 750
南京办	1 580	30%	2 054	2 000	500	400	400	700
上海办	640	30%	832	800	200	160	160	280

续表

办事处	2012年销售额	计划增长率	2013年计划	计划调整值	第一季度(25%)	第二季度(20%)	第三季度(20%)	第四季度(35%)
深圳办	538	30%	699.4	700	175	140	140	245
济南办	183	30%	237.9	250	62.5	50	50	87.5
西安办	612	30%	795.6	800	200	160	160	280
沈阳办	86	30%	111.8	200	50	40	40	70
成都办	660	30%	858	850	212.5	170	170	297.5
合计	11 739	30%	15 260.7	15 200	3 800	3 040	3 040	5 320

3.2.3 销售目标的分解

1. 销售目标分解的含义

销售目标是企业销售活动的一个总目标值。为了保证目标的实现，就必须把指标进一步分解，以落实到具体的产品、地区、部门或个人。销售目标的分解就是以一定的分配基准，对销售目标细分化，进而可以规定出实现销售目标的具体方法及程序。

2. 销售目标分解的依据

（1）产品状况。根据产品定位、企业战略目标（市场占有率）及上一年的销售实绩。

（2）市场状况。根据市场规模、市场增长率、经济增长水平。

（3）用户状况。根据用户数量、中间商的销售水平及其在企业总销售额中所占的比例。

（4）销售队伍的状况。根据销售人员的经验、工作状况、工作责任心及业务能力。

3. 销售目标分解的基本程序

在以产品为基准的前提下，分解的基本程序是：将年销售目标分解至不同地区及销售人员，最后再按时间进行分解。在具体分解过程中，要根据企业销售组织及销售人员任务分配方式决定分解的程序。如表3-5所示。

表3-5 以产品为基准的销售目标分解

目标销售额	A产品	甲地区	每个销售人员	每个销售人员细化
		乙地区		
		丙地区		
	B产品	甲地区		
		乙地区		
		丙地区		
	C产品	甲地区		
		乙地区		
		丙地区		

3.2.4 销售目标的分解方法

1. 按产品分解

将销售目标按不同的产品分解,决定每种产品实现的销售目标。

1) 目标市场占有率法

这种方法用于市场销售量和市场占有率比较明确的产品分解。我们结合表3-6来举例说明如下:已知某公司目前的销售构成比和单个产品的目标市场占有率,假设企业要实现整体目标市场占有率是20%,要求将销售目标分解到每一个产品上。

表3-6 根据目标市场占有率确定分解指数

品名	销售构成比例A	目标市场占有率B	相乘积A×B	分解指数
甲	50%	25%	12.5%	61%
乙	30%	20%	6.0%	29%
丙	20%	10%	2.0%	10%
合计	100%	20%	20.5%	100%

① 将预测下年度不同产品的销售构成比、目标市场占有率及企业整体目标市场占有率(如20%)填入表内。

② 求出不同产品的构成比与占有率的乘积,并把各乘积之和一并记入表内(如20.5%)。

③ 把按各产品市场占有率求出的加权平均目标市场占有率(20.5%),与整体目标市场占有率(20%)相比,并计算分解指数。

经过计算,若后者所求的结果大于或等于前者的结果,则以后者的结果(20.5%)作为分解母数,除各产品的乘积计算分解指数。例如,甲产品的分解指数=12.5%/20.5%=61%,乙的分解指数29%,丙产品的分解指数10%。

如果后者所求的结果小于前者的结果,则只调整所差的那一部分,假设前者的目标市场占有率为20%,后者的各乘积之和为19.8%,其差为0.2%。所谓调整差异,即将相当于0.2%的市场占有率摊到某几种产品上去,使其平衡。

继续以上例说明:假定分摊给甲、乙产品各0.1%,然后以它们各自的销售构成比来除,即为甲、乙产品目标市场占有率的调整值。

甲产品目标占有率的调整值=由差异所分摊到的百分比(0.1%)/
甲产品需求构成比(50%)=0.2%

乙产品目标占有率的调整值=由差异所分摊到的百分比(0.1%)/
乙产品需求构成比(30%)=0.3%

最后甲产品目标市场占有率为25.2%、乙产品目标市场占有率为20.3%,以调整后的相乘积来求分解指数。

④ 分解指数求出后,就可依此为分解基准,把销售目标或销售数量按不同产品进行分解。例如,当销售目标为1 000万元时,

甲产品销售目标=销售目标×甲产品分解指数
=1 000×61%(万元)=610(万元)

乙产品的销售目标为290万元、丙产品为100万元。

2）销售构成比法

这种方法是根据各产品几年来销售构成变化趋势来推测下一年度各产品的构成比，并以其作为分解指数，将销售目标分解到每种产品中去的一种分解方法。它是企业实际常用的方法。这种方法尽管考虑到了过去的变化趋势，但还是有很大的主观性。因此，运用这种方法要求有一定的实际经验，以提高其准确度。以表 3-7 所示为例：若 2013 年的销售目标为 1 000 万元，则甲产品的销售目标为 290 万元；乙产品的销售目标为 240 万元；丙产品的销售目标为 470 万元。

表 3-7 销售构成比

产品	销售构成比（%）					销售构成比趋势（%）
	2008 年	2009 年	2010 年	2011 年	2012 年	2013 年
甲	30	31	29	30	28	29
乙	50	45	40	35	30	24
丙	20	24	31	35	42	47
合计	100	100	100	100	100	100

3）目标毛利率法

这种方法是根据不同产品的毛利率来调整产品销售构成比，并以调整的销售构成比作为分解指数进行销售目标分解的一种方法。

首先要决定每一种产品的毛利率和销售构成比，然后求其加权平均毛利率。假定目标毛利率为 20%，而平均毛利率仅为 18%，为了达到 20% 的目标，一般有两种方法：一是提高产品毛利率；二是增加毛利率较高的产品的销售构成比。但在实际销售中，提高产品的毛利率是比较困难的，因此就要以增加产品的销售构成比来完成。即减少毛利率低的产品销售构成比，提高毛利率较高的产品销售构成比，以达到 20% 的目标。

这样为了达到 20% 的目标毛利率，把丙、丁产品的销售构成比调整为 50% 和 20%，各产品的销售目标再根据调整后的销售构成比进行分解，如表 3-8 和表 3-9 所示。

表 3-8 毛利率和销售构成比

产品	毛利率（A）	销售构成比（B）	相乘积（A×B）
甲	30%	10%	3%
乙	25%	20%	5%
丙	20%	30%	6%
丁	10%	40%	4%
合计			18%

表 3-9 为达到目标毛利率进行相应调整

产品	毛利率（A）	销售构成比（B）	相乘积（A×B）
甲	30%	10%	3%
乙	25%	20%	5%
丙	20%	30%+X	6%+0.2X
丁	10%	40%−X	4%−0.1X
合计			18%+0.1X

2. 按销售地区分解

同按照产品分解类似，确定企业不同销售地区销售目标，主要有目标市场占有率法、销售构成比法，这两种方法的原理已做了介绍。按地区分解我们重点了解市场指数分解法。市场指数是以各地区的市场因素为基础来计算的，以零售店为例，一般包括人口数量、居民收入、地区零售额等与地区销售相关的因素。它是比较理想的分解方法，具体计算有单一因素法和组合因素法。单一因素法是以一项市场因素来求其市场指数的方法。例如，选择人口因素，则市场指数就是不同地区的人口比例作为分解指数；组合因素法以二项以上市场因素任意组合，求出市场指数的方法。具体又有顺位法、评分法及构成比法三种方法，以表3-10的数据为例来说明分解过程。

表 3-10 不同地区的因素值

地区 \ 因素	人口	收入	零售商店销售额
A	7 800	3 900	4 600
B	3 900	1 250	1 800
C	3 300	1 350	1 600
合计	15 000	6 500	8 000

1）顺位法（见表3-11）

表 3-11 顺位法的计算表

地区 \ 因素	人口		收入		零售商店销售额		顺位值合计
	实数	顺位	实数	顺位	实数	顺位	
A	7 800	1	3 900	1	4 600	1	3
B	3 900	2	1 250	3	1 800	2	7
C	3 300	3	1 350	2	1 600	3	8

顺位法的基本步骤如下：
（1）根据各要素的实际数按大、小排出顺序号；
（2）求各地区的各要素顺序值合计；
（3）按下式求出各地区期望的百分比，即
[要素数×(地区数+1)－该地区要素顺位值合计]÷[要素数×(地区数+1)]；
（4）将求出的各地区的百分比合计；
（5）将（4）所求出的值为100来修正各地区的百分率；
（6）以修正后的百分率作为分解指数来进行销售目标的分解。
例如，A地区的百分率为75%（即3×[(3+1)－3]/3×(3+1)）；
同样，B地区的百分率为42%，C地区的百分率为33%。
则A地区的分解指数为50%（即75/(75+42+33)×100%），同样，B地区的分解指数为28%，C地区的分解指数为22%。

2）评分法（见表3-12）

表3-12 评分法的计算表

因素 地区	人口		收入		零售商店销售额		合计%
	实数	%	实数	%	实数	%	
A	7 800	156	3 900	180	4 600	173	509
B	3 900	78	1 250	58	1 800	68	204
C	3 300	66	1 350	62	1 600	60	188
平均	5 000		2 166		2 666		总计 901

评分法的基本步骤如下：
（1）求各要素的平均值；
（2）求各地区要素所占该要素平均值的百分比；
（3）算出不同地区各要素百分比的合计，然后再对各地区的合计值求总和；
（4）各地区合计的百分比值与总计百分比值相比，所得商即为分解指数。

例如，A地区的分解指数为56.5%（即509/901×100%），同样，B地区的分解指数为22.6%，C地区的分解指数为20.9%。

3）构成比法
（1）求出各要素的不同地区的构成比；
（2）以上一步求出的各值乘以各因素的权值；
（3）将第二步求出的各值按不同地区进行合计，并算出不同地区所占合计的百分比即为市场指数。

例如，若人口、收入与零售额的权数分别为0.2、0.5和0.3，
A地区：人口[（7 800÷15 000）×100%]×0.2＝10.4；收入[（3 900÷6 500）×100%]×0.5＝30；零售额[（4 600÷8 000）×100%]×0.3＝17.3。

则A地区的分解指数为（10.4＋30＋17.3）＝57.7%。同样，B地区的分解指数为21.5%，C地区的分解指数为20.3%。

这种计算方式，首先要确定出各因素的权值。权值的确定一种是凭借企业管理人员的经验来定；另一种是通过对大量历史数据进行统计分析来确定。

3.3 销售预算管理

销售是企业生产经营活动的重要组成部分，销售工作的好坏直接影响到企业生产经营的成果。为了使企业的生产经营活动能够有条不紊地进行，销售部门必须组织好本部门的工作，并且要与企业其他职能部门紧密协作，保证企业整体目标的顺利实现。销售部门要做好这一切，就需要有一种能够指导本部门工作的依据，这种依据就是销售预算。

销售预算是企业生产经营全面预算的编制起点，生产、采购、存货费用等方面的预算都要以销售预算为基础。销售预算把费用与销售目标的实现联系起来，它包括完成销售计划的

每一个目标所需要的费用,保证公司销售利润的实现。

销售预算是在销售预测和计划完成之后才进行的。在此过程中,销售目标被分解为多个层次的子目标,一旦这些子目标确定后,其相应的销售费用也被确定下来。销售预算以销售预测为基础,先按产品、地区、顾客和其他项目分别加以编制,然后加以归并汇总。

3.3.1 销售收入预算

销售预算体系是由销售收入预算、销售成本预算、销售费用预算、销售利润预算构成的体系。销售收入预算是编制销售成本预算和销售费用预算的起点。它们三者又共同构成编制销售利润预算的基础,如图3-2所示。

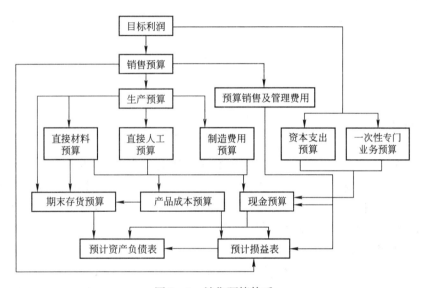

图3-2 销售预算体系

销售收入预算主要用于生产经营损益的预算,产品销售后的收入在本期内不一定能全部收回,一部分将转入到下一经营周期收回。同样,上期销售收入中也将有部分转到本期才能收到。所以,在销售预算中,还应对预期的现金收入进行计算。经营周期内的现金收入应包括上期销售产品本期现金收入和本期销售产品本期现金收入两部分。现金收入预算主要用于以后的现金收支预算,如果入不敷出,企业就必须考虑筹措资金或重新调整生产经营决策方案。销售收入预算是整个销售预算编制的起点,其他销售预算的编制都以销售收入预算作为基础。

销售收入预算的主要内容是预计销售量、预计单位售价和销售收入。预计销售量是根据市场预测或销售合同并结合企业生产能力确定的,单价是通过价格决策确定的,销售收入是两者的乘积。销售收入预算通常要分品种、月份、销售区域、销售人员来编制。

假定A公司生产并销售甲、乙两种产品,2013年1~4季度甲产品的预计销售量分别为800件、1 000件、1 200件、1 000件,单位售价为100元;乙产品的预计销售量分别为500件、750件、1 000件、750件,单位售价为110元。现分品种编制A公司2013年度及分季度销售收入预算，如表3-13所示。

表3-13　销售收入预算　　　　　　　　　　　　　单位：元

季度	1	2	3	4	全年
预计销售量（件）：					
甲产品	800	1 000	1 200	1 000	4 000
乙产品	500	750	1 000	750	3 000
预计单价：					
甲产品	100	100	100	100	100
乙产品	110	110	110	110	110
销售收入：					
甲产品	80 000	100 000	120 000	100 000	400 000
乙产品	55 000	82 500	110 000	825 000	330 000
销售收入总计	135 000	182 500	230 000	182 500	730 000

3.3.2　销售成本预算

企业编制销售成本预算不仅能控制成本支出，而且通过销售成本预算可以确定好销售利润水平，保证企业目标利润的实现。销售成本是企业销售产品应负担的直接材料费用、直接人工费用和制造费用。因此，销售成本预算的内容就是确定产品单位成本，即单位产品应负担的直接材料费用、直接人工费用和制造费用。

1. 直接材料费用的确定

直接材料费用是由直接材料价格和直接材料用量两项决定的。直接材料价格是以订货合同的价格为基础，并考虑到将来各种变动情况，按各种材料分别计算的。直接材料用量是指产品耗用原材料的数量多少，通常也称为材料消耗定额。材料的价格和用量确定下来以后，就可以按照下列公式计算出单位产品耗用的直接材料费用：

单位产品耗用某种材料费用＝该种材料的用量×该种材料的价格

单位产品的直接材料费用 $= \sum$ 单位产品耗用各种材料费用

假定A公司生产产品耗用E、F、G三种材料，其中甲产品耗用E、F两种材料，单位产品的材料耗用量分别为4千克、3千克，材料单价分别为5元、6元；乙产品耗用G材料，单位产品的材料耗用量为3千克，材料单价为6元，则甲、乙产品的单位直接材料费用为：

单位甲产品直接材料费用＝E材料用量×E材料价格＋F材料用量×F材料价格
＝4×5＋3×6＝38元

单位乙产品直接材料费用＝G材料用量×G材料价格
＝3×6＝18元

2. 直接人工费用的确定

直接人工费用是由直接人工价格和直接人工用量两项内容决定的。直接人工价格即工资率,在采用计件工资形式的企业,它就是单位产品所支付的生产工人工资,也称计件工资单价。在采用计时工资形式的企业,它就是生产工人每一工作小时所应分配的工资。

其中,小时工资率=预计支付生产工人工资总额/标准工时总数。

上式中的标准工时总数是指企业在现有的生产技术和工艺水平条件下,可能生产的最大产量或是可实现的最大生产能力,通常用生产工人工作小时数来表示。

直接人工用量就是工时用量,工时用量和小时工资率确定以后,就可以按照下面公式计算出直接人工费用:

$$单位产品的直接人工费用=小时工资率×工时用量$$

假定A公司甲产品的单位产品工时为3小时,单位工时工资率为5元;乙产品的单位产品工时为5小时,单位工时工资率为5元,则:

$$单位甲产品的直接人工费用=甲产品工时用量×小时工资率$$
$$=3×5=15元$$
$$单位乙产品的直接人工费用=乙产品工时用量×小时工资率$$
$$=5×5=25元$$

3. 制造费用的确定

制造费用是指扣除直接材料费用和直接人工费用以外的其他一切生产费用。制造费用应按其性态可分为变动性制造费用和固定性制造费用两部分。固定性制造费用可在上年的基础上根据预算变动加以适当修正进行预计,然后按照预算期生产量进行分配,从而可以确定单位产品的制造费用。这里的预算期生产量在多品种生产经营的情况下可以用产品的工时总数表示。单位产品的变动性制造费用可以按照本企业历史的平均水平确定,在有标准或定额的企业,可以根据标准或定额确定。根据上述分析,单位产品应负担的制造费用可用下列公式计算:

$$单位产品制造费=单位产品变动性制造费用+单位产品固定性用制造费用$$
$$单位产品固定性制造费用=预期固定性制造费用预算总额/预算期预计生产量$$

假设A公司2013年及各季度的生产预算,如表3-14所示。

表3-14 A公司生产预算

季度	1	2	3	4	全年
甲产品	820	1 020	1 180	1 020	4 040
乙产品	525	775	975	750	3 025

该公司甲产品单位产品变动性制造费用过去3年的平均水平为3.6元;乙产品单位产品变动性制造费用过去5年的平均水平为6元。2013年各项固定性制造费用预算总数如下:管理人员的工资8 096元,折旧费16 347元,办公费6 500元,保险费5 200元,其他固定性制造费用2 000元。要求确定该公司单位产品应负担的制造费用。

为了计算A公司2013年度单位产品应负担的制造费用,需要根据该公司2013年的生产预算,并结合公司甲乙两种产品单位产品工时用量,计算出生产甲、乙两种产品的工时用量总数(见表3-15)。

表 3-15 A公司的工时用量表　　　　　　　　　　　　　　　　　　　　单位：小时

季度	1	2	3	4	全年
甲产品的预计生产量（件）	820	1 020	1 180	1 020	4 040
单位甲产品工时用量	3	3	3	3	3
甲产品的工时总数	2 460	3 060	3 540	3 060	12 120
乙产品的预计生产量（件）	525	775	975	750	3 025
单位乙产品工时用量	5	5	5	5	5
乙产品的工时总数	2 625	3 875	4 875	3 750	15 215
甲乙两种产品的工时总数	5 085	6 935	8 415	6 810	27 245

根据固定性制造费用预算总数和工时用量就可以计算出A公司固定性制造费用分配率：
固定性制造费用分配率＝(8 096＋16 374＋6 500＋5 200＋2 000)÷27 245＝1.4元/小时
　　单位甲产品的固定性制造费用＝3小时×1.4元/小时＝4.2元
　　单位乙产品的固定性制造费用＝5小时×1.4元/小时＝7元

单位产品的直接材料费用、直接人工费用、变动性制造费用和固定性制造费用确定以后，结合销售收入预算，就可以编制销售成本预算。

现根据前述A公司的资料，编制该公司2013年度及分季度的销售成本预算（见表3-16、表3-17）。

表 3-16 销售成本预算（甲产品）　　　　　　　　　　　　　　　　　　单位：元

	单位成本	销售成本总额				
		1季度	2季度	3季度	4季度	全年
预计销售量（件）		800	1 000	1 200	1 000	4 000
直接材料费	38	30 400	38 000	45 600	38 000	152 000
直接人工费	15	12 000	15 000	18 000	15 000	60 000
变动性制造费用	3.6	2 880	3 600	4 320	3 600	14 400
固定性制造费用	4.2	3 360	4 200	5 040	4 200	16 800
合计	60.8	48 640	60 800	72 960	60 800	243 200

表 3-17 销售成本预算（乙产品）　　　　　　　　　　　　　　　　　　单位：元

	单位成本	销售成本总额				
		1季度	2季度	3季度	4季度	全年
预计销售量（件）		500	750	1 000	750	3 000
直接材料费	18	9 000	13 500	18 000	13 500	54 000
直接人工费	25	12 500	18 750	25 000	18 750	75 000
变动性制造费用	6	3 000	4 500	6 000	4 500	18 000
固定性制造费用	7	3 500	5 250	7 000	5 250	21 000
合计	56	28 000	42 000	56 000	42 000	168 000

3.3.3 销售费用预算

销售费用预算，是指为了实现销售收入所需支付费用的预算。它以销售收入预算为基础，要分析销售收入、销售利润和销售费用的关系，力求实现销售费用的最有效使用。销售费用预算通常是一个公司最重要的预算项目，也是公司营运的重要控制工具。通常一年一次，有条件的企业还要同时做好后两年的滚动预算。

1. 销售费用预算的过程

和销售管理的所有工作一样，销售费用预算也有一个组织和流程。预算的组织通常是财务部门的预算小组，它要负责预算编制的表格制定、预算编制的假设、协调各部门的预算，并且要汇总预算进行平衡和与公司的目标进行比较，同时承担预算的修订工作；除此之外，对销售费用预算的审批，通常由高级管理人员组成，如 CEO、营销主管和财务主管。

1) 原始预算的提报

营销主管在公司预算部门制定的预算原则之下，组织下属部门和人员开始制定预算。比较理想的做法是由上而下和由下而上两者有效地结合。

2) 协商

首先在营销层面上，营销经理就下属部门提出的预算进行审查复核，并提出意见，这些意见要与公司的预算指导原则和追求的目标吻合。值得注意的是，对预算的修改意见应该与下级部门协商并取得一致，让下级部门和人员理解修改的理由是充分的，双方交换的数据和信息是可靠的。然后是公司层面的协商。公司的 CEO、财务主管也会对营销主管制定的销售费用预算结果存有差异，同样的协商过程会再次发生。

3) 复核和审批

作出最终批准销售费用预算之前，公司会对所有部门的预算总量进行检查和平衡，以便保证销售费用预算的可执行性。比如，需要检查生产部门的成本预算是否与营销部门的销售量预算相适应，财务部门是否可以提供相应的资源保证营销计划得以实行；营销部门提供的现金流量是否足以维持公司的营运等。

4) 对销售费用预算的修改

年度销售费用预算一经批准之后，一般情况下公司不会允许进行修改。除非经营环境发生了很大的变化，维持现有的预算已经没有任何意义。如日本的一些企业在为全年做预算时，高级经理只批准前 6 个月的预算，后 6 个月的预算在开始之前的一个月会作出修改和正式审批。

2. 变动性销售费用预算

变动性销售费用是指企业在销售过程中发生的与销售量（或提供服务数量）成比例变化的各项经费，如委托代销手续费、佣金、包装费、运输费、装卸费等。它是为了实现销售量所需支付的上述费用预算。

1) 委托代销手续费预算额的确定

委托代销手续费（代理商佣金）预算可以根据委托代销合同确定的手续费率确定，用公式表示为：

委托代销手续费预算＝代销产品数量×产品销售单价×手续费率

2) 运输费用预算额的确定

运输费用预算额的确定，可以事先根据不同的运输方式确定不同的运输费用额。不同运输方式的运输费用额可以根据运输里程、单位里程运费标准以及产品销售数量等资料确定，即：

某种运输方式发生的费用＝产品销售数量单位×运输里程×该运输方式下的单位里程运费标准

3) 包装费用预算额的确定

包装费用预算额可以根据产品、自制半成品的预计销售量，单位产品、自制半成品的包装材料用量标准以及包装材料标准价格确定，即：

包装费用预算额＝预计销售量×单位销售量的包装材料用量标准×包装材料的标准价格

4) 装卸费用预算额的确定

装卸费用预算额可以根据预计的销售量的大小以及需要的装卸搬运时间、装卸搬运工人的小时工资率确定，即：

装卸费用＝装卸搬运总工时×小时工资率

3. 固定性销售费用预算

固定性销售费用是指企业在销售过程中发生的不随销售量变化而变化的各项经费。这些费用是相对固定的，它可分为约束性固定销售费用（如租赁费、销售部门人员的工资、办公费、折旧费等）和酌量性固定销售费用（如广告费、培训费等）。固定性销售费用预算就是为了实现销售量所需要支付的上述费用预算。预算的确定需要对过去发生的这些费用进行分析，考察过去这些费用支出的必要性和效果，或者采用零基预算法来确定上述各项费用的预算数额。

销售费用预算应和销售收入预算相配合，应有按品种、按地区、按用途的具体预算数额。假设 A 公司根据预算期的具体情况，分别确定了各项销售费用预算数额，如表 3-18 所示。

表 3-18　各项销售费用预算数额　　　　　　　　　　　　　　单位：元

销售佣金	办公费	运输费	管理人员工资	广告费	保险费	其他销售费用	合计
6 100	3 400	7 300	6 000	10 000	6 000	2 320	41 120

要求：为了与销售收入预算相配合，按品种、分季度编制销售费用预算。

在多品种生产经营的情况下，可以选择产品销售成本作为销售费用分配的标志，即：

销售费用分配率＝销售费用预算总额/销售成本总额

根据前述 A 公司的资料可知销售费用预算额和销售成本总额，则：

销售费用分配率＝41 120/(243 200＋168 000)＝0.1

现编制 A 公司下一年度的销售费用预算（见表 3-19）：

表 3-19　销售费用预算　　　　　　　　　　　　　　单位：元

季度	1	2	3	4	全年
甲产品：					
销售成本	48 640	60 800	72 960	60 800	2 343 200
销售费用	4 864	6 080	7 296	6 080	24 320
乙产品：					
销售成本	28 000	42 000	56 000	42 000	168 000
销售费用	2 800	4 200	5 600	4 200	16 800

3.3.4 销售利润预算

销售利润等于产品销售收入扣除产品销售成本、产品销售费用、产品销售税金。销售利润预算就是对预算期产品销售利润进行的预算。在销售收入预算、销售成本预算、销售费用预算确定以后,就可以汇总编制出产品销售利润预算。由于产品销售税金是按照国家规定的税率缴纳的,只要产品销售收入预算确定以后,产品销售税金就可以确定下来。在编制销售利润预算时,我们暂不考虑产品销售税金,也就是说,这里的销售利润预算就是指税前销售利润预算。

为了和销售收入预算、销售成本预算、销售费用预算相配合,销售利润预算应有按品种、地区的具体预算数额。现根据前述 A 公司的销售收入预算、销售成本预算、销售费用预算确定该公司的销售利润预算(见表 3-20)。

表 3-20 销售利润预算　　　　　单位:元

季度	1	2	3	4	全年
销售收入	135 000	182 500	230 000	182 500	730 000
甲产品	80 000	100 000	120 000	100 000	400 000
乙产品	55 000	82 500	110 000	82 500	330 000
减:销售成本	76 640	102 800	128 960	102 800	411 200
甲产品	48 640	60 800	72 960	60 800	243 200
乙产品	28 000	42 000	56 000	42 000	168 000
销售费用	7 664	10 280	12 896	10 280	41 120
甲产品	4 864	6 080	7 296	6 080	24 320
乙产品	2 800	4 200	5 600	4 200	16 800
销售利润	50 960	69 420	88 144	69 420	277 680
甲产品	26 496	33 120	39 744	33 120	132 480
乙产品	24 200	36 300	48 400	36 300	145 200

3.4 销售预算方法

3.4.1 弹性预算

销售收入预算、销售成本预算、销售利润预算的编制是根据预算期内某一特定的业务量水平为基础来确定各费用明细项目的预计金额,这种方法属于静态预算或固定预算。这种方法有一个很大的缺点,就是每当实际发生的业务量与编制预算所根据的业务量发生差异时,费用明细项目的实际数与预算数就无可比基础。

弹性预算弥补了传统预算编制方法的缺陷。所谓弹性预算，就是在编制费用预算时，考虑到预算期间业务量可能发生的变动，编出一套能适应多种业务量的费用预算，以便分别反映在各业务量的情况下所应开支的成本费用水平。由于这种预算是随着业务量的变化作机动调整，本身具有弹性，故称为弹性预算或变动预算。由于成本、费用中均包括变动和固定两大部分，按照它们的成本习性，固定部分一般是不随业务量增减而变动的，因此在编制弹性预算时，只需将变动部分按业务量的变动加以调整即可。

1. 弹性预算的特点

弹性预算与按约定业务量编制的固定预算相比，有两个显著的特点。

（1）弹性预算是按预算期内某一相关范围内的可预见的多种业务量水平确定不同的预算额，从而扩大了预算的适用范围，便于预算指标的调整。

（2）弹性预算是按成本的不同性态分类列示的，便于在预算期终了时将实际指标与实际业务量相应的预算额进行对比，使预算执行情况的评价与考核建立在更加客观和可比的基础上，更好地发挥预算的控制作用。

2. 弹性预算的编制程序

由于未来业务量的变动会影响到收入、成本费用和利润等各个方面，因此，弹性预算从理论上说适用于全面预算中与业务量有关的各种预算，但从实用的角度看，主要用于编制弹性成本预算和弹性利润预算。现以成本的弹性预算为例，说明其编制程序。

（1）要确定某一相关范围，预计在未来期间内业务量水平将在这一相关范围内变动。弹性预算的业务量范围应视企业或部门的业务量变化情况而定，一般来说，可定在正常生产能力的 70%～110% 之间，或以历史上的最高业务量或最低业务量为其上下限。

（2）选择业务量的计量单位。编制弹性预算要选用一个最能代表本部门生产经营活动水平的业务量计量单位。

（3）按照成本性态分析的方法，将企业的成本分为固定成本和变动成本两大类，并确定成本函数。

（4）确定预算期内各业务量水平的预算额。

3. 弹性成本预算的编制

用弹性预算的方法编制成本预算时，关键在于把所有的成本划分为变动成本和固定成本两大部分。变动成本主要根据单位产品预定的直接材料费用、直接人工费用、变动性制造费用等进行控制，固定成本则按总额进行控制。弹性成本预算公式如下：

弹性成本预算 = ($\sum$ 单位变动成本预算 × 预计业务量) + 固定成本预算

对于产品成本中的直接材料、直接人工、制造费用以及销售费用，可采用不同的方法编制弹性预算：

（1）由于直接人工、直接材料的弹性预算只需以预算期内多种可能完成的生产量分别乘以单位产品的预算数（或标准）即可完成预算的编制，因此，在实际工作中，通常只是编制单位产品变动成本标准进行控制，待实际业务发生后，再按实际业务量进行换算，形成弹性预算。

（2）由于制造费用属于混合成本，生产单一产品的企业，制造费用预算可按生产量直接编制。生产多品种的企业，通常可按照直接人工工时（或机器工作台时数）进行编制。

（3）销售费用弹性预算的编制方法与制造费用弹性预算的编制方法基本相同，所不同的是编制基础的选择不一样,它不是以生产工作量作为计算基础,而是以销售量作为计算基础。

举例:某公司弹性销售费用预算如表 3-21 所示。

表 3-21 弹性销售费用预算   单位:元

项目	单位变动销售费用	预计销售量(件)			
		800	900	1 000	1 100
变动销售费用:					
托运费	10	8 000	9 000	10 000	11 000
售后服务费	5	4 000	4 500	5 000	5 500
固定销售费用:					
广告费		10 000	10 000	10 000	10 000
折旧费		5 000	5 000	5 000	5 000
销售费用总计:		27 000	28 500	30 000	31 500

可以看出,销售费用中的托运费、售后服务费都随着企业产品销售量的变动而变动,而广告费和折旧费则在一定的范围内不随销售量的变动而变动,可以按总额进行控制。

编制弹性成本预算的主要目的是为了控制成本费用的支出,考核、评价成本费用的执行情况。

3.4.2 零基预算

零基预算全称为以零为基础的编制计划和预算的方法,最初是由美国德州仪器公司的彼得·派尔在 20 世纪 60 年代提出来的,目前已被广泛采用,作为费用预算的编制方法。过去编制费用预算的方法,一般都是以基期的各种费用项目的实际开支数为基础,然后对预算期间可能会使各费用项目发生变动的有关因素加以仔细考虑,最终确定出它们在预算期间应增减的数额。如果编制费用预算是在现有基础上增加一定的百分率,就叫做增量预算法。如果是在现有基础上减少一定的百分率,则称为减量预算法。零基预算法与传统的增量或减量预算法截然不同,它的基本原理是:对于任何一个预算期,任何一种费用项目的开支数,不是从原有的基础出发,即根本不考虑基期的费用开支水平,而是一切以零为起点,从实际需要与可能出发,逐项审议各种费用开支的必要性、合理性以及开支数额的大小,从而确定各项费用的预算数。

零基预算的具体做法,大体上分以下三个步骤。

(1) 要求各部门的所有人员,根据本企业预算期内的战略目标和各该部门的具体任务,详细讨论预算期内需要发生哪些费用项目,并对每一费用项目编写一套方案,提出费用开支的目的,以及需要开支的数额。

(2) 对每一费用项目进行"成本—效益分析",将其所费与所得进行对比,用来对各项费用开支方案进行评价,然后把各项费用开支方案在权衡轻重缓急的基础上分成若干层次,排出先后顺序。

(3) 按照上一步骤所定的层次与顺序,结合预算期间可动用的资金来源分配资金,落实预算。

假定某公司在编制下年度销售费用预算时拟采用零基预算法。首先由销售部门的全体员工，根据下年度企业的战略目标和本部门的具体任务，多次讨论研究，反复协商，一致认为预算期间需发生表3-22所示的一些费用项目及其预计的开支水平。

表3-22　费用项目　　　　　　　　　　　　　　　　　　　单位：元

广告费	培训费	房屋租金	差旅费	办公费
10 000	9 000	5 000	2 000	3 000

将以上的广告费和培训费根据历史资料进行"成本—效益分析"，其结果如表3-23所示。

表3-23　费用明细项目　　　　　　　　　　　　　　　　　单位：元

费用明细项目	费用金额	收益金额
广告费	1	25
培训费	1	35

假定通过讨论研究，认为房屋租金、差旅费及办公费均属预算期间必不可少的费用开支，需全额得到保证。把上述五个费用项目按照其具体性质和轻重缓急，排出如下的层次与顺序。

第一层次：房屋租金、差旅费、办公费属于约束性费用，在预算期间必不可少，需全额得到保证，故列为第一层次。

第二层次：培训费属于酌量性费用，可根据预算期间企业财力的负担情况酌情增减，同时它的成本收益率大于广告费，故列为第二层次。

第三层次：广告费属于酌量性费用，可根据预算期间企业财力的负担情况酌情增减，同时因为它的成本收益率小于培训费，故列为第三层次。

假定该公司在预算期间对于销售费用的可动用财力资源只有18 000元，那么就要根据以上排列的层次和顺序，分配资金，落实预算。其中房屋租金5 000元、差旅费2 000元、办公费3 000元、共计10 000元必须得到保证。那么，还可分配的资金=18 000元-10 000元=8 000元，此数据应按成本收益率的比例分配给广告费和培训费：

$$培训费可分配的资金=8\ 000×35/(25+35)=4\ 667(元)$$
$$广告费可分配的资金=8\ 000×25/(25+35)=3\ 333(元)$$

根据以上分析，采用零基预算法编制的A公司销售费用预算如表3-24所示。

表3-24　销售费用预算　　　　　　　　　　　　　　　　　单位：元

费用项目	费用金额	费用项目	费用金额
房屋租金	5 000	培训费	4 667
差旅费	2 000	广告费	3 333
办公费	3 000	销售费用合计	18 000

零基预算由于冲破了传统预算方法的限制，以"零"为起点来观察分析一切费用开支项目，确定预算金额，因而具有以下优点：一是可以合理有效地进行资源分配，将有限的经费用在关键之处；二是可以充分发挥各级管理人员的积极性和创造性，促进各预算部门精打细算、量力而行，合理使用资金，提高资金的利用效果；三是特别适用于产出较难辨认的服务

性部门预算的编制与控制，如学校或事业单位预算。

然而，由于一切支出均以零为起点进行分析研究，因而编制预算的工作量较大，费用较昂贵，而且评级和资源分配具有主观性，容易引起部门间的矛盾。因此，有的企业每隔若干年进行一次零基预算，以后几年内略作适当调整，这样既简化了工作量，又能适当地控制费用。

3.4.3 滚动预算

前面所介绍的销售预算通常是定期（如一年）编制，优点是与会计年度配合，便于预算执行结果的考核与评价。但定期预算也有一定的缺陷：一是定期预算多是在其执行年度开始前的两三个月进行，在编制时，难于预测预算期的某些活动，特别是对预算期的后半阶段，往往只能提出一个较为笼统的预算，从而给预算的执行带来种种困难；二是预算中所规划的各种经营活动在预算期内往往发生变化，而定期预算却不能及时调整，从而使原有的预算显得不相适应；三是在预算执行过程中，由于受预算期的限制，使管理人员的决策视野局限于剩余的预算期间的活动，从而不利于企业长期稳定的发展。

为了克服定期预算的缺点，在实践中可采用滚动预算的方法编制预算。

1. 滚动预算的方式

滚动预算又称永续预算或连续预算，基本特点是预算期是连续不断的，始终保持一定期限（如一年）。预算执行过一个月后，根据前一月的经营成果，结合执行中发生的新情况，对剩余的 11 个月加以修订，并自动后续一个月，重新编制新一年的预算。逐期向后滚动，连续不断地以预算的形式规划未来的经营活动。滚动预算如图 3-3 所示。

本年度 1 月 2 月 3 月 4 月 5 月 6 月 7 月 8 月 9 月 10 月 11 月 12 月
本年度 2 月 3 月 4 月 5 月 6 月 7 月 8 月 9 月 10 月 11 月 12 月 下年度 1 月
本年度 3 月 4 月 5 月 6 月 7 月 8 月 9 月 10 月 11 月 12 月 下年度 1 月 2 月

图 3-3　滚动预算方式（2 次滚动）

滚动预算的要点在于预算期与会计年度相脱节，始终保持 12 个月或四个季度的预算。

2. 滚动预算的优缺点

根据滚动预算的方式和特征不难看出，滚动预算较之传统的定期预算具有以下优点。

（1）可以根据前期预算执行的结果，结合各种新的变化信息，不断调整或修订预算，从而使预算与实际情况更相适应，有利于充分发挥预算的指导和控制作用。

（2）可以保持预算的连续性与完整性，使有关人员能从动态的预算中把握企业的未来，了解企业的总体规划和近期目标。

（3）可以使各级管理人员始终保持对未来 12 个月甚至更长远的生产经营活动作周密的考虑和全盘规划，确保企业各项工作有条不紊地进行。

采用滚动预算法的不足之处是编制预算的工作量较大。因此也可以采用按季度滚动来编制预算，而在执行预算的那个季度里，再按月份具体地编制各月份的预算，这样可以适当地简化预算。

3.4.4 其他销售预算方法

1. 概率预算

前面介绍的预算编制方法都是在确定条件下进行的。由于预算的编制涉及许多条件，这些条件如业务量、成本、费用、价格等又往往是变量，在编制预算时很难准确地预计，但能对它们作出近似值的估计，也就是估计某些变量出现的概率。这样根据估计的概率编制出的预算称为概率预算。概率预算由于估计到可能出现的各种情况，它比弹性预算更能接近企业生产经营活动的实际，因而可以更好地指导和控制企业的生产经营活动，有利于企业生产经营目标的实现。

编制程序与方法如下。

（1）采用适当的预测方法，如经验估计法、模拟分析法以及其他方法，确定各变量发生的概率。

（2）根据计算销售费用的程序，计算出在不同概率的情况下，它们的预期数值。

（3）通过数据整理，编制出预计销售费用表。

2. 最大费用法

这种方法是在公司总费用中减去其他部门的费用，余下的全部作为销售预算。这个方法的缺点在于费用偏差太大，在不同的计划年度里，销售预算也不同，不利于销售经理稳步地开展工作。

3. 销售百分比法

用这种方法确定销售预算时，最常用的作法是用上年的费用与销售百分比，结合预算年度的预测销售量来确定销售预算。另外一种做法是把最近几年的费用的销售百分比进行加权平均，其结果作为预算年度的销售预算。这种方法，往往忽视了公司的长期目标，不利于开拓新的市场，比较适合于销售市场比较成熟的公司。同时，这种方法不利于公司吸纳新的销售人才，因为从和长远来看，吸引有发展潜力的销售人员对公司的发展是必不可少的，但这种方法促使销售经理只注重短期目标，而忽视对公司具有意义的人的培养。

4. 同等竞争法

同等竞争法是以行业内的主要竞争对手的销售费用为基础来制定的。采用这种方法的销售经理都认为销售成果取决于竞争实力，用这种方法必须对行业及竞争对手有充分的了解，做到这点需要及时得到大量的行业及竞争对手的资料。但通常情况下，资料是反映以往年度的市场及竞争状况。用这种方法分配销售预算，有时不能达到同等竞争的目的。

参考案例

弹性预算法在小企业中的应用

由于许多中小企业不进行财务预算，财务管理工作盲目性较大，如果利用弹性预算法对小企业的制造费用和利润总额进行预测，那么对于加强财务控制和提高企业的经济效益是非常有益的。本文用成方圆制造厂的案例对这一预算方法作具体分析。

弹性预算又称变动预算，是企业在不能准确预测业务量的前提下，根据预算期可预见的不同业务量水平分别确定其预算额的预算。由于这种预算随业务量水平的变动可以进行机动调整,因此非常实用。如果小企业应用这一方法对将要进行的投资项目进行财务预算,可以事先掌握其成本和利润的一般水平和可能达到的目标范围,对于投资者的决策以及决策后对经营过程的有效控制都有很大的帮助。

用这一方法对成方圆制造厂2013年拟利用闲置的三台机器,投资一项学生用钢木小床桌项目进行了财务预算,在不知盈利状况如何的情况下,为了回避风险、稳健投资,利用弹性预算法对该项目的制造费用及利润情况进行了财务预算(见表3-25)。

表3-25 成方圆制造厂制造费用预算资料

项目	固定费用(元)	变动费用(元/台时)
1. 折旧	10 000	
2. 保险费	9 000	
3. 燃油		2
4. 原材料		1
5. 生产工人工资	13 000	0.35
6. 维修费	1 500	0.10
合计	33 500	3.45

从表中可以得出以下数据:

固定成本费用总额 a=10 000+9 000+13 000+1 500=33 500(元)

变动成本费用率 b=2+1+0.35+0.10=3.45元/台时

成本性态模型 $y=a+bx=33\,500+3.45x$

利用该模型可以预测业务量 x 在8 400~9 765 台时之间,即:生产能力利用率为90%~105%之间任意一点上的制造费用预算数(本例中生产能力利用100%时为9 300 台时)。

即: 制造费用=33 500+3.45×9 300=65 585(元)

为了便于费用的分项控制和考核,进一步按照费用项目列出不同业务量水平下的弹性预算表,如表3-26所示。

表3-26 成方圆制造厂制造费用预算表 单位:元

机器台时	8 400	8 835	9 300	9 765
生产能力利用(%)	90	95	100	105
1. 变动费用项目	43 480	44 980	46 585	48 188
燃油	16 800	17 670	18 600	19 530
原材料	8 400	8 835	9 300	9 765
生产工人工资	15 940	16 092	16 255	16 417
维修费	2 340	2 383	2 430	2 476
2. 固定费用	19 000	19 000	19 000	19 000
折旧费	10 000	10 000	10 000	10 000
保险费	9 000	9 000	9 000	9 000
生产制造费用预算/元	62 480	63 980	65 585	67 188

根据表3-26可知:生产能力利用为90%时,机器开动8 400 台时,制造费用可控制在62 480元以内;生产能力利用率在95%时,机器开动8 835 台时,制造费用可控制在63 980

元,依次类推。

根据实际情况,如果机器开动 8 400 台时,可使销售收入达到 97 200 元;如果机器开动 8 835 台时,可使销售收入达到 1 026 000 元,如果机器开动 9 300 台时,销售收入可达到 1 134 000 元。通过进一步调查了解得知,该产品技术简单,没有废品,凡生产便可达到合格,而且由于和近 10 所高校以及中专、技校有业务上的往来,常年销售,不存在滞销问题。另外,还可以向居民零售或向超市供货,总之,销售不成问题。

根据以上预测,如果生产能力利用率为 100% 时,销售收入可达到 108 万元,就可以编制利润预算表,如表 3-27 所示。

表 3-27 成方圆制造厂利润预算表　　　　　　　　单位:元

销售收入百分比 (1)	90%	95%	100%	105%
销售收入 (2)=1 080 000×(1)	972 000	1 026 000	1 080 000	1 134 000
变动成本 (3)	43 480	44 980	46 585	48 188
边际贡献 (4)=(2)-(3)	928 520	981 020	1 033 415	1 085 812
固定成本 (5)	19 000	19 000	19 000	19 000
毛利润总额 (6)=(4)-(5)	909 520	962 020	1 014 415	1 066 812

由表 3-27 可知,如果企业投资学生用钢木小床桌,生产能力 100% 的利用,每年可为本企业创造利润 1 014 415 元,对于一个小企业来说,这可是件有利可图的好生意,于是,成方圆制造厂决定投资。

在投入生产的过程中,每个月都进行成本核算和分析,分析的方法仍然是弹性预算法,这样便可控制制造费用不高于预算的水平,结果在 2013 年 11 月末就完成了全年的财务预算利润指标 101 万元,并且把制造费用控制在了预算之内,提前一个月完成了计划利润指标(注:这里的制造费用是指全部生产费用)。

由该案例可知,小企业如果能够对所要投资的项目事先进行财务预算,可以避免投资的盲目性,增加成功的可能性。而弹性预算简便易行,是一种有利于小企业财务管理工作的好方法。目前许多小企业的投资人还没有掌握一种科学的财务预算方法,对于所投资的项目没有事先的财务预算,只凭投资人主观判断,往往造成不可挽回的损失。因此,建议在小企业中推广弹性预算法,以提高小企业财务管理工作的水平。在我国,小企业正以数以万计的速度成长,搞好这些小企业的财务管理,意义重大。

资料来源:中国论文下载中心,http://www.studa.net,作者孙爱玲,有删改。

3.5 销售计划的制订

3.5.1 销售计划的含义和内容

销售计划就是企业根据营销战略,并基于历史销售业绩和已有的需求的前提来确定未来一段时间的销售目标,并结合这一目标对企业的生产作业计划、采购计划、资金筹措计划以及人员招募与分配计划等进行安排和实施。按时间长短来分,销售计划可以分为月度销售计划、季度销售计划、年度销售计划等。按范围大小来分,销售计划可以分为企业总体销售计划、分公司(部门)销售计划等。

销售计划是各项计划的基础,其中包括整个详尽的商品销售量及销售额计划、公司的经营策略计划、公司的发展计划、利益计划、损益计划、资产负债计划等。简明的销售计划至少应包含以下内容:

(1) 产品计划(基于营销组合中的产品组合制订);
(2) 渠道计划(基于营销组合中的渠道策略制订);
(3) 成本费用计划(基于营销组合中的价格策略制订);
(4) 销售单位组织计划(基于销售体系组织架构制订);
(5) 销售总额及其分解计划(基于市场调查与预测制订);
(6) 促销计划(基于营销组合中的促销策略制订)。

销售计划的基本体系可以由图 3-4 来表示。

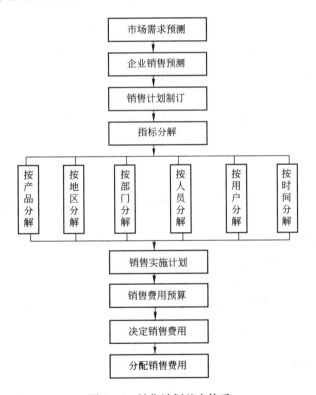

图 3-4 销售计划基本体系

3.5.2 销售计划的制订步骤

制订销售计划是销售管理工作中最为重要的环节之一,制订销售计划一般要经历收集信息、设定目标并对目标进行分解、选择策略、制订计划等阶段。

1. 收集信息

信息收集的范围包括外部资料和内部资料两大类。外部资料包括整个国民经济发展动向及国家的政策、法规；各产业的发展动向，特别是相关产业的发展动向；同行业竞争对手的现状及动向；市场需求的变化及发展趋势预测等情报资料。内部资料包括销售状况资料，包括销售额、销售量；销售费用资料，按不同项目、不同用途进行分类、累计；销售利润资料，按不同产品、地区、部门来进行分类、小计；应收款回收状况资料；销售人员的日常走访活动及实际效果的资料。销售策略实施效果的分析资料；有关市场及竞争对手动态的分析资料；有关产品的铺货率、占有率非定性的推断资料；销售日报表的分析资料。一般来讲，要制订一个比较切合实际的销售计划，至少需要连续 3~5 年的相关资料，最好能有 5 年以上的相关资料。

2. 销售目标设定

销售目标的设定应具备以下特点（SMARTC）。

（1）具体性（Specific）。目标不可以太笼统，要具体，这样才有利于管理，才有利于目标的达成。不但要有总的目标，而且一定要将其细化到每个月甚至于每一天。

（2）可衡量性（Measurable）。目标应该量化，用资料说话，这样才有实际指导意义，有了具体的数字就可以很直观很明确地知道每天应完成的目标。

（3）可实现性（Achievable）。目标虽然应有一定高度，但不能过于夸张，一定要根据企业的客观情况、销售人员的实际水平以及各种客观因素制定销售目标。

（4）现实性（Realistic）。销售目标应该与实际销售工作密切结合，让它充分体现在实际销售过程中。在设定目标时一定要仔细分析实际情况，将那些急需改进、直接影响销售成果的因素首先设定在目标中。

（5）时限性（Time Bound）。设立的目标一定要有时间限制，这样才不会使目标因拖的时间过长而无法衡量。而这一点常常被人忽视，一个没有时间限制的目标等于没有目标。

（6）一致性（Compatible）。即与总体目标一致，区域销售目标要服务和服从于整体营销目标。

3. 销售目标分解

在对企业整体的销售目标进行设定后，还需对目标进行具体的分解，销售目标的分解一般有以下两种方法：一种是按产品分解，将销售目标按不同的产品分解，决定每种产品实现的销售目标；另一种是按销售地区分解，确定企业不同销售地区销售目标。

4. 制定销售政策

结合公司总体营销策划，制定与销售有关的政策或策略。一般要集中在以下几个方面。

（1）产品策略：目标市场产品的选择，新产品的推广。

（2）价格策略：选定合适的价格体系，看是否对价格进行严格的控制等。

（3）促销策略：配合公司的促销策略制定区域内的促销策略。

（4）竞争策略：应对竞争对手的手段等。

（4）销售策略：销售人员管理及激励政策等。

5. 起草计划

一般销售计划应包括以下内容。

（1）计划纲要。简要概述企业的目标和措施等销售计划的内容，便于读者使用。

（2）组织现状。包括组织目前的情况、所处市场环境，以及竞争对手的情况等。

（3）市场分析。通过市场分析，可以很清晰地知道市场的现状和未来趋势，产品与渠道的变化趋势等。

（4）明确经营观念。经营观念是指导企业全年销售的精神纲领，是营销工作的方向和灵魂，也是销售部需要经常灌输给员工的操作理念。

（5）销售预测。销售预测是企业进行各项决策的基础。从短期看，决策者常常要预测现金的回流，以便支付账单，销售经理要分配销售定额给销售人员或区域主管们，这些都是以销售预测为基础的。从长远来说，公司根据销售预测来确定设备的购置、人员的招聘和培训、资金的筹措等问题。也就是说，销售预测是企业把市场的不确定性转化为自己运作的具体目标和计划的工具。

（6）市场潜力预测。一个合理准确的市场潜力预测是全部预测工作的起点。市场潜力是指一定时期和地域内，某类产品最大的销售量。如果对市场潜力的预测偏差太大的话，那么随后的销售潜力、销售定额的预测都是不可靠的。

（7）企业销售目标的制定与分解。销售目标的制定是一切销售工作的出发点和落脚点，因此，科学、合理的销售目标的制定也是销售计划最重要的核心部分。制定销售目标通常是根据上一年度的销售数额，按照一定增长或下降比例调整，总目标确定以后还要按照一定标准进行分解。

（8）销售行动方案的制订。销售政策是提供实现目标的战略和战术，是顺利实现企业销售目标的有力保障。如产品策略、价格策略、促销策略、服务策略等。这时应当立足于公司销售政策制订销售行动方案的行动具体安排，即可供实施的方案，也即具体的销售活动程序安排。制订销售行动方案时，应该制定详细的具体行动方案内容程序表，以及每一项程序具体的执行细则，以方便每一步的执行和检查。

（9）费用预算。销售计划还应包括销售费用的各项预算。即在销售目标达成后，企业投入费用的产出比。通过费用预算，可以合理地进行费用控制和调配，使企业的资源得到合理运用，以求企业的资金利用率达到最大化，从而不偏离市场发展轨道。

小案例

餐饮产品销售信息的收集

餐饮产品的销售统计是以书面形式记录餐厅菜肴的销售的份数。销售统计的复杂程度取决于餐厅经营品种的数量、信息的详细程度以及信息的用途等。

1. 原始记录

有关消费者订菜的数量记录，基本上来自餐饮第一线的餐饮销售人员——服务员。餐厅服务员在接受就餐者点菜的有关信息（菜名、价格、分量、台号等），记录在"点菜单"上。

1) 收银员的即时统计

餐厅收银在接受服务员传递的点菜单、开具用餐账单的同时，应做好各种菜肴的销售数量记录。这种信息可以记录在预先准备好的菜肴销售记录卡上。这种方法的特点是：信息收集及时，无须专门人员在数据累计后再作专门统计，不需要增加额外的人工费用。但要收银员必须仔细、完整地做好记录。

2）收餐后的事后统计

有些餐厅的收银员当班时业务量大，工作忙，来不及做统计工作。可以在每餐结束后将点菜单连同账单交给财务部，统计方法如前。但这种形式较费时间。

3）电脑统计

目前电脑已经进入饭店各方面的业务管理。利用电脑进行餐饮销售统计工作，需要电脑本身具有相应的业务管理软件。其特点是快捷、及时。

2. 信息的汇总及使用

餐饮有关管理人员在获取餐饮销售统计数据之后，可以选用不同的方式将这些数据汇总。常见的汇总方法如下。

1）按经营日期汇总

所谓按经营日期汇总，就是将每日的销售统计数据按日历日期排好，每周或每月列在一张纸上予以汇总。

2）按每周的形式汇总

按每星期中的各天分别统计销售数据。将数据按周一、周二——周日汇总。这种销售统计方法，能反映出一周中每天客流量的变化情况及各天的销售规模及规律，了解一周中每天各类菜的销售份数，便于计划一周中每天、各菜的销售与生产数量和相应的人员配备。

3）按销售时段汇总

许多餐厅对各时段的销售额和客人数进行汇总统计，对于快餐厅、咖啡厅和酒吧而言，这种统计汇总更为重要，因为这些经营场所营业时间长，在清淡和高峰时段的需求量波动显著。

4）按各菜销售数的百分比汇总

不少餐厅除了统计各菜肴的销售份数外，还要统计各菜肴的销售百分比。各菜肴销售百分比统计，对于各菜的销售预测和各菜的生产计划具有极大的参考价值。如果销售百分比是较长时间的累积值，则能较客观地反映出各菜的销售和需求规律，在预测未来的菜肴销售总额后，可与此作比例，预测各菜的销售量，并根据销售量作好各菜的销售和生产计划。

资料来源：《餐饮管理》，作者陈玉峰，机械工业出版社。

思考题

1. 销售预测有哪些方法？
2. 叙述提高销售预测的有效途径或方法。
3. 销售目标是如何制定和进行分解的？
4. 简述销售预算体系的构成。
5. 常用销售预算方法有哪些？

本章案例

销售计划该怎么做？

李杰是一家方便面企业的销售经理，自他担任该职务3年以来，每年的销售工作计划便成为了他的必修课,他的销售计划不仅文笔生动,描述具体,而且还往往理论联系实际,策略与实战并举,数字与表格齐下,很好地指导了他的营销团队,使其按照年度计划有条不紊地开展市场推广工作,在不断修订和检核的过程中,取得了较好的引领效果,那么,李经理的年度销售计划是如何制订的呢?它又包括哪几个方面的内容?

1. 市场分析

年度销售计划制订的依据,便是对过去一年市场形势及市场现状的分析,而李经理采用的工具便是目前企业经常使用的SWOT分析法,即企业的优劣势分析以及竞争威胁和存在的机会,通过SWOT分析,李经理可以从中了解市场竞争的格局及态势,并结合企业的缺陷和机会,整合和优化资源配置,使其利用最大化。比如,通过市场分析,李经理很清晰地知道了方便面的市场现状和未来趋势:产品(档次)向上走,渠道向下移(通路精耕和深度分销),寡头竞争初露端倪,营销组合策略将成为下一轮竞争的热点等。

2. 营销思路

营销思路是根据市场分析而作出的指导全年销售计划的精神纲领,是营销工作的方向和灵魂,也是销售部需要经常灌输和贯彻的营销操作理念。

针对这一点,李经理制定了具体的营销思路,其中涵盖了以下几方面的内容。

(1) 树立全员营销观念,真正体现"营销生活化,生活营销化"。

(2) 实施深度分销,树立决战在终端的思想,有计划、有重点地指导经销商直接运作末端市场。

(3) 综合利用产品、价格、通路、促销、传播、服务等营销组合策略,形成强大的营销合力。

(4) 在市场操作层面,体现"两高一差",即要坚持"运作差异化,高价位、高促销"的原则,扬长避短,体现独有的操作特色等。

营销思路的确定,李经理充分结合了企业的实际,不仅翔实、有可操作性,而且还与时俱进,体现了创新的营销精神,因此,在以往的年度销售计划中,都曾发挥了很好的指引效果。

3. 销售目标

销售目标是一切营销工作的出发点和落脚点,因此,科学、合理的销售目标制定也是年度销售计划的最重要和最核心的部分。那么,李经理是如何制定销售目标的呢?

(1) 根据上一年度的销售数额,按照一定增长比例,比如20%或30%,确定当前年度的销售数量。

(2) 销售目标不仅体现在具体的每一个月度,而且还量化到人,并细分到具体市场。

(3) 权衡销售目标与利润目标的关系,做一个经营型的营销人才,具体表现就是合理产品结构,将产品销售目标具体细分到各层次产品。比如,李经理根据企业方便面产品ABC分类,将产品结构比例定位在A(高价、形象利润产品):B(平价、微利上量产品):C(低价:战略性炮灰产品)=2:3:1,从而更好地控制产品销量和利润的关系。销售目标的确认,使李经理有了冲刺的对象,也使其销售目标的跟踪有了基础,从而有利于销售目标的顺利达成。

4. 营销策略

营销策略是营销战略的战术分解,是顺利实现企业销售目标的有力保障。李经理根据方便面行业的运作形势,结合自己多年的市场运作经验,制定了如下的营销策略。

(1) 产品策略,坚持差异化,走特色发展之路,产品进入市场,要充分体现集群特点,发挥产品核心竞争力,形成一个强大的产品组合战斗群,避免单兵作战。

(2) 价格策略,高质、高价,产品价格向行业标兵看齐,同时,强调产品运输半径,以600公里为限,实行"一套价格体系,两种返利模式",即价格相同,但返利标准根据距离远近不同而有所不同的定价策略。

(3) 通路策略,创新性地提出分品项、分渠道运作思想,除精耕细作,做好传统通路外,集中物力、财力、人力、运力等企业资源,大力度地开拓学校、社区、网吧、团购等一些特殊通路,实施全方位、立体式的突破。

(4) 促销策略,在"高价位、高促销"的基础上,开创性地提出了"连环促销"的营销理念,它具有如下几个特征:一是促销体现"联动",牵一发而动全身,其目的是大力度地牵制经销商,充分利用其资金、网络等一切可以利用的资源,有效挤压竞争对手;二是连环的促销方式至少两个以上,比如销售累积奖和箱内设奖同时出现,以充分吸引分销商和终端消费者的眼球;三是促销品的选择原则求新、求奇、求异,即要与竞品不同,通过富有吸引力的促销品,实现市场"动销",以及促销激活通路、通路激活促销之目的。

(5) 服务策略,细节决定成败,在"人无我有,人有我优,人优我新,人新我转"的思路下,在服务细节上狠下工夫。提出了"5S"温情服务承诺,并建立起"贴身式"、"保姆式"的服务观念,在售前、售中、售后服务上,务求热情、真诚、一站式等。

通过营销策略的制定,李经理胸有成竹,也为其目标的顺利实现做了一个良好的开端。

5. 团队管理

在这个模块,李经理主要锁定了两个方面的内容:①人员规划,即根据年度销售计划,合理人员配置,制订了人员招聘和培养计划,比如,2013年销售目标5个亿,公司本部的营销员队伍要达到200人,这些人要在什么时间内到位,落实责任人是谁等,都有一个具体的规划明细;②团队管理,明确提出打造"铁鹰"团队的口号,并根据这个目标,采取了如下几项措施。

(1) 健全和完善规章制度,从企业的"典章"、条例这些"母法",到营销管理制度这些"子法",都进行了修订和补充。比如,制定了《营销人员日常行为规范及管理规定》、《营销人员"三个一"日监控制度》、《营销人员市场作业流程》、《营销员管理手册》等。

(2) 强化培训,提升团队整体素质和战斗力。比如,制订了全年的培训计划,培训分为企业内训和外训两种,内训又分为潜能激发、技能提升、操作实务等;外训则是选派优秀的营销人员到一些大企业或大专院校、培训机构接受培训等。

(3) 严格奖惩,建立良好的激励考核机制。通过定期晋升、破格提拔、鼓励竞争上岗、评选营销标兵等形式,激发营销人员的内在活力。李经理旨在通过这一系列的团队整合,目的是强化团队合力,真正打造一支凝聚力、向心力、战斗力、爆发力、威慑力较强的"铁血团队"。

6. 费用预算

李经理所做销售计划的最后一项,就是销售费用的预算。即在销售目标达成后,企业投入费用的产出比。李经理所在的方便面企业,销售目标5个亿,其中,工资费用500万,差旅费用300万,管理费用100万,培训、招待以及其他杂费等费用100万,合计1 000万元,费用占比2%,通过费用预算,李经理可以合理地进行费用控制和调配,使企业的资源"好钢用在刀刃上",以求企业的资金利用率达到最大化,从而不偏离市场发展轨道。

李经理在做年度销售计划时,还充分利用了表格这套工具,比如,销售目标的分解、人员规划、培训纲目、费用预算等,都通过表格的形式予以体现,不仅一目了然,而且还具有对比性、参照性,使以上内容更加直观和易于理解。

通过年度销售计划的制订,李经理达到了以下目的。

(1) 明确了企业年度营销计划及其发展方向,通过销售计划的制订,李经理不仅理清了销售思路,而且还为其具体操作市场指明了方向,实现了年度销售计划从主观型到理性化的转变。

(2) 实现了数字化、制度化、流程化等基础性营销管理。不仅量化了全年的销售目标,而且还通过销售目标的合理分解,细化到人员和月度,为每月营销企划方案的制订做了技术性的支撑。

(3) 整合了企业的营销组合策略,通过年度销售计划,确定了新的一年营销执行的模式和手段,为市场的有效拓展提供了策略支持。

(4) 吹响了"铁鹰"团队打造的号角,通过年度销售计划的拟订,确定了"铁鹰"打造计划,为优秀营销团队的快速发展以及创建学习型、顾问型的营销团队打下了一个坚实的基础。

资料来源:中国营销传播网,http://www.emkt.com.cn/article/242/24205.html,作者崔立三,内容有删改。

第 4 章 销售区域设计与管理

【本章导读】
了解销售区域设计的过程
掌握销售区域管理方法
掌握销售业绩评估的方法
掌握销售费用控制的方法

4.1 销售区域概述

4.1.1 销售区域的含义

设计销售区域是销售管理的重要组成部分。销售区域设计得不好会增加销售费用,还会产生其他负面作用。因此如何设计销售区域,如何设置销售区域的数量,以及对销售区域的管理是企业销售管理的重大课题。

所谓销售区域,是指在一定销售期间,由销售人员、销售组织、中间商等为之提供服务的一群现有的和潜在的顾客群体。良好的销售区域是由具有购买力和购买意向的顾客组成的。销售区域设计的关键在于顾客,许多公司的区域设计都是按照地理区域划分的,有时由于其企业产品科技含量高且复杂,可能放弃地理区域的划分,而专注于产品的特定使用者。

4.1.2 销售区域管理的意义

1. 激励销售人员

一个销售人员被安排在哪一个销售区域,往往对其个人的兴趣和精神影响很大,公司只有拥有很广泛的客户,才能使销售人员有机会取得业绩。因此销售区域的好坏对销售人员的成功至关重要。不平等销售区域的划分,是造成销售队伍士气低落的主要原因。好的销售区域设计会对士气产生积极的影响。销售区域划分得越清楚,销售人员的责任也就越明确,销售人员会自觉地挖掘潜力实现规定的任务,即使产生了矛盾,销售人员也能和谐有效地解决。

2. 提高企业的市场占有率

市场按地理区域划分，有利于挖掘顾客和准顾客，也有利于决定访问客户的频率。销售人员在规定的区域内有可能更加积极地争取业务，这比毫无目的地寻找客户要有效得多。销售区域设计得当，为顾客服务的质量也会提高，销售人员能在服务的区域内认真地访问客户，深入地了解客户的问题和需求，他们可以更好地体会什么样的产品更适合客户，什么样的产品对客户意义不大。同时也能更好地理解客户和了解他们购买决策的过程，这有助于销售人员更加有效地出售产品，为客户提供长期满意的服务，培养顾客忠诚并提高企业市场占有率。

3. 便于评价和控制销售力量

有效的区域设计，特别是按地理区域设计销售区域有助于对销售数据和成本进行横向比较和分析，以便确定市场份额，总结本公司竞争的优势和劣势，销售经理就更容易评价和控制销售力量，评价销售业绩与其潜在业绩的相互关系。

4. 有利于节约销售费用

由于每个销售人员的销售范围相对固定，销售费用的预算相对容易准确确定，非常有利于销售经理合理分配有限的费用预算，对于降低公司整体管理成本有较大的意义。

4.2 销售区域设计

销售区域设计是销售区域管理的重点和难点，销售管理的一个重要任务就是销售区域的设计问题。销售经理要力求使所有销售区域的销售潜量均等，以便销售人员能有效地发挥潜力，做好销售业务。当区域潜量均等时，易于对销售人员进行比较，评价每个销售人员的行为。当所有的区域具有相同的工作负荷时，就要把管理的重点放在提高销售队伍的士气和减少销售人员之间的冲突上。销售区域设计的步骤见图 4-1。

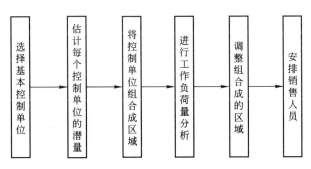

图 4-1 销售区域设计步骤

参考案例

海尔集团的销售区域管理

海尔集团创立于 1984 年，是在引进德国利勃海尔电冰箱生产技术成立的青岛电冰箱总厂基础上发展起来的。在海尔集团首席执行官张瑞敏"名牌战略"思想的引领下，海尔经过二十多年的艰苦奋斗和卓越创新，已从一个濒临倒闭的集体小厂发展壮大成为在海内外享有较高美誉的大型国际化企业集团。产品从1984年的单一冰箱发展到拥有白色家电、黑色家电、米色家电在内的96大门类15 100多个规格的产品群，并出口到世界100多个国家和地区。

海尔集团于2000年前基于对销售网点的覆盖对其销售区域进行了以下划分，即基于行政区域将国内市场划分为华北、东北、华东、华南、西南和西北六个区域如图4-2所示。但它于2000年对其销售区域划分进行了一定的调整，调整后的销售区域划分如图4-3所示。

图4-2 2000年以前海尔销售区域的划分

图4-3 2000年后海尔销售区域的划分

在图 4-3 中，海尔将国内市场划分为东北、华北、山东、华东、华南、中南、西南和西北 8 个销售区域。

1. 划分区域的好处

其一，使各区域独立合算，包括区域财务、行政、策划等，并直接负责于海尔所有家电产品的销售，鼓舞区域经理及各销售人员的士气。

其二，2000 年后销售区域的变动使公司对国内市场进行了更好地覆盖，防止窜货问题的出现，并从中择其重点管理和开发的市场。如山东这一区域就为公司重点管理的区域，而西北、西南则是海尔集团有潜力开拓市场的区域。

其三，海尔把整个国内市场划分成不同的销售区域之后，有利于公司销售数据的收集，同时还有利于其成本分析和成本控制。集团公司通过对各销售区域、各区域内分销体系、各销售人员在不同销售活动中花费的时间与成本的分析，而设计出更好的方案，提高了工作效率，降低销售成本，为科学规划销售队伍规模提供数据支持。

2. 划分区域的方法

通过海尔集团公司两阶段销售区域划分情况，清晰表明出海尔集团是按地理位置即以中国行政区域划分区域市场的，并通过海尔集团公司生产经营产品结构，以其市场特征相似、相近为依据，将内地市场划分为东北、西北、华北、中南、东南、西南、华南、山东 8 个大区。

3. 海尔集团对销售区域管理策略分析

1) 海尔集团两阶段销售区域变动策略的结果及原因分析

山东区从原华东区内独立出来，从而同其他区域一样成为一个独立的大区；由于海尔集团是 1984 年在青岛电冰箱总厂的基础上发展起来的，青岛是海尔集团公司的总部所在地，因此海尔产品在山东的市场占有率远高于全国其他区域；此外，基于上述原因，山东省也是海尔销售工作的试验田和重中之重，管理难度及工作量极大。因此在 2000 年后集团公司将其独立为一个单独的销售区域，以便对其进行独立的、更有效的、更完善的管理。

中南区由原华南区中的湖北、湖南、河南三省分立出组成；仅作为大公司划分区域的原则，即中南地区的省份一般会先被划分到以广州为中心的华南区，等到以武汉为中心的中南市场进一步发展成熟后再将其划开来。海尔集团公司也是遵循这一原则进行如上调整的。

福建省由原华东区现今划分入华南区域；出于对福建省经济发展模式的考虑，由于其发展的模式越来越接近于广东省，因此将其由传统意义上的华东省份转为华南省份，除此之外把福建划到广东也有利于华南与华东两大区销量的平衡。

将上述集团公司销售区域变动的结果及原因表示为图 4-4。

2000 年海尔集团对其销售区域变动加强了对国内市场的管理力度，有利于其有序、有效地对区域市场进行规划管理，最终服务于公司产品的销售。

2) 海尔集团针对其区域管理策略分析

海尔集团对其销售区域的划分从表层看是以行政区域作为其划分依据的，但距 2000 年统计海尔旗下有 42 个工贸公司、约 23 300 个销售网点、每个省约有 554 个销售网点。海尔在选择区域控制单元上，基于其上述特点而把各行政区域所覆盖的工贸公司为主要依据来选择控制单元。而后，海尔集团通过邻近的控制单元按行政区域来组合成适于自身产品销售要求的销售区域。通过上述依据来划分区域使其对销售区域的管理上分散了需要控制的网点数

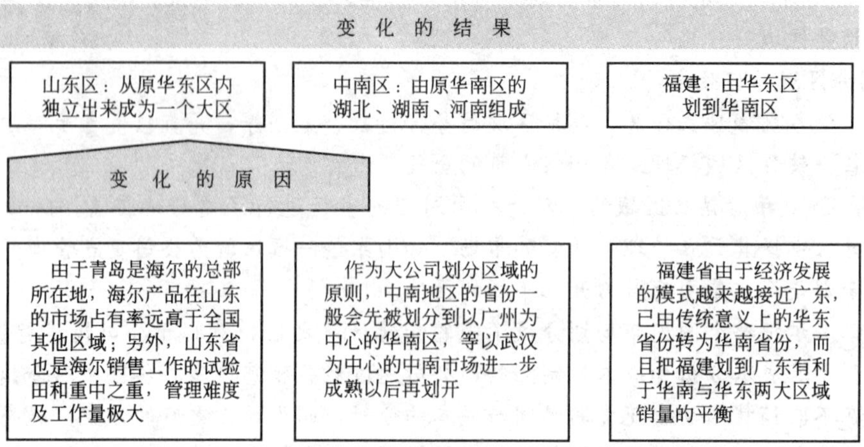

销售管理

```
                        变化的结果
┌──────────────────┐  ┌──────────────────┐  ┌──────────────────┐
│ 山东区：从原华东区内│  │ 中南区：由原华南区的│  │ 福建：由华东区    │
│ 独立出来成为一个大区│  │ 湖北、湖南、河南组成│  │ 划到华南区       │
└──────────────────┘  └──────────────────┘  └──────────────────┘

                        变化的原因

┌──────────────────┐  ┌──────────────────┐  ┌──────────────────┐
│由于青岛是海尔的总部│  │作为大公司划分区域的│  │福建省由于经济发展 │
│所在地，海尔产品在山│  │原则，中南地区的省份│  │的模式越来越接近广东│
│东的市场占有率远高于│  │一般会先被划分到以广│  │，已由传统意义上的华│
│全国其他区域；另外，│  │州为中心的华南区，等│  │东省份转为华南省份，│
│山东省也是海尔销售工│  │以武汉为中心的中南市│  │而且把福建划到广东有│
│作的试验田和重中之重│  │场进一步成熟以后再划│  │利于华南与华东两大区│
│，管理难度及工作量极│  │开                │  │域销量的平衡       │
│大                │  │                  │  │                  │
└──────────────────┘  └──────────────────┘  └──────────────────┘
```

图 4-4 区域变动策略之结果及原因

量，提高了公司对销售网络的控制力度，同时使市场细作及时反馈市场信息。

其次要对设计方案进行调整并进行科学的管理，以保证市场潜力和工作量两个指标在所有销售区域的均衡。海尔集团在电子表格、数据库及联络信息管理程序中创建并维护为客户建立销售反应函数，根据这些销售反应函数分配客户访问，并通过计算机的计算管理给出各个客户具体拜访次数的建议。通过计算机对客户的管理，均衡各区域工作量及市场潜力，从而对区域市场进行科学管理。

同时海尔集团在销售区域设计的最后将销售人员分配到特定的销售区域中去，使他们各尽所能，创造出最好的销售业绩，从而为海尔集团公司创造出更多的经济利益。

区域变动策略之结果及原因见图 4-4。

资料来源：高佳丽《销售区域管理策略研究》，北京理工大学学位论文。

4.2.1 选择基本的控制单位

作为销售区域基本的控制单位应该是地理区域如省、市、城镇、乡村等。采用区域较小的控制单位比采用较大的控制单位要更加有效。大区域的缺点在于低潜量与高潜量区域混杂在一起，使工作重点很难突出；而采用小区域作为控制单位，当条件发生变化时调整相对容易一些。一般采用的控制单位有省区、经济协作区、城市和邮政编码区。

1. 省区

许多公司将省、自治区和直辖市作为基本的控制单位。因为省区的边界分明，划分成本较低。以省区作为控制单位有许多统计资料可用，便于分析区域销售潜量。

采用省区作为基本控制单位的主要缺点是，消费者的购买习惯不能以省区作为边界。省区更多的是代表行政区域，而不是市场中的经济分工区域。例如，甘肃、宁夏、青海的居民消费方式就具有许多共同特点，但与云南、贵州相比，差别就很大。此外，如果省区的面积太大，就很难保证重点突出，而且省区范围大，市场潜量的波动范围也较大。

2. 经济区

经济区是以综合性大中城市为中心组织起来的，具全国性专门化职能的经济活动（生产、流通、分配、消费）空间组合单元。它是生产力高度社会化、商品经济发达条件下社会劳动地域分工与协作的必然产物，具有客观性、阶段性、过渡性和综合性特征。

经济区是客观存在的社会劳动地域分工发展到一定阶段所产生的客观物质实体；在时间上因社会经济因子的内部结构和外部联系变化而具有阶段演进性；在空间上因各经济区对外经济联系的范围错综复杂而具有各经济区之间的界限重叠交错的过渡性；在职能上受地理位置、自然资源、人口、民族、科学技术、社会经济、历史传统等多因素影响而具有综合性。

我国的经济区划主要是为谋求国民经济在全国各地区能因地制宜地合理发展，为编制全国和各地区国民经济和社会发展计划，以及为进行国土规划和区域规划提供科学依据，按社会劳动地域分工的特点，进行经济区的划分。

2009 年，国务院共批复了 7 个上升为国家战略的区域发展规划。中国新的区域经济版图逐渐成型，包括：长三角、珠三角、北部湾、环渤海、海峡西岸、东北三省、中部和西部。

对于销售管理而言，这种销售区域包括一个主要城市和周边地区，它侧重于经济合作，属于经济单位，而不是基于政治和其他非经济目的。采用经济协作区作基本控制单位的好处在于，它广泛地反映了主要的经济情况，包括消费者购买习惯和一般的交易方式。因此，它有利于制订销售计划，减少销售人员之间发生冲突的可能性。

3. 城市

有的公司在确定销售区域时，采用城市作为基本的控制单位，理由是市场潜量的大部分位于城市边界内。但对于许多产品来说，目前城市周围的区域市场潜量也在逐渐增大。因此以前采用城市作为基本控制单位的公司，现在大多改用以城市为中心的区域作为基本控制单位，该区域包括中心城市和周围的地区，每个地区与中心城市都有紧密的经济和社会联系。

4. 邮政编码区

一些公司因为觉得省区或城市区域太大，所以采用邮政编码区作为基本控制单位。邮政编码区的一个突出优点就是适合以邮寄为主要销售模式的公司。采用邮政编码区的缺点主要在于，有关编码区的统计资料不很详细，区域的边界也会随着时间的变化而变化。

参考案例

中国城市的划分

依据政治地位、经济实力、城市规模、区域辐射力可将中国的城市分为四个层次，其中每个层又有强弱之分。

一线城市可以分为一线强、一线和准一线。

一线强　北京　上海（一个政治文化中心，一个经济中心）

一线　广州　深圳（南粤双雄，实力旗鼓相当，公认一线）

准一线　天津（发展极快，步入准一线）

二线城市也分强中弱和准二线。
二线强　南京　武汉　沈阳　西安　成都（都属于区域中心城市）
　　　　重庆（直辖市）
　　　　杭州（经济发达、副省级）
　　　　青岛　大连　宁波（三个经济发达的计划单列市）
二线中　济南　哈尔滨　长春（三个副省级城市）
　　　　厦门（计划单列市、规模较小）
　　　　郑州　长沙　福州（经济发展较好的三个非副省级省会城市）
　　　　哈密　昆明（国家重点发展的边疆国际化城市）
　　　　兰州（西北重工业城市、兰州军区）
　　　　苏州　无锡（最发达的两个非省会地级市）
二线弱　南昌　贵阳　南宁　合肥　太原　石家庄　呼和浩特（七个实力相当的省会城市）
准二线　佛山　东莞（两个制造业经济强市）唐山（环渤海重工业大城市）烟台（环渤海重要港口、经济强市）泉州（闽南经济中心城市）包头（重工业大城市）
三线城市包括强中弱三类。
三线强　银川　西宁　海口　洛阳　南通　常州　徐州　潍坊　淄博　绍兴　温州　台州　大庆　鞍山　中山　珠海　汕头　吉林　柳州
三线中　拉萨　保定　邯郸　秦皇岛　沧州　鄂尔多斯　东营　威海　济宁　临沂　德州　滨州　泰安　湖州　嘉兴　金华　泰州　镇江　盐城　扬州　桂林　惠州　湛江　江门　茂名　株洲　岳阳　衡阳　宝鸡　宜昌　襄樊　开封　许昌　平顶山　赣州　九江　芜湖　绵阳　齐齐哈尔　牡丹江　抚顺
三线弱　本溪　丹东　辽阳　锦州　营口　承德　廊坊　邢台　大同　榆林　延安　天水　克拉玛依　喀什　石河子　南阳　濮阳　安阳　焦作　新乡　日照　聊城　枣庄　蚌埠　淮南　马鞍山　连云港　淮安　丽水　衢州　荆州　安庆　景德镇　新余　湘潭　常德　郴州　漳州　清远　揭阳　梅州　肇庆　玉林　北海　德阳　宜宾　遵义　大理
四线城市：剩余的所有城市
资料来源：百度文库．http://wenku.baidu.com/view/6dc772b465ce0508763213c4.html.

4.2.2　估计控制单位的市场潜量

销售区域设计的第二步，就是估计每个基本控制单位内的市场潜量。主要是应用市场调查和销售预测的相关方法来完成。如果能够建立产品销售额与某些变量之间的函数关系，那么这个基本控制单位的潜在销售量就可以估计出来。有时可以通过考虑控制单位内每个顾客和准客户的可能需求，进一步估计该基本控制单位的销售潜量。

销售区域可根据销售潜量相等的原则，也可根据工作量相等的原则来拟定。根据相等销售潜量划分的销售地区为各销售代表提供了同样收入的机会，也为公司提供一个评价其绩效的方法。各销售区域在销售量上如持续出现差异，即可认为个别销售代表在能力与努力方面存在着差异。

4.2.3 初步组合区域

设计销售区域的第三步,就是将邻近的控制单位组成一个较大的销售区域,组合的原则是:销售潜量要在各个区域里达到均等。目的在于保证销售人员面临均等的机会,同时考虑降低销售费用。这个阶段最基本的重点,就是通过对基本控制单位销售潜量的分析,初步设计出具有一定市场潜量的区域,以便为每个销售人员提供发展能力的机会,在这个阶段企业需要开始兼顾竞争者的活动,因为竞争因素是组合区域不能回避的。这个阶段的主要目标其实是确定一个销售预备区域。

4.2.4 进行工作负荷分析

一旦确定了初步的销售区域,就必须着手进行销售区域工作负荷分析。一般来说,公司确定销售区域原则,是使各个区域的工作量和潜在量相等。在前面介绍的步骤三中我们论及了销售潜量要在各个区域里达到均等,但这并不能保证分配的工作量出现均等。因此,步骤四主要是为了估计每个区域应分配的力量。

一般来说,工作负荷分析应清楚地考虑区域内的每个客户。这种分析经常分为两个阶段。第一,应估计销售区域内每个客户和准客户的销售潜量,这一步还常称为客户分析。根据客户销售潜量的分析,我们才能确定销售人员访问的频率和访问的时间。第二,根据客户数目、对每个客户访问的次数、每次访问的时间以及非销售活动占用的时间,来确定销售区域销售力量的规模。公司在决定最优销售人员规模时,会遇到两难境地:一方面,增加销售人员规模可以提高销售额;另一方面,人数的增加也意味着成本的增加。如何使两者协调起来,并非易事,多数企业采用的是工作负荷法。

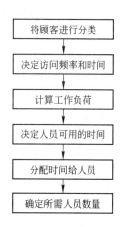

图4-5 用工作负荷法决定销售力量规模的步骤

工作负荷法最基本的假定,是所有的销售人员都承担同样的负荷工作量。这种方法需要管理者来统一估计目标市场所需要的工作量。它包括客户的数目、每个客户应访问的次数和时间。这种方法简单地分为六个步骤,如图4-5所示。

1. 将顾客进行分类

一般来说,顾客分类是基于对每个顾客销售水平的考虑。ABC法则认为,公司15%的客户占有公司65%的销售量,20%的客户占有公司20%的销售量,65%的客户占有15%的销售量。按销售比例依次排列,最高的归为A类客户,中间的归为B类客户,最低的归为C类客户。虽然许多公司按销售额对客户进行分类,但也有按其他标准进行分类的。例如,公司可以根据客户的业务类型、资信等级和产品线来对客户进行分类。无论怎样分类,最重要的一点是,任何分类都应反映不同类型的客户所需要的不同类型的销售力量,以便决定公司对每类客户的吸引力。假定某一公司有1 000名客户,可以分成下列三种基本类型。

类型A:大或非常有吸引力——200名。
类型B:中等或者具有适当的吸引力——350名。

类型 C：小或者相对有吸引力——450 名。

2. 决定访问频率和时间

公司可以作一些控制性的试验，以决定接触的频率和对每个客户访问的时间，从而确定最优安排。另外，还可以采用像回归分析之类的设计方法来分析历史资料。假定采用上述方法，公司估计出 A 类客户需要每两周访问一次，B 类客户需要每月访问一次，C 类客户需要每两个月访问一次。那么每次典型访问的时间，A 类、B 类、C 类分别需要 60 分钟、30 分钟和 20 分钟，由此就可以得出每年对各种类型客户访问的时间，其计算如下。

A 类：26 次/年 × 60 分钟/次 = 1 560 分钟或 26 小时

B 类：12 次/年 × 30 分钟/次 = 360 分钟或 6 小时

C 类：6 次/年 × 20 分钟/次 = 120 分钟或 2 小时

3. 计算工作负荷

各种类型客户需要的工作量，取决于客户的数目和每年对该类客户访问频率和时间。

A 类：200 名 × 26 小时/名 = 5 200 小时

B 类：350 名 × 6 小时/名 = 2 100 小时

C 类：480 名 × 2 小时/名 = 960 小时

总计 8 260 小时

4. 决定人员可用的时间

这取决于该类型的销售人员每周的工作时数和在一年中销售人员工作的星期数。假定一个典型的工作周是 40 个小时，一年内平均每个销售人员的工作周为 48 周，那么平均每个销售人员的工作时间应为：

40 小时/周 × 48 周/年 = 1 928 小时/年

5. 分配时间给人员

一般情况下，并不是所有的销售人员的时间都花费在面对面的顾客接触上，他们有相当一部分时间花在非销售活动中，如起草销售报告、参加会议和进行服务访问，当然旅行的时间比重也较大。假定销售人员的时间分配如下：

销售活动：1 920 × 40% = 768 小时/年

非销售活动：1 920 × 30% = 576 小时/年

旅行：1 920 × 30% = 576 小时/年

6. 确定所需人员数量

销售人员的数量，取决于所有市场面上所需要的工作时数和每个销售人员所花费的销售时间，计算如下：

8 260 小时/(768 小时/销售人员) = 10.75(人) 即 11 名销售人员

工作负荷法是决定销售力量规模最常见的方法，它易于理解并能清楚地了解不同类型客户所需访问的次数。但是工作负荷法没有考虑到客户对同样销售努力的不同反应。例如，A 类客户，相对于 B、C 类客户，它的反应就明显不同，销售人员必须每两周访问一次，客户才会对公司产品的服务感到满意。另外，这种方法是假定所有的销售人员时间效率是相同的。例如，上例中每个销售人员都采用 768 小时用于面对面销售，这实际上与现实不符。因为有些销售人员能更好地计划他们的访问时间，提高访问效率。但对于另一些销售人员来说，由于区域的不同，可能花在旅行上的时间较多，而花在面谈方面的时间则较少。一些销售人员能充分利用其销售访问的时间，这是时间利用率的一个重要标志，但是工作负荷法却没有考虑到这些方面。

4.2.5 调整预定区域

制定区域设计的第五步是调整由第三步组合的预定区域的边界，并修正由第四步确定的工作负荷量。

在平衡各区域之间潜量和工作负荷量时，必须认识到每个客户的销售潜量并不是固定不变的，它可能随着对客户访问次数的变化而变化。在采用客户分类 ABC 法时，我们主要依据的是过去的销售数据，事实上，客户的吸引力与访问客户的工作量之间存在着相互因果关系，客户的吸引力将决定访问客户工作的难易程度。反过来，访问客户频率的增加，也会影响对客户的销售额，从而增加客户的吸引力。为此，公司还应进一步分析市场潜量和工作负荷之间的平衡关系。实现这种平衡常用的方式是分析区域内相关销售额与市场潜量和工作负荷量之间的关系，找到一定的规律性，或者由主管根据特定目标的变化来分析访问频率的变化，也可对预定区域进行重新调整，以便使每个区域包含有等量的工作负荷。

4.2.6 将销售人员安排到销售区域内

一旦确定好销售区域，就应决定销售人员的安排问题。在前述分析时，我们假定销售人员之间的能力没有区别，但事实上，他们的能力是有差别的，他们对同一客户或产品产生的访问效果是不同的。

销售人员的差别可以通过一种检测手段，如用销售人员能力指数来表示。例如，将最好的销售人员计为 10 分，然后将其他销售人员与之比较。如果检测的结果为 8 分，那么说明这个销售人员只能达到最好销售人员业绩的 80%。因此，公司可以系统地改变区域内销售人员之间的安排，以确定哪种安排最符合公司的整体利益。

4.3 销售区域管理

一旦销售区域设计完成后，销售区域的管理就提上了议事日程。销售区域管理一般包括销售定额管理、窜货管理和业绩评估与控制等内容。

4.3.1 销售定额管理

1. 销售定额的含义

所谓销售定额，是指为一个销售单位所确定的销售目标。销售管理中一个非常重要的工作就是为每个销售人员确定所要完成的目标。定额是销售经理用于管理销售人员最有效的手段，是评价销售人员销售能力的最重要指标，它有助于分析每个销售人员完成任务的情况以及销售队伍的整体活力。

销售单位可以指某个销售人员、某个销售区域、某个销售分支机构、某个地区以及某个代理分销商等。例如，某销售区域某销售人员在一定时期内，计划要完成的销售目标就是销售定额。虽然销售定额要以销售潜量为基础，但它并不代表销售潜量。销售潜量反映的是公司在某一销售区域内理想状态下的销售数量。但是结果不会总像理想中的那样，有时可能因销售区域不好划定，销售人员不好安排，以及销售人员的特点如经验、精力、创造性以及其他条件的差别等，造成销售区域中销售定额的差异。同样，销售定额也不能等同于销售预测。销售预测是指公司假定在某种销售努力下所完成的销售估计，一般是根据产品线、客户线和销售区域等因素进行综合考虑的。可以认为好的销售预测是制订销售计划最有力的依据。然而，销售定额的作用不能等同于销售计划，当一个销售人员的销售额超过预测水准时，公司不一定会对他进行奖励，而当销售人员的销售额超过其定额时，公司就会给予奖励。这说明，销售定额是一种管理手段，它是用于激励销售人员提高销售业绩的重要手段。销售定额可以取值于销售潜量和销售预测之间。

销售定额在某个特定期间，可以用金额或者商品数量来表示，销售经理可以用金额或商品数量来为公司的现场销售人员确定某个季度或某年的销售定额。在用产品或客户作为目标时，一定要将定额具体化。产品定额要反映产品线中各个项目的获利性；客户定额则反映为特定客户服务的相对效果。

制订销售定额计划需要对各种类型定额进行决策，同时还要确定各种定额的相对重要性和每个销售人员或者销售单位所应完成的目标水平。

2. 制定销售定额的目的

制定销售定额是为了对销售人员进行管理和控制，其具体目的如下。

1）激励销售人员

销售定额可用于对销售人员进行有效地诱导。最基本的方法就是为销售人员确定一个挑战性的目标。在大多数公司的报酬计划中，定额是一个有效的诱导因素。它可以采用佣金或奖金的形式，也可以采用与薪金挂钩的形式。在这种情况下，销售人员所得与销售量成正比关系，或者在超额完成定额后，以额外的奖励作为激励。

2）评价销售业绩

定额为销售人员或销售单位进行业绩评价提供了一个组合标准，它能使管理人员有重点地找出问题以及评价那些业绩突出的销售人员或销售单位。没有定额的销售人员在工作中就会感到无所适从，以至于出现效果不佳等情况。为了保证评价业绩的合理性，公司必须深入调查，全面考虑产品、客户、竞争程度等不同要素，以便制定一个考核业绩的定量标准。

3）控制销售力量

公司制定的销售定额，不仅要有利于评价销售人员的最终业绩，而且还要有利于控制销售人员的工作过程。销售人员必须参加各种不同的销售活动，包括访问新客户、拜访老客户、出售产品、参加会议等。销售定额要有利于公司监控销售人员是否达到了预期目的。如果没有达到，公司就要及早采取措施，而不是等到出现大问题时才开始动手。

采用定额管理，虽有许多优点，但也存在一些不足之处，特别是很难确定正确的定额标准，另外就是确定定额的成本很高，尤其是确定效果良好的销售定额更是如此。

3. 合理销售定额的特点

一个有效的定额必须具备三个条件：销售人员经过努力可以达到的、易于理解和完整性。关于定额水平问题存在着许多观点。

一种观点认为定额的标准应该定得高一些，以致人们要付出额外的努力才能达到。这个观点的核心是：没有高奖励，就没有高刺激。而它面临的最大现实问题是，有可能引发销售人员之间的矛盾，而且销售人员为了完成力所不能及的定额，可能会产生互相欺骗的现象，长此下去会给公司带来毁灭性的打击。

另一种观点认为，销售定额应该是经过努力能够达到的目标，应该是激励大多数销售人员行为的标准。为了能有效地激励销售人员，公司应该考虑两套定额标准。标准之一是为了确保年度计划的完成，销售人员必须达到的定额指标；标准之二相对定高一些，使他们能够得到一份额外的奖金。为此，公司允许销售人员自由选择定额标准。如果要选择高标准，还需经过销售经理的同意，他们可以不必承担太多的杂事。

销售定额不仅要现实而且要易于理解。过于复杂和难于理解的定额往往在销售人员之间会引起猜忌和疑问，因而不能有效地激励销售人员。一旦销售人员了解了定额是如何制定的，就会有助于销售人员完成销售定额。当销售人员发现所估计的市场潜量能够转化为销售目标时，就会乐于接受这些销售定额。另外还要销售人员充分理解定额的内容。如定额不但要规定一个销售人员在一个季度内需对新客户进行销售访问的次数，同时还要告诉他进行这种访问的重要性。

销售定额的完整性是指在制定定额时，要考虑各种行为标准。如果销售定额仅考虑销售数量和销售利润，销售人员就不会重视新客户的发展。实际上，销售量和销售利润的指标是与销售人员识别和挖掘新客户相关联的。公司必须根据预测的上限和下限进行综合考虑，下限预测的结果可来自各个区域经理对客户的分析，上限预测可按产品管理的需要来设计，只有这样，所制定的销售定额才是比较完整的。

4. 销售定额的制定

销售定额的制定通常包括三个步骤：第一步，选择定额类型；第二步，决定每种定额的相对重要性；第三步，决定每种定额类型的水平。

1) 选择销售定额的类型

(1) 销售量。销售量和市场潜量直接相关，其可信度较高，易于被销售人员理解。销售量定额一般用金额或商品数量来表示。用金额表示时，可以在不同的商品之间进行比较，有助于销售人员从事系列商品的销售。如果销售人员具有价格决定权时，用金额表示还能使销售经理清楚地觉察利润变化的情况。对于同一商品销售量的分析，有必要考虑价格对于销售额变化的影响。

商品数量定额是用商品数量来表示的销售目标。当销售人员出售的商品数量不多时，数量定额就比较实用。如果考虑周期变化和竞争因素，以及价格波动的影响，对销售人员来说，可能商品数量定额更具有吸引力。例如，在商品交换过程中，由于竞争等原因，允许销售人员将 100 元单价的商品用 75 元卖出去，这是很正常的，原定 50 000 元的定额，销售人员必须出售 500 单位的商品才能实现，而今市场价格下跌，销售人员就必须出售 667 单位的商品，这种价格变化不是销售人员所能控制的。在这种情况下，如果一味坚持以金额为标准，那就会严重挫伤销售人员的积极性。

绩点定额是销售量定额的另一种形式。所谓绩点，就是指规定某种产品的销售达到一定数量后给予的指标表示，其实就是给予某种产品不同的权重而已。例如，某产品 A 每销售 100 单位就记为 3 个绩点；产品 B 每销售 100 单位就记为 2 个绩点；产品 C 每销售 100 单位时就记为 1 个绩点。销售人员的销售定额量由所有这些产品的销售绩点加总而定。当公司的销售量以产品线为重点时，绩点定额系统就具有广泛的应用价值。

例如，宝洁公司过去曾广泛采用金额来作为销售定额。结果是销售人员只要出售一两种好销的产品就能轻易完成定额，而使难销的产品造成积压。为此，管理层不得不依据产品的销售难易性和相对获利性，将所有产品分为 8 类，每种产品规定了一定的绩点定额，只有当所有产品完成了绩点定额时，才能获取相应的资金绩点。这种绩点定额系统非常实用。当公司为了使销售人员在新产品销售方面多下功夫，可以多给一些绩点在新产品销售上。绩点定额系统可以使销售组织依据不同的销售目标，设计不同的定额系统。绩点定额也是易于被销售人员理解的定额系统。

(2) 活动定额。销售活动定额主要是为了确定销售人员工作努力的程度。在实际工作中，有些活动，如给准客户发出信函或电话，进行产品展示和安排展览会等，可能不会马上产生销售效应。但是，这些活动对于未来的销售业绩具有一定的影响。如果所有的定额体系只以销售额或销售量为依据，销售人员就不会积极地从事上述活动，销售经理就可能对一些活动失去控制，采用活动定额就能弥补这个缺陷。

此外，活动定额的另一个优点是与销售人员直接控制的因素有关。例如，销售量指标要受经济形势和竞争状况的影响。但活动定额指标，如访问新客户的次数、服务访问的次数、撰写评价报告的数量等，则是销售人员能够控制的因素。因此，直接采用活动定额来界定这些活动，是销售业绩评价的重要组成部分。

表 4-1 展示了一些典型的活动定额。在表中我们很容易界定每种活动的业务范围，但是要认真考察这些活动是需要花费很多精力的。因为一个销售人员所提供的方案数目或者进行的展示次数，一般不会记录在通常的调查表中，而只是销售人员在事后进行汇总整理时，才撰写活动报告的内容。这些业务势必增加销售人员的案头工作量。此外，活动报告反映的仅仅是各种活动的工作量，例如，在一定期间内对新客户进行了 20 次访问，至于这些访问活动的质量如何，还需做进一步的监控工作。

表 4-1 常见活动定额的类型

1	访问新客户的次数	6	设备安装
2	向潜在顾客发出信函	7	安排展示
3	提供采购方案	8	召开销售会议
4	安排现场展示	9	访问老客户
5	服务访问		

(3) 财务定额。财务定额可用于对销售人员销售成本和利润进行判断。销售人员往往把重点放在易于出售的商品或易于打交道的客户上。然而这些产品可能报酬利润水平很低。有了财务定额，可以促使销售人员把工作重点集中在那些能够带来更多利益的产品和客户上。

财务定额往往是以直接销售费用、毛收益或者净利润来表示的。当产品的市场容量已达到饱和水平时，财务定额就具有实用价值。在市场扩展很困难的情况下，成本控制、提高销售利润率,就成为关键的突破口。

要想提高销售利润率,控制销售费用是一项重要手段。费用定额一般是以销售额的百分比来界定的。虽然费用定额在理论上能使销售人员认识到自己在降低成本和控制费用方面的责任,但在实际操作时,仍然存在许多困难,这就迫使一部分销售人员采取其他方式,原先计划每个季度应对客户进行四次访问,而今由于考虑经费不足,实际只进行两次访问,这就有可能失去挖掘大笔业务的机会。

如果各个产品的毛收益区别很大,那么毛收益定额就很重要。这种定额可以使销售人员将注意力集中在那些高收益的商品项目上。然而,毛收益定额在某些时候,也会带来管理上的困难。一些公司并不会将其生产成本告诉销售人员。这样,毛收益定额在利润结果上就有很大的失真性,也可能不会产生应有的激励效果。

净利润定额是根本性指标,因为它强调的是销售获利。净利润定额和最高管理层的主要目标直接相关。净利润定额比毛收益定额更为重要,尤其是当产品进入成熟期,竞争加剧,费用上升,净利润指标就成为取胜的关键。

净利润定额也存在一些不足。首先,它在认识和理解上比起其他类型定额要困难一些。因为它受制于所出售的产品组合、产品收益和费用等。其次,它在管理上也有一定困难。净利润定额会随着时间的变化而变化,而且其制定需要大量信息,决策成本较高。最后,确定销售利润还受到诸多外部因素的影响,例如,竞争者反应、经济形势和公司价格策略等,这些因素不是销售人员所能控制的。

2) 决定每种销售定额的相对重要性

每种定额体系都有其优缺点,在不同的情况下,其优缺点也有所不同,有些定额从静态来看是合理的,但从动态来看又显不足。例如,销售量定额在一个稳定的市场状态下是一个有效的定额指标,但从动态情况来看,它又忽略了新客户和新产品的开发。为了弥补这种缺陷,销售管理中通常采用一套组合定额标准来管理销售人员。由于区域之间、客户之间的情况不同,销售经理更应将这些区别反映在定额计划中。这里关键的问题是如何将不同的定额组合成一个能评价销售人员业绩的指标体系。

例如,表4-2表明了三种标准定额的应用。从中可以发现,不同销售人员在不同的标准上都有其出色表现。如果把重点放在销售量定额指标上,甲将被认为是业绩量最出色的一位。但如果把重点放在活动定额上,如新客户的访问方面,乙将被认为是最出色的。如果重点放在财务定额和毛利率上,丙则被认为是最出色的。如果你仔细观察,就会发现他们各具特点。

表4-2 各种定额水平的评价

单位:元

销售人员/定额	定额水平	实际完成	定额百分比	权重	定额百分比乘权重
甲					
销售量	150 000	150 000	100.0%	3	300%
新客户访问	22	20	91.0%	1	91.0%
毛利率	50 000	40 000	80.0%	2	160.0%
平均			90.3%		91.8%
乙					
销售量	200 000	180 000	90.0%	3	270.0%

续表

销售人员/定额	定额水平	实际完成	定额百分比	权重	定额百分比乘权重
新客户访问	20	24	120.0%	1	120.0%
毛利率	66 000	70 000	106.1%	2	212.2%
平均			105.4%		100.4%
丙					
销售量	170 000	160 000	94.0%	3	282.0%
新客户访问	18	21	117.0%	1	117.0%
毛利率	56 000	60 000	107.1%	2	214.2%
平均			106.0%		102.2%

在比较选择中，我们常常运用百分比的方法。从表 4-2 中可以看出，按照平均水平来说，甲是 90.3%，乙是 105.4%，丙是 106.0%。这些平均数只是对三种业绩给予了同等权重，而没有赋予其对公司业绩的相对重要性。例如，公司如果将其重点放在对新客户的访问上，那么它就不会将重点放在销售量定额上。在这种情形下，我们依据重点的相对性，对不同的定额予以不同的权重，这可以采用线性组合的办法来衡量每个销售人员的总体业绩。权重反映了每种定额对于公司的相对重要性。如表 4-2 所示，销售量（SV）的权重为 3；毛利率（GM）的权重为 2；对新客户访问（C）的权重为 1，公式如下：

$$OP=(3SV+1C+2GM)/6$$

采用这种方式可以看出：丙干得最出色，甲最差，乙的业绩指数为 100.4，表明刚刚完成定额。公式中的权重反映的是每种定额的相对重要性。权重的具体确定可由公司管理层根据长期目标进行客观分析后作出。线性组合最突出特点就是考虑了不同定额的权重，以及销售区域或顾客的区别，用一个总体业绩定额来表示。它易于被销售人员理解，并能进行综合对比分析。

3）决定每种销售定额类型的水平

销售定额制定的最后一个步骤是决定每种定额类型的水平。在确定每种定额水平时，必须综合平衡包括区域市场潜量、对销售人员的激励及公司的长期目标等综合因素。

（1）销售量定额的确定。如前所述，销售量定额的适用性最广，但是一些公司并没有把它利用好。常犯的一个错误，就是只根据以往的统计数来进行平滑预测，而忽视了区域内的结构变化、快速发展、竞争状况等因素。这样做的结果，会大大挫伤销售人员的积极性，引起一些扭曲行为。

（2）活动定额的确定。活动定额受到区域大小、客户数量和销售人员期望等因素的影响。这些因素将决定着销售人员在一定期间内对客户的访问次数、服务次数以及展示产品的次数等。

活动定额的决策来自三个方面：区域内的销售人员与销售经理的讨论、销售人员的报告、市场营销调研。销售人员与销售经理的讨论可以过去的经验为基础，围绕关键客户和客户的需求来展开；依据销售人员的报告，可以分析以往销售人员展示的时间以及今后所需要展示的时间；同样公司可以依赖市场营销调研来确定活动定额水平，通过对以往和未来资料进行比较全面的综合分析，来确定访问客户的最佳次数。

（3）财务定额的确定。财务定额可以反映合理的财务目标。公司可以确定区域内所有销售的净利润或者毛收益。假定某个销售人员的工作主要集中在两类产品上：一类占毛收益的30%；一类占毛收益的40%。可以考虑将两者平均，确定一个总的毛收益目标为37%。现场销售费用定额可以根据去年的现场销售费用占销售额的比率来确定。这样就得出各个区域的财务定额，并汇总成整个公司的财务目标。公司在利用销售区域的历史数据确定财务定额时还必须考虑区域内的特殊情况。

4.3.2 窜货管理

有许多优秀的企业，在满意地完成产品设计，大胆地投放广告从而完成市场开拓后，最终在市场混乱中画上句号。在销售区域管理中危害性最大的是对窜货的忽视、放任和不知所措，最后导致整个营销体系的土崩瓦解。套用一句俗语就是"创业容易守业难"，许多企业懂得创名牌容易、保名牌难的道理，但是面对窜货问题就显得束手无策。

所谓窜货，就是由于销售网络中的各级代理商、分公司等受利益驱动，使所经销的产品跨区域销售，造成价格混乱，从而使其他经销商对产品或品牌失去信心，消费者失去信任的现象。

许多企业在开拓市场时，对自己的销售体系信心百倍。国内销售通路主要有经销制、代理制、电商制和分公司制，这几种销售模式各有所长，但对通路的管理也各有其难。通路的管理除了对渠道本身管理以外，还包括对质量特别是对价格的管理或监控。

1. 窜货的表现形式

窜货出现的根本原因在于参与方见利忘义，它有以下几种表现形式。

1）经销商之间的窜货

利用经销商是企业通常采用的销售方式，企业在开拓市场阶段，由于实力所限，往往把产品委托给销售商代理销售。销售区域格局中，由于不同市场发育不均衡，甲地的需求比乙地大，甲地货供不应求，而乙地却销售不旺，为了应付企业制定的奖罚政策，乙地想方设法完成销售份额，通常将货以平价甚至更低价转给甲地区。此时销售假象使乙地市场面临着在虚假繁荣中的萎缩或者退化，给竞争品牌以乘虚而入的机会，而重新培育市场要付出巨大代价，乙地市场可能同时被牺牲掉。

2）分公司之间的窜货

分公司制的组织形式通常是指有强大实力的企业在各销售区域分派销售人员，组建分公司，相对独立但又隶属于企业的区域管理制度。分公司的最大利益在于销售额，为了完成销售指标，取得业绩，往往将货卖给销售需求大的兄弟分公司。分公司之间的窜货将使价格混乱，最终导致市场崩溃。

另外，在有些企业中，由于管理监控不严，总部高管或销售人员受利益驱动，违反地域配额政策，使区域供货平衡失控，造成市场格局不合理，也是常见的窜货形式。

3）低价倾销

销售网络中的销售单位低价倾销过期或者即将过期的产品，是窜货的又一种表现形式。对于食品、饮料、化妆品等有明显使用期效的产品，在到期前，经销商为了避开风险，置企业信誉和消费者利益于不顾，采取低价倾销的政策将产品倾销出去，扰乱价格体系，侵占新产品的市场份额。

4)销售假冒伪劣产品

企业还必须警惕的另一种更为恶劣的窜货现象是:经销商销售假冒伪劣产品。假冒伪劣产品以其超低价位诱惑着销售商铤而走险。销售商往往将假冒伪劣产品与正规渠道的产品混在一起销售,掠夺合法产品的市场份额,或者直接以低于市场价的价格进行倾销,打击了其他经销商对品牌的信心。

5)线上线下窜货

随着电子商务的兴起,越来越多的消费者倾向于通过网络渠道去购买商品,由于电商渠道的低成本和高效率,使得该渠道的商品价格相对于企业传统渠道有明显的优势,部分参与者会为了追逐利益而在线上和线下进行窜货。

2. 窜货的危害

窜货现象的出现会侵蚀企业苦心经营的销售体系,特别是容易导致企业价格体系出现混乱,进而引起连锁反应,危害企业。

1)经销商对产品品牌失去信心

经销商销售某品牌产品的最直接动力是利润。一旦出现价格混乱,销售商的正常销售就会受到严重干扰,利润的减少会使销售商对品牌失去信心。销售商对产品品牌的信心树立,最初是广告投放,这是空中支持;紧接着是地面部队的配合,就是营销监控;最后是企业对产品质量、价格的监控。当窜货引起价格混乱时,销售商对品牌的信心就开始日渐丧失,最后拒售商品。

2)消费者失去信任

混乱的价格和充斥市场的假冒伪劣产品,会动摇消费者对品牌的信心。消费者对品牌的信心,来自良好的品牌形象和规范的价格体系。窜货现象导致价格混乱和渠道受阻,严重威胁着品牌无形资产和企业的正常经营。在品牌消费时代,消费者品牌忠诚的前提是对品牌的信任。由于窜货导致的价格混乱会损害品牌形象,一旦品牌形象不足以支撑消费者信心,企业通过品牌经营的战略将会受到灾难性的打击。

3. 解决窜货问题的对策

1)责权明确

企业销售应该由一个部门负责,多头负责、令出多门最容易导致价格的混乱。这种现象多数源自行政部门对销售部门的干扰。在部门责权明晰的企业,即使企业最高首脑要货,也须通过销售部门按企业法定价格办理,企业维护了产品的价格统一,在一定程度上就堵住了源自企业内部的窜货源头。

2)加强销售区域的管理

销售区域和通路是窜货发生的主要渠道,因此,规范了区域和通路,就有可能从根本上抵御窜货。为此,首先要做到科学有效的区域和通路管理,确保区域和通路的安全性,安全性主要是指通路上产品价格的规范和稳定。影响通路安全的另一个容易被忽视的因素,就是对销售终端的管理。如果终端的销售价格低于一级、二级代理商,后者的利益受到威胁,很有可能以降价来保护自己。因此,终端的销售价格一定要高于一级、二级代理商。如果价格有明显变化,应该及时找出原因,其中重点是向上搜索一级、二级代理商渠道,检查有无窜货现象发生。

3) 实行产品代码制

实行代码制便于对窜货作出准确判断和迅速反应。所谓代码制，是指给每个销售区域编上一个唯一的号码，并与产品关联，一旦在甲地发现乙地产品，就应该作出快速反应。

4) 实行奖惩制

发生窜货的区域，必有其他经销商由于利益受损而向企业举报，对于举报的经销商，应该给予奖励。对于窜货商，应该立即停止向其发货，重新选择经销商。

5) 第三方监管

近年来还出现了一种比较有效的防止窜货的办法，那就是充分利用各类中介机构。目前有关调查、咨询的公司有很多，既有中国的公司也有国外的公司，他们在市场调查方面具有先进的理念和方法，许多公司通过委托中介机构对市场进行监控，以此来预防和管理窜货现象。当然，这种方法的不足就是企业必须支付一定数量的费用，对于中小企业来说意味着成本的增加。

窜货是一种极易被忽视，但却对品牌和企业经营具有很强杀伤力的销售管理病症。特别是对有深厚品牌积累的企业，忽视窜货，有可能导致千里之堤溃于蚁穴。因此，企业应该对区域和通路安全给予足够重视。

4.3.3 销售业绩评估

销售业绩评估是企业销售管理的重要一环，在销售过程中，要经常地进行销售业绩的评估，以发现销售过程中存在的问题，奖优罚劣，并根据环境的变化，对销售预算和销售定额进行反馈和调整。

1. 销售业绩评估的作用

1) 有利于企业提高经营管理水平

销售分析与评价可以帮助销售管理人员正确认识各项销售活动的内在联系，明确影响销售活动的各种原因，找出销售活动中存在的关键问题。这就为销售措施的改进和新的销售战略的制定提供了科学依据。在销售战略的实施过程中进行销售分析与评价，既可监督、检查战略的实施情况，又能考察销售战略是否符合实际和有效。

2) 有利于企业战略的制定和执行

企业根据市场需要，确定销售战略目标后，就要将销售战略目标在企业内部进行指标分解，实行目标管理，要求做到"人人有事做，事事有人做"，不能出现人浮于事、有事无人做的现象。企业在实行目标管理过程中，离不开销售分析与评价，需要经常检查计划目标的完成情况，分析影响计划完成的原因，找出有利于计划完成的积极因素和阻碍计划完成的消极因素，正确评价企业各项销售工作，从而为制定改进措施或调整目标计划提供依据。同时，开展销售分析与评价，能把影响销售活动的主客观原因区分开来，可以查清各责任单位对销售成果的影响，从而分清责任和贡献大小，有利于把经济责任和经济利益结合起来。

3) 有利于提高企业经济效益

企业以目标市场需求为中心，不断满足顾客需要，其目的在于扩大销售量，获取利润。企业开展业绩评估，通过对影响利润形成的各种因素的分析比较，可以衡量企业销售活动取得的经济效益水平与存在的差距，判断各项销售措施的得失。同时，通过对人力、物力、财力等资源利用情况的分析，可以找出实现资源利用的最佳方法。这对企业不断提高经济效益、实现预期利润具有重要作用。

2. 销售业绩评估的方法

销售工作绝非单独的销售量指标就可以评价的，它可考虑以下几个部分，如产出、顾客关系、工作态度与能力、协作精神等，这几个方面可分成两大类——基于产出和基于行为的指标，它们代表了两个关于业绩评价的思想流派。

基于产出指标主要包括销售量、销售成本和利润。基于产出方法易于测定，并且在某种意义上更客观。然而即使再客观，它们也可能受到业绩以外的因素的影响，如某公司销售相当不错，四年间销售收入每年都在增长，年平均增长近18%；但进一步分析发现，四年间全行业收入增长了240%，某公司市场份额却由13.6%下降到8.6%。

基于行为指标建立在这样的观点上：如果企业"做正确的事"，它们的产出指标会与期望一致。这种指标体系注重顾客关系的建立与维系，企业形象与商誉的树立，它往往是一种过程管理。要求销售经理有更高的管理素质以指导销售人员开展工作，这种评价主观性更强。

一般而言，基于产出指标和基于行为指标最好结合起来使用。它们的组合可能基于许多因素，如行业的类型、市场的特性等。

常用的分析方法有以下几种。

1) 绝对分析法

绝对分析法是通过销售指标绝对数值的对比确定数量差异的一种方法，它是应用最广泛的一种方法，其作用在于揭示客观存在的差距，发现值得研究的问题，为进一步分析原因指明方向。

依据分析的不同要求主要可作三种比较分析，即将实际资料与计划资料对比或将实际资料与前期资料对比或将实际资料与先进资料对比。

与计划资料对比，可以找出实际与计划的差异，说明计划完成的情况，为进一步分析指明方向；与前期资料对比，如与上月、上季、上年同期对比可反映销售活动的发展动态，考察销售活动的进步情况；与先进资料对比，可以找出同先进水平的差距，有利于吸收和推广先进经验，挖掘潜力，提高工作效率和利润水平。

在运用绝对分析法时，要注意对比指标的可比性，对比指标双方的指标内容、计算方法以及采用的计价标准和时间单位应当一致。在与其他企业比较时，还要考虑各种不同因素的影响。

2) 相对分析法

相对分析法是指通过计算、对比销售指标比率，确定相对差异的一种分析方法。利用这一方法，可以把某些不同条件下不可比的指标变为可比指标，进行对比分析。依据分析的不同目的要求，可计算出各种不同的比率进行对比。

（1）相关比率分析。这是将两个性质不同而又相关的指标数值相比，求出比率，从销售活动的客观联系中进行研究分析。如将纯利润与企业全部投资相比，求出投资收益率；将销售费用与销售收入相比，求出销售收入费用率等。然后利用这些经济指标再进行对比分析。

（2）构成比率分析。这是计算某项销售指标占总体的比重，分析其构成比率的变化，掌握该项销售指标的变化情况。如将某一种产品的销售额与企业总的销售额相比，求出它的构成比率,然后将其前期构成比率和其他产品构成比率相对比,能发现它的变化情况和变化趋势。

(3) 动态比率分析。这是将某项销售指标不同时期的数值相比,求出比率,以观察其动态变化过程和增减变化的速度。由于采用的基期数值不一样,计算出的动态比率有两种,即定基动态比率和环比动态比率。

① 定基动态比率。这是指某一时期的数值固定为基期数值计算的动态比率。计算公式为:

$$定基动态比率 = 比较期数值/固定基期数值 \times 100\%$$

② 环比动态比率。这是指以每一比较期的前期数值为基期数值计算的动态比率。计算公式为:

$$环比动态比率 = 比较期数值/前期数值 \times 100\%$$

3) 因素替代法

因素替代法是指通过逐个替代因素,计算几个相互联系的因素对销售指标变动影响程度的一种分析方法。下面举例说明因素替代法的应用。

假定某销售部门某月计划以单价1.00元的价格销售某种小商品4 000件,预计销售额为4 000元。到了月末,只以单价0.80元售出3 000件,销售额为2 400元,销售实绩与计划差为1 600元,完成了计划的60%。那么,销售实绩的差额有多少是由于降价引起的?有多少是由于销售量下降而引起的?运用因素替代法分析计算如表4-3所示。分析可见,销售额的下降有62.5%是由销售量的目标没有达到造成的,有37.5%是由于降价引起的。

表4-3 运用因素替代法分析销售额变动情况

计算顺序	替换因素	影响因素		销售额(元)	与前一次计算差异	各因素的影响程度
		销量(件)	单价(元)			
计划数	—	4 000	1	4 000	—	—
第一次替代	销量	3 000	1	3 000	-1 000	62.5%
第二次替代	单价	3 000	0.8	2 400	-600	37.5%
合计					-1 600	100%

在运用因素替代法时要保持严格的因素替代顺序,不能随意改变。分析前必须研究各因素的相互依存关系。一般来说,就实物量指标和货币量指标而言,应先替换实物量指标,后替换货币量指标。因为实物量指标的增减变化一般不会改变货币量指标的变化。就数量指标和质量指标而言,应先替换数量指标,后替换质量指标。这是因为数量指标的增减变化,在其他条件不变的情况下,一般不会改变质量指标的变化。如果同类指标又有各种因素,则应分清主要和次要的因素。依据其依存关系确定替代顺序。这样有利于分清各个因素对销售指标变动的影响程度,判断有关方面的经济责任,公正评价销售管理部门的工作。

4.3.4 销售费用控制

企业销售管理控制主要包括销售费用控制、销售人员行为控制、合同管理与退货控制、客户管理等。其中销售费用控制与销售人员行为控制是销售控制管理的核心。本节重点讨论销售费用的控制,销售人员行为控制、信用管理与应收账款管理等内容将在其他章节中叙述。

1. 销售费用的控制原则

由于公司资源是有限的,在产品的销售过程中,必须对费用进行有效的控制,合理运用预算,降低成本。这既需要经验和技巧,同时又要对市场和环境条件有相当的认识和了解。通常,在产品销售过程中产生的费用主要有销售管理费用和市场推广费用。销售管理费用与市场推广费用的控制是企业销售管理中的重要问题,为了控制好费用,企业往往将销售人员的报酬与销售人员的销售费用挂钩,因此,应将两者联系起来进行管理。费用控制应当遵循以下几个基本原则。

1) 公平原则

费用的管理应遵循公平原则。费用是销售人员因推广业务需要而做的开支,而不是销售人员薪酬的一部分。因此,一方面不能使销售人员从费用的开支中获取个人利益;但是另一方面也不能让销售人员因为公务而自掏腰包,费用的审核必须公平合理,不能有所偏袒,也不能随心所欲地变成主管个人的施舍。

2) 拓展业务原则

费用支出的目的是为了业务的拓展,因此审核费用的人不要将费用视为一种浪费,更不要因为要节省开支而限制了销售人员的活动,致使其工作效率降低。投入一定的费用来开拓市场,往往回报是很可观的。

3) 简单易行原则

费用的管理办法必须容易操作,不要制定太复杂的管理办法,否则会导致不必要的误会或曲解。费用的报销应该有一定的流程和固定的系统,这一套流程和系统应该越简明越好,所经过的部门也应该尽量简化程序。

2. 销售管理费用的控制办法

1) 费用由销售人员自行承担

这种方法适用于纯佣金制的销售人员。销售部门在制定佣金比率时,就把销售用的支出考虑在内,一并归到佣金比率中,发给销售人员,销售人员必须在其佣金项下开支销售费用,不得再向公司另外申请。这种方法对公司的好处是:

(1) 处理简单,操作方便,会计人员及出纳人员的工作负荷较轻;

(2) 公平一致,不会产生宽严不一、审核不公等情况;

(3) 有业务才会有费用的支出,对公司的利润较能保障,不致发生费用超支的情况。

如果销售部门对于所属销售人员的监督有所困难,也宜采用这种方法。因监督困难,就不易评断某些费用的支出是否合理。但是这种方法也有其不足:

(1) 销售主管对其所属销售人员因无法控制费用,对其行动也相对地较难控制;

(2) 有些费用的发生是在业务获得之前,但是销售人员的费用补贴却必须等到业务获得之后,因此销售人员往往需自掏腰包,先垫费用。万一费用支出后业务又无法获得,则这些支出就要无法收回。这对销售人员而言,似乎不公平。

2) 无限制报销法

无限制的报销法又分为两种:逐项列举报销法和荣誉制报销法。

逐项列举报销法是允许销售人员就其所支出的业务费用逐项列举,不限额度地予以报销。通常都是由销售人员定期填写支出报告,将所开支费用逐项填写,并附必要单据,呈报主管审核,然后到财务部门单位领取该项费用。这种费用控制法对于销售人员的支用额度没有限制，因此销售人员可以斟酌其业务需要，做最灵活、最有效的运用；相应地，销售主管也可以对销售人员的行动进行管理。但是这种控制方法的不足是实施这种方法后，销售人员很难精确地预测其直接推销费用，因为每一位销售人员会花多少钱很难预计；另外，这种方法很容易让销售人员变得过分慷慨，甚至会使得某素质较差的销售人员把私账拿来公报；这种方法似乎在鼓励销售人员浪费，而不能敦促他们节省，只有极少数情况才采用。

荣誉制报销法与逐项列举法很相似，唯一不同的地方是荣誉制报销法不必逐项列举。销售人员只要定期在报告上注明费用支出总额，公司即照数给付。这种方法是建立在对员工高度信任之上的，在这种情况下，销售主管和部属之间的摩擦会减到最小，而员工的士气可以得到极高的发挥，其优点与前述之逐项列举报销法相似。但是这种方法对公司而言，所负担的风险很大，稍有不慎，很可能就会造成浪费，因此目前使用不多，大都仅限于高级主管或能力、信用程度都较高的销售人员。

3）限额报销法

限额报销法是就销售人员可能开支的费用规定一个最高限额给予报销的方法。这种方法最大的优点是让业务主管能够精确地预测其直接推销费用，而且也可防止销售人员过度浪费。限额报销法又可分成两种：逐项限制法和总额限制法。

逐项限制法是就销售人员所可能开支的费用，逐项规定一个最高限额。例如，规定销售人员出差时，住宿费每宿不得超过 500 元，早餐不得超过 25 元，午餐晚餐不得超过 50 元等。

总额限制法是规定在一定期间内，如每日、每周或每月销售人员报支的费用总额不得超过某一限额，至于各项费用的额度则不予以硬性规定，以使销售人员有适当的自主权。如规定销售人员每周的费用不得超过 1 000 元等。

限额报销法最大的问题是限额的制定问题。限额定得太低，销售人员捉襟见肘，效率自然低下。但是限额如果定得太高，则容易导致浪费，增加销售成本。一般而言，信用程度较高的销售人员大都难以忍受这种限额报销。因为把这种制度加诸其上，等于是宣布公司对他们不信任。即使限额报销制有这么多缺点，目前却是企业界使用得最广泛的一种费用控制法。

3. 市场推广费用控制方法

市场推广费用指在产品的整个推广过程中所产生的费用，包括促销费用、广告宣传费用和市场辅助用具费用。其中重点是促销费用的控制，对广告费用的控制要兼顾公司和经销商共同的利益。对于市场推广费用的控制方法如表 4-4 所示。

表 4-4 市场推广费用的控制

控制项目	具体控制措施
促销费用	根据年度促销计划，安排每月的促销费用； 合理制定促销活动的预算，并保留一定的备用金； 根据区域的不同情况，分配促销活动经费； 对于突发事件需要动用备用金的，要进行深入调查和评估； 对按计划实施的促销活动，应保证经费的连续性； 公司定期或不定期对费用的使用情况进行核查
广告宣传费用	根据年度广告计划，安排每月的广告费用； 对广告宣传费用的使用情况进行监督和检查，若遇有问题，应与相关媒体协商解决； 对各区域的广告宣传，合理制定预算，并监督其使用情况

续表

控制项目	具体控制措施
市场辅助用具费用	根据区域的不同情况，分配相适应的市场辅助用具； 按市场销售情况，合理分配数量； 各区域要设置专人检查辅助用具的使用情况和实际效果

4. 交通费用控制方法

在所有费用控制问题中，交通费的控制一直是一个棘手的问题。一般根据交通工具性质不同及所有权不同，来决定交通费用的控制。

1) 由公司提供交通工具

（1）实报实销法。一般而言，如果是公司提供交通工具，大都采取实报实销，由公司负责一切修理费用、保养费用、燃料费。销售人员可以凭发票核实报销。这是最常见的一种方法。

（2）实报实销，但扣除自用里程。

销售人员用公司提供的交通工具及燃料上下班，节假日也用于私人用途，这些费用如果也由公司负担，显然有失公允。因此有些公司规定这一部分应予以扣除。扣除的方法是由销售人员按期自行估计自用里程数，然后乘以一定的金额，将此数额外负担转给公司。有些公司是在销售人员上下班前，每日两次登记其里程数，以作为核算其公务里程的标准。

（3）固定津贴法。有些公司虽然提供交通工具给员工，但其燃料费则采用固定津贴法，按月或按实际工作日给予固定金额的津贴。这种方法的优点是简单方便，但却会对销售人员的拜访活动产生负面影响，因为访问越少，其津贴结余就会越多。

2) 自备交通工具

（1）固定津贴法。即给予销售人员固定额度的津贴，津贴的范围包括折旧、修理、维护、税金及燃料。

（2）里程数津贴法。即由公司就其实际使用的里程给予津贴，津贴范围也包括一切费用在内。

（3）混合津贴法。混合津贴法是按月给予固定的津贴，以贴补车辆的修理、保养、维护及税金等费用，而燃料则采用实报实销法或按里程数给予津贴。这种方法比较合理，简便易行，所以为企业广泛采用。

参考案例

某企业的销售评估与控制

某公司是一家文具生产公司，该公司主要生产各种办公文具用品，张楠是该公司的新任销售经理，在其担任该职位当月，张楠便制订了该年的销售计划，其中市场部计划的当年销售额较上一年增长30%，为1 000万元，计划销售费用预算占销售额的8%，即80万元。

通过张经理的努力，销售部门在年底完成销售额960万元，产生销售费用83万元，基本完成了年初所制订的计划。

分析总结该计划之所以能够顺利完成,主要有以下几点。

1. 合理分解年度计划

确定为月份目标、区域目标,使得计划可以进行实时的控制,表4-5为张经理制定的区域划分及销售目标的分解。

表4-5 区域划分及销售目标分解   单位:万元

区域	范围	月销售目标												备注
		1	2	3	4	5	6	7	8	9	10	11	12	
天津	市区及郊县	13	13	13	15	18	16	15	15	16	18	14	14	180
北京	市区及郊县	7	7	8	8	9	10	8	8	9	10	8	8	100
河南	郑州、开封	7	7	8	8	9	10	8	8	9	10	8	8	100
河北	省会地级市	7	7	8	8	9	10	8	8	9	10	8	8	100
内蒙古	省会地级市	7	7	8	8	9	10	8	8	9	10	8	8	100
山西	省会地级市	4	4	5	5	6	6	5	5	5	6	5	4	60
山东	省会地级市	4	4	5	5	6	6	5	5	5	6	5	4	60
其他														300
总计		1 000												

在制订该计划后,张经理及时地监督销售计划的实施情况,对每月、每季度的销售情况进行分析,对销售计划即时跟踪,并根据实际情况作出调整,若计划在实施中有较大偏差,他仔细分析发生的原因并采取了必要的补救或调整措施,缩小了计划额与实际额之间的差距。

例如,公司年度计划中规定:产品2月份计划在天津的销售额为13万元,但实际销售额不到10万元,比计划销售额少25%左右,后张经理分析了原因,是因为主要竞争对手公司在该月推出了较受市场欢迎的更新产品,针对这一情况,张经理及时与生产部门沟通,开发新产品,并加大促销力度,使产品在该地区以后几个月销量实现上升。

2. 合理分配销售人员并进行激励、控制

针对该公司销售计划分解表,张经理确定了销售人员的需求数量及网点的铺设计划表,并指导员工予以实施,具体计划如表4-6所示。

表4-6 销售人员的需求数量及网点的铺设计划

	经销网点数量(个)	直销店面计划(个)	销售人员需求(人)	备注
天津	8	1	2	
北京	4	1	1	
河南	8	—	1	
河北	8	—	1	
内蒙古	6	—	1	
山西	4	—	1	
山东	4	—	1	
合计	42	2	9	

在该计划实施过程中，张经理从招聘销售人员入手，再对新员工进行培训，实行区域帮带方法，并对销售人员进行月度考核，及时控制网点的铺设情况及直销店面的开拓进展，对经销商、零售商、代理商进行分级管理，对重点商户进行重点监控，最终保证了计划的顺利完成。

3. 营销费用控制

在年度计划控制达到销售计划指标时，该公司的营销费用略有超支，但仍处于安全范围之内。其中：人员推销费用20%，广告费用15%，促销费用25%，直销店面装修费用40%。

在对营销费用的控制过程中，张经理采用限额报销法，即每月规定有一定的额度，此外，在企业做促销、广告之前都会有针对性的成本预算，并在实施过程中及时控制，因此，将营销费用很好控制在了安全范围之内。

资料来源：公司报告

思考题

1. 企业销售区域是如何设计的？
2. 对销售区域的管理一般有哪些方法？
3. 如何理解销售定额的作用？
4. 销售业绩评估有哪些方法？
5. 常用的销售费用控制方法有哪些？

本章案例

案例1 制药公司的销售评估与控制

安徽省某药业总公司属于中小型制药企业，以生产中药为主，年销售额近亿元。该企业专门设立销售公司和市场部两个职能部门负责企业的营销活动。销售公司设有21个区域性办事处，网络覆盖全国22个省市自治区、直辖市，有60多名业务人员长驻外地。企业为了对销售活动和销售人员进行有效的控制，制定了《营销管理制度》，对包括市场开发、客户管理、应收账款管理、合同管理等作出明确规定，使销售人员有章可循。该企业所制定的营销管理制度还带有严格的奖惩措施，并落实到每个销售人员，使之得以切实执行。在财务管理方面，企业在整个生产和销售活动中牢牢地控制财务权利，对应收账款的管理尤为严格，规定货款回笼期限，并使之与销售人员的收益相挂钩，奖罚分明。有效的销售控制使企业的销售额以15%的速度增长，资金回笼率达到85%以上。

1. 销售费用控制

包括销售和管理人员的工资、差旅费、产品展示和宣传费以及各种保险和税费，这些费用可以称为"固定销售费用"。与之相对应的还有"变动销售费用"，包括向客户提供的回扣和销售人员的提成、公关费用以及部分的促销费用。

为了便于考察产品市场价格、销售费用和销售量三者之间的内在联系，企业管理人员可以通过量本利分析找到盈亏平衡点，根据销售费用和价格的变化，订出一段时期内比较合理的销售任务。对于销售人员来讲,关键是使他们认识到存在着这样一种关系:如果在产品的价格和固定销售费用不变的情况下,自己所花费的变动销售费用增加,就必须相应地增加销售量,以维持收支平衡。了解这一点以后,他们就不会再毫无计划地花钱,而会注重公关活动的效果,即能否帮助自己完成或超额完成销售任务。

2. 应收账款管理

企业在销售过程中应当十分重视对应收账款的控制,销售部门每个月根据财务部的应收账款账龄报告,对一定账龄的应收账款制订具体解决方案,并责成财务部门监督实施。当应收账款无法收回时,企业按规定追究当事人的责任。

公司对超过 6 个月账龄的应收款项专门制订解决方案。公司《营销管理制度》规定:如果发生呆坏账,由办事处或单个营销人员申报,经公司核实后,由办事处或单个营销人员承担该批货款损失的 35%。凡应收账款达一年仍未收回的,由办事处或销售人员提交该批货款 20% 的坏账准备金。两年未收回,提交 35%。公司对能够及时收回应收账款的销售人员进行奖励,如货物发出 10 天内(以成品出库时间计算)回笼货款或先汇款后发货的,按资金净回笼的 0.6% 予以奖励。管理严格才能有效率,公司资金回笼率达到 85% 以上,这主要是靠其所实行的严格有效的销售财务控制。

企业一般允许销售人员为客户提供信用服务,这也作为企业的一种促销手段。信用的使用是客户服务的一个元素。为了有效地控制信用政策成本,公司做了一些初始决策:判断加速支付的销售激励(折扣)方式是否有效,并作出关于客户付款期限长短的决策。决定为其客户提供哪种信用工具和提信用的条件是什么。在确定了信用政策、信用限额及对每个客户的信用预期之后,该企业还建立和实施一套监控和收款系统。

3. 销售人员的控制

企业管理归根结底还是对人的管理。在销售过程中,企业对销售人员的管理,可以说是一个系统工程。这包括对销售人员进行选用和培训、对销售人员的工作进行检查和评估以及建立合理的薪酬制度。这三个方面在对销售人员的管理和控制活动中是不可或缺的。

企业销售部门的业务人员,由于工作的需要,其活动具有很大的自主性。企业难以对业务人员的独立行为进行有效监督,只能对其品行给予一定的信赖。在这种情况下,销售人员素质优劣成为销售工作能否成功的关键。一般来说,该企业招募销售人员时主要考察应聘者与人相处、赢得他人信任与好感的能力,是否富于进取心和自信心,是否精力充沛、勇于开拓。最重要的是要有诚实的品质。当然,完全了解一个人,不是一两天的事,需要长时间的观察。

公司销售人员应定期接受培训,以提升其素质和业务水平。企业还应制订详细的培训计划和明确的培训目标,并由经验丰富的专业人员指导。销售人员的培训内容根据培训目标来确定,一般包括:

企业情况,如企业的发展历史、经营目标、方针以及企业长远发展规划等;产品知识如产品结构、性能、质量、技术先进性、用途、使用、保养和维修方法等;市场情况。

市场情况通常包括三大内容:

(1) 市场管理规则、法律、税收等要求;

(2) 目标消费者心理、购买习惯分析,消费者地域和行为表现,消费者收入、信用等情况的分析;

(3) 竞争者分析，包括对方的优劣势以及促销手段的分析。每次培训结束时应组织考试，以检验销售人员对培训内容的掌握程度。

企业应控制销售人员定期返回总部由管理人员对其工作情况进行检查和评估。每位销售人员都应准备好回答管理人员的问询。例如，该段时间做了多少次客户拜访，拜访后预期会接到的生意或订单，潜在客户流失的原因，该销售人员是否完成阶段销售任务等。在很多情况下，管理人员无法与销售人员直接进行面谈，因为销售人员的工作地点可能位于离公司本部很遥远的地区。在这样的情况下，检查可以通过电话来进行。事先通知销售人员何时要进行问询，并通过电话确定问询的时间。管理人员应将检查记录进行整理，作为对销售人员进行绩效考核的依据之一。

为了激励销售人员的销售积极性，企业为销售人员提供一种具有激励作用的薪酬制度，目前国内对于销售人员的薪酬制度大多采用底薪加提成的方法。

该公司实行的就是底薪加提成制，这样可以使员工有一笔固定底薪收入，如果业绩达到某个标准以上还可另外拿提成。其优点是容易控制，达到业绩目标才付提成。采取底薪加提成制度，鼓励了销售人员开拓市场。"只有给马儿吃草，马儿才能快跑"，薪酬制度的激励因素在销售人员的控制过程中是十分重要的。

销售人员年末的绩效考核直接关系到他们个人的经济利益，考核的主要内容是销售人员的年度销售任务完成情况、平时的工作表现以及顾客对他们的满意度。企业管理人员每次对销售人员进行检查的资料也是对其绩效考核评价的重要依据。同时企业将考核信息及时反馈给每一个销售人员，使之发扬成绩，认识和纠正不足。这样无论对企业还是对个人都是很有好处的。

4. 销售合同管理和退货控制

一般情况下，企业的销售人员不具有财务权利，在与客户订立销货合同时应将合同的复印件传回企业，由企业法人代表或受托人来签订合同。这样就基本上杜绝了销售人员利用假合同来欺骗公司的可能性。

当产品出现滞销或质量问题时，企业本着对客户负责的精神，可以给予无条件退货，这样既保护了客户的利益，又维护了企业的声誉和品牌形象。但是，在有些企业曾经出现过这样的情况，有些业务员为了完成销售任务请客户"帮忙"，客户先购进产品再"无条件退货"，这样一来销售人员就可以轻松完成销售任务。

为了防止这样的情况发生，企业应实行严格的退货审批程序，而且，要追究退货的销售责任人。如公司规定非质量问题退货的时间限期，超规定时间退货造成的损失，按发货时间计算由办事处或销售人员按比例承担退货损失。应该说，在严格的销售控制下，销售人员不仅没有空子可钻，而且，企业也可以尽量避免因销售退货而带来的经济损失。

资料来源：中国教育培训网，http://www.mhjy.net，作者吕一林。

案例 2　联想集团的销售区域管理

联想集团成立于 1984 年，由中科院计算所投资 20 万元人民币、11 名科技人员创办，到今天已经发展成为一家在信息产业内多元化发展的大型跨国企业集团。

多年来，联想集团一贯秉承"让用户用得更好"的理念，始终致力于为全球用户提供最新最好的科技产品，推动中国信息产业的发展。面向未来，作为 IT 技术与服务的提供者，联想将以全面客户导向为原则，满足家庭、个人、中小企业、大行业大企业四类客户的需求，为其提供有针对性的信息产品和服务。

配合公司发展，联想同时在战略上实现了三个转变，即前端产品实现从单一到丰富的转变；后台产品从产品模式向方案模式转变；服务方面，由增值服务扩展到服务业务。此外，联想在全国范围内全面实施一站式服务，并更加注重服务与技术、服务与业务的结合，切实提高竞争力。

联想集团始终致力于为中国用户提供最新最好的科技产品，推动中国信息产业的发展。联想集团的业务涉及个人电脑、服务器、主板、外设、信息家电等Internet接入端产品，信息服务、软件、系统集成以及以电子商务为核心的网络产品等多方面，各类产品和技术已成为中国政府、金融、交通、邮电、商品流通等许多重要领域必不可少的信息技术手段。

面对市场环境的变化，2000年4月，联想集团主动应变进行大规模业务重组。从原来的以事业部为核心的体制向以子公司为核心的体制转变，形成两大子公司（联想电脑公司和神州数码有限公司），分别为：向客户提供全面的Internet的接入端产品、信息服务的联想电脑公司和为客户提供电子商务为核心的局端产品及全面系统集成方案为主的联想神州数码有限公司，从而开创了联想集团全面进军网络时代与推动新经济发展的全新企业格局。

联想集团的决策层一直致力于制定联想的发展战略、贯彻联想的管理理念、保持并发扬联想的企业文化，力争使联想集团成为一个长久的、有规模的高科技企业。发展现代高科技是中国面向21世纪的必然趋势，为了更好地将先进技术服务于中国信息产业的发展，联想集团将在推进国民经济信息化建设的进程中发挥更加重要的作用。

联想集团公司电脑销售区域划分如图1所示。

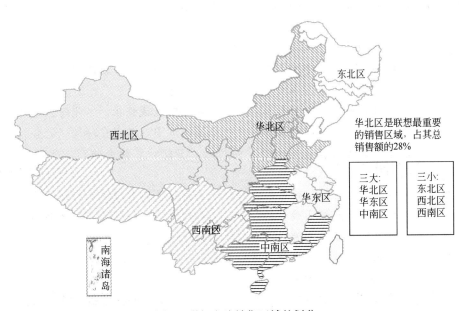

图1　联想电脑销售区域的划分

联想集团经过发展和修整，逐步形成了现今如图1中所示的其国内电脑市场的销售区域的划分情况。目前，联想集团公司在国内除北京平台外，在香港、上海、深圳、惠阳、沈阳、武汉、西安、成都设有区域平台，在哈尔滨、济南、杭州、广州、郑州、重庆、昆明、乌鲁木齐、长春、兰州和南昌设有办事处。同时，为了保证高水平的客户满意度，新联想将区域总部由三个扩展到六个，区域总部将主要负责该地区的产品销售和客户服务，整体由联想集团高级副总裁负责管理。

1. 联想集团区域划分的方法和优势

联想集团同样是按地理位置即以中国行政区域划分区域市场，以各行政区域市场特征相近为依据，将内地市场划分为华北、华东、中南三个大区及东北、西北、西南三个小区。针对不同区域进行独立核算及管理，其中包括区域财务、行政、策划等。各区域直接负责于联想各型号电脑的销售，鼓舞区域经理及各销售人员士气，有利于各区域销售的发展。

2. 联想集团针对其区域管理策略分析

联想电脑当时在国内市场销售网点约有14 800个，每个省约有826个。联想集团仅以省级的行政区域作为其控制单元格的选择。随后联想集团通过邻近的控制单元按行政区域组合成适于其电脑产品销售要求的销售区域。虽然联想并没有对省级区域覆盖销售网点进行考虑，但其进行如上的划分管理仍在销售区域的管理上分散了其需要控制的网点数量，提高了公司对销售网络的控制力度，使市场细作并及时地反馈市场信息。

在对设计方案进行调整并进行科学的管理方面，为保证市场潜力和工作量两个指标在所有销售区域的均衡。联想集团在数据库及信息管理程序中创建维护为客户建立销售反应函数，根据这些销售反应函数分配客户访问，并通过计算机的计算管理给出各个客户具体拜访次数的建议。通过计算机对客户的管理，均衡各区域工作量及市场潜力，从而对区域市场进行科学管理。

同样在销售区域设计的最后一步中联想集团做到将不同的销售人员分配到特定的适合于其发展的销售区域中去，从而使他们各尽所能，创造出最好的销售业为集团公司创造更多的经济利益。

3. 联想针对销售区域管理策略之政策条款

其一，联想电脑通过专门的市场调查和研究，根据不同区域市场的规模和市场潜力确定区域划分以及某一区域内分销商、代理商经销商和专卖店的数量；

其二，分销商、经销商、代理商和专卖店必须在指定区域销售，不能跨区销售；

其三，联想分销商的销售范围严格限定在一个省的范围，不存在跨区域的分销商；

其四，冲货到其他销售区域受到回执卡的约束，不能计算为分销商、代理商的有效销售，也得不到相应的返利。

由上述区域划分及其政策的执行效果充分体现了销售区域管理的优势及弊端：

其一，销售区域的划分能够明确签约分销商、代理商的销售目标，使绝大部分签约商能够遵守区域政策，在其限定区域内进行产品分销和销售；

其二，将销售区域进行如上划分并将区域扩展为六个，使企业更好地覆盖目标市场，通过销售区域分担了对销售网点的管理；

其三，在实际执行中，由于各签约商的规模不同，一些大的分销商会将电脑销入邻近省份，于是在区域临近省份形成窜货，给企业的整体销售区域管理带来一定的销售市场混乱；

其四，由于其对销售区域控制过严使其区域销售人员士气低下，挫败其积极性；

其五，据资料显示联想的维修网点较少，覆盖区域有限，则其将销售区域呈大区域划分,这样用户在电脑出现问题后往往要到距离较远的维修站,使其在一定程度上影响了售后服务的执行。

综合上述政策及执行结果说明此政策管理策略对区域市场既有益处也有不足,但其对联想集团的电脑区域市场起到了严格的监管作用,为公司在销售区域的发展、开拓及公司的经济利益奠定了政策监管基础。

【案例点评】

联想集团以生产及销售高科技电脑产品为主。通过对其在其销售区域管理策略的分析,对国内市场同类企业的销售区域管理值得借鉴的地方有:

1. 正确地划分销售区域

通过正确的销售区域划分,加强了其对区域市场的快速反应,及时反馈信息;以区域限定经销商的销售范围,在很大程度上企业可以改变与经销商的相对位置,加强了对经销商的控制力;提高城市市场的覆盖率(联想通过正确的区域划分使其城市市场终端覆盖率达到90%以上)。

2. 对销售区域市场严格管理

严格的销售政策可以有效控制产品的流向,减少窜货(联想通过严格的区域划分和销售范围限定实现了低窜货率);通过对不同销售区域给予不同的销售量指标和销售政策,有效地掌握和控制各区域的工作量及市场潜力。

3. 对企业各级中间商进行系统管理

通过对销售区域市场的管理、维护和巩固,建立完整的中间商分销管理控制制度,有清晰的管理层次,从而使企业分销网络迅速扩展,而又秩序井然。企业也可派遣协销人员和中间商一起工作,以加强与中间商的紧密联系并方便相互之间的沟通,达到加强对中间商的合作与支持。同时,企业也要注重各区域间自身销售队伍的建设,控制主要的销售环节,而不能够单一地依靠中间商。通过上述方法进行销售区域的管理与维护达到了制衡销售人员与中间商的目的。

4. 将回款与销售结合起来

在销售区域的管理中,产品售出后不能够顺利地回收货款,是多数企业存在的一个难以解决的问题。企业可以给予中间商一定的信用额度,由企业安排销售人员协助并监督中间商的工作。企业也可将回款与销售结合起来,在短时间可能会影响销售量,在长远来看,企业的产品只要有市场就能够找到建立在相互信任上的合作伙伴,从而使企业赢得可靠稳定的市场份额,建立良好的市场秩序。

联想集团公司通过严格的销售区域划分和管理策略有效地控制了产品的流向、均衡各区域工作量及市场潜力、实现低窜货率。通过上述分析,我们得出在销售管理中,销售区域的管理直接影响到产品的销售、设计管理、渠道的销售队伍的规模建设以及整个分销体系,因此销售区域的管理是销售管理各环节中最为关键的一环。

资料来源:高佳丽《销售区域管理策略研究》,北京理工大学学位论文。

第 5 章　销售理论与模式

【本章导读】
　　了解销售的基本理论与模式
　　掌握常见销售模式的指导意义

5.1　销售的基本理论

　　推销是一种古老而又普遍的经济现象，其历史同商品生产同样久远。商品生产者把产品投入市场，都希望能通过一定的推销方式把产品尽快销售出去。在中国千百年前的市场上，卖肉食者操刀扬声，卖酒者高悬招旗或葫芦，药店挂木板膏药，车行挂罗圈幌子，都是推销的手段。一幅《清明上河图》，生动地展现了集市上充满了商品叫卖与广告招徕顾客的景象。从更大的范围看，尼罗河畔古埃及的商贩、丝绸之路上的波斯商旅、地中海的希腊船商、随军远征的罗马及阿拉伯商人等，也都是在从事商品推销的。当今社会更是充满推销的世界，生活中处处存在推销。从小贩的街头叫卖，到跨国公司的贸易洽谈都可以视为推销。
　　狭义的理解，推销是营销组合中的人员推销，即由推销人员直接与潜在顾客接触、洽谈，介绍商品，进行说服，促使其采取购买行动的活动。广义的解释，则不限于商品交换，也不限于人员推销，而是泛指人们在社会生活中，通过一定的形式传递信息，让他人接受自己的意愿和观念，或购买商品和服务。就传递信息进行说服、理解和被接受而言，广义的推销与狭义的推销是一致的。

5.1.1　销售方格与顾客方格

1. 销售方格图

　　20 世纪 70 年代，美国管理学家布莱克与蒙顿教授将行为科学理论中的方格理论引入销售学研究之中，形成了"推销方格图理论"，主要从销售主体和销售对象在交易和交往两方面的心态出发，揭示出销售的成交取决于销售人员和顾客之间心态的最佳协调的原理。他们根据推销员在推销过程中对买卖成败及与顾客的沟通重视程度之间的差别，将推销员在推销中对待顾客与销售活动的心态划分为不同的类型，如图 5-1 所示。

推销方格图中横坐标表明推销人员对销售的关心程度，纵坐标表示对顾客的关心程度。坐标值越大，表示产品程度越高。图中各个交点代表着不同的推销心态，具有代表性的5种基本心态如下。

1) 无所谓型

如图5-1中（1,1）所示，表明了推销员既不关心顾客，也不关心推销任务的心态。具有这种心态的推销人员不是合格的推销员，这样的推销员的推销成效也最差。他们抱着"要买就卖，不买就拉倒"的无所谓心态，毫无事业心。

2) 顾客导向型

如图5-1中（1,9）所示，这是一种较为极端的心态，忽视了推销活动是由商品交换与人际关系沟通两方面内容结合而成的事实，单纯重视并强调人际关系，对顾客以诚相待，可能成为顾客的良好参谋甚至朋友。他们认为生意不成情义在，但忽视推销技巧，不关心或羞于谈起货币与商品的交换。这种极端的心态也不是良好的推销心态，它不易取得推销成功。

3) 推销导向型

如图5-1中（9,1）所示，它与顾客导向型恰好相反，持这种心态的推销人员单纯关心销售任务与买卖本身，忽视商品交换背后人际关系沟通，从而走向重买卖、轻人情的另一个极端。为了达到推销的目的，甚至可以败坏职业道德，不择手段地推销商品，但却很少了解顾客的需要，分析顾客心理，这种心态也是不可取的。

4) 推销技巧导向型

如图5-1中（5,5）所示，这种心态较为折中，既关心销售，又不完全以推销为主；既关心与顾客沟通，又注重完成销售任务，他们注意两者在一定条件下的充分结合。从现代推销理论分析，这种心态对顾客需求不求甚解，虽然可能成为成功的推销员，但却难以创新，不易成为推销专家或取得突破性进展。

5) 解决问题型

如图5-1中（9,9）所示，这种心态是理想的推销心态，将投入全力研究推销技巧，关心推销效果，又重视最大限度地解决顾客困难，注意开拓潜在需求和满足顾客需要，在两者结合上保持良好的人际关系，使商品交换关系与人际关系有机地融为一体。

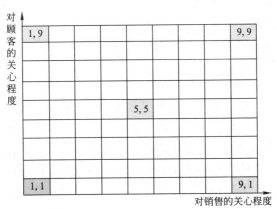

图5-1 推销方格图

2. 顾客方格图

推销过程是推销人员与顾客双向心理作用的过程。在推销活动中，推销人员的推销心态和顾客的购买心态都会对对方的心理活动产生一定的影响，从而影响其交易行为。因此，推销人员还必须深入研究分析顾客的购买心理，有针对性地开展推销活动。

顾客在与推销人员接触和购买的过程中，会有两个具体的目标：一是希望通过与推销人员进行谈判，讨价还价，力争以较少的投入获取尽可能大的收益，购买到称心如意的商品；二是希望得到推销人员的诚恳热情而又周到的服务，与推销人员建立良好的人际关系。在这两个目标中，前者注重购买，后者注重关系。但是不同的顾客对这两方面的重视程度是不同的。有的顾客可能注重购买商品本身，而另一些顾客则可能更注重推销员的态度和服务质量。布莱克与蒙顿教授依据顾客对这两方面问题的关心程度不同，建立了顾客方格图（见图5-2）。

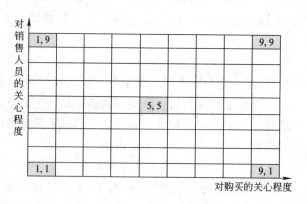

图5-2 顾客方格图

顾客方格图中，横坐标表示顾客对自己完成购买的关心程度，纵坐标表示顾客对推销人员的关心程度，也是9个等级。其坐标值都是从1到9逐渐增大，坐标值越大，表示顾客对推销人员或购买的关心程度越高。顾客方格中的每个方格分别表示顾客各种不同类型的购买心态。

顾客方格形象地描绘出顾客对推销人员及自身购买任务的关心程度的81种有机组合，它作为研究顾客购买行为和心态的理论，对推销人员了解顾客态度，与顾客实现最佳的配合，学会如何应付各种不同类型的顾客，争取推销工作的主动权，提高推销工作的效率具有重要意义。在众多的顾客心态中，具有代表性的有以下5种类型：漠不关心型、软心肠型、防卫型、干练型、寻求答案型。

1）漠不关心型

即图5-2中的（1.1）型。处于这种购买心态的顾客对上述两个目标的关注程度都非常低，既不关心自己与推销人员的关系，也不关心自己的购买行为和结果。他们当中有些人的购买活动有时是被动和不情愿的，购买决策权并不在自己手中。具体表现是：多数情况下是受人之托购买，自身利益与购买行为无关，而且不愿意承担责任，往往把购买决策权推给别人，而自己做些询问价格、了解情况的事务性工作。对待推销员的态度是尽量躲避，或是敷衍了事。这种心态的顾客把购买活动视为麻烦，往往是例行公事，对能否成交、成交的条件及推销人员及其所推销的产品等问题都漠不关心。向这类顾客推销产品是非常困难的，推销成功率也是相当低的。对待这种类型的顾客，推销人员应先从情感角度主动与顾客接触，了解顾客的情况，再用丰富的产品知识，结合顾客的切身利益引导其产生购买欲望和购买行为。

2）软心肠型

即图 5-2 中的 (1.9) 型，也称情感型。处于这种购买心态的顾客非常同情推销人员，对于自己的购买行为与目的则不太关心。具体表现是：该类顾客往往感情重于理智，对推销商品本身则考虑不多，容易冲动，易被说服和打动；重视与推销人员的关系，重视交易现场的气氛，缺乏必要的商品知识，独立性差等。存在这种心态的顾客不能有效地处理人情与交易之间的关系，他们更侧重关心推销员对他们的态度。只要推销员对他们热情，表示出好感时，便感到盛情难却，即便是一时不太需要或不合算的商品，也可能购买。这种类型的顾客在现实生活中并不少见，许多老年人和性格柔弱、羞怯的顾客都属于此类顾客。因此，推销人员要特别注意感情投资，努力营造良好的交易气氛，以情感人，顺利实现交易的成功。同时，推销员也应避免利用这类顾客的软心肠，损害顾客的基本利益。

3）防卫型

即图 5-2 中的 (9.1) 型，也称购买利益导向型。处于这种购买心态的顾客与软心肠型的购买心态恰好相反，他们只关注自己的购买行为和个人利益的实现，不关心推销人员，甚至对推销人员抱有敌视态度。他们不信任推销人员，怕吃亏，担心受骗上当，本能地采取防卫的态度。具体表现是：对推销人员心存戒备，态度冷漠敌对，处处小心谨慎，精打细算，讨价还价，事事提防，绝不让推销人员得到什么好处。这种顾客一般比较固执，不易被说服。这类顾客的生意也比较难做，即使最终成交，企业的盈利也微乎其微。他们拒绝推销人员，并不是对商品没有需要，完全是出于某种心理原因。对这类顾客，推销人员不能操之过急，应首先推销自己，赢得顾客对自己的信任，消除顾客的偏见，然后再转向推荐推销品。

4）干练型

即图 5-2 中的 (5.5) 型，也称公正型。处于这种购买心态的顾客既关心自己的购买行为，也关心与推销人员的人际关系。具体表现是：乐于听取推销人员的意见，自主作出购买决策，购买决策客观而慎重。这是一种比较合理的购买心态，具有该种心态的顾客一般都很自信，甚至具有较强的虚荣心。他们有自己的主见，不愿轻信别人，更不会受别人的左右。对待这类顾客，推销人员应设法用客观的事实进行说服，让他自己去作出判断和决策。

5）寻求答案型

即图 5-2 中的 (9.9) 型，也称专家型。处于这类购买心态的顾客既高度关心自己的购买行动，又高度关心与推销人员的人际关系。这类顾客通常有较高的购买技术，他们在购买商品之前，对市场进行广泛的调查分析，既了解商品质量、规格、性能，又熟知商品的行情，他们的购买行为非常理智，根据自己的实际需要来决定是否购买。具体表现是：购买时不会轻易受别人左右，十分愿意听取推销人员的观点和建议，并对这些观点和建议进行分析判断，善决策又不独断专行。这种购买心态的顾客是最成熟、最值得称道的顾客。他们充分尊重和理解推销人员的工作，不给推销人员出难题或提出无理要求，把推销人员看成是自己的合作伙伴，最终达到买卖双方都满意的目的。对这类顾客，推销人员应了解顾客的需求所在，设法成为顾客的参谋，主动为顾客提供各种服务，尽最大努力帮助他们解决问题，实现互惠互利、买卖双赢。

3. 推销方格与顾客方格的关系

推销的成功与失败，不仅仅取决于推销人员的工作态度，与顾客的心态也密切相关。销售方格和顾客方格告诉我们，推销人员与顾客的心态多种多样，在实际推销活动中，任何一种心态的推销人员都可能接触到各种不同心态的顾客。那么，推销人员与顾客的哪种心态类型的搭配会实现推销活动的成功呢？

表5-1反映了推销方格与顾客方格之间的内在联系。图中"＋"表示成功的概率较高，"－"表示失败的可能性较大，"0"表示推销成败的概率相等。

表5-1 推销方格与顾客方格搭配

推销员类型 \ 顾客类型	1.1	1.9	5.5	9.1	9.9
9.9	＋	＋	＋	＋	＋
9.1	0	＋	＋	0	0
5.5	0	＋	＋	－	－
1.9	－	＋	0	－	0
1.1	－	－	－	－	－

从搭配图中可以看出，(9.9)型心态的推销人员无论与哪种心态类型的顾客相遇，都可能会取得推销成功。因此企业要想赢得广阔的市场，就应积极培养（9.9）型心态的推销人员。

从现代推销学的角度看，趋向于(9.9)型的推销心态和购买心态比较成熟和理想，推销活动的成功率较高。但这并不是说其他类型的推销心态和购买心态的搭配就不能取得理想的效果。在错综复杂、千变万化的推销活动中，没有哪一种推销心态对所有顾客都是有效的，同样，不同的购买心态对推销人员也有不同的要求。因此，成功推销的关键取决于推销心态与购买心态是否吻合。由此可见，推销人员的销售活动能否成功，除了自身的努力以外，还要看顾客是否愿意配合、推销人员能否准确地把握顾客购买的心态等。如果推销专家遇到一位无论如何也不愿意购买推销品的顾客，即使他有再高明的推销技巧，也很难成功。相反，如果一位迁就顾客型的推销人员遇到一位软心肠型的顾客，双方都特别关心对方，尽管推销人员不算是一个优秀者，但他依然能够取得销售的成功。

从推销人员的角度来看，推销人员越是趋向于问题解决型，其销售的能力就越高，达成销售的可能性就越大。因此，要成为一位出色的现代推销人员，健康的销售心态是不可缺少的。推销人员应树立正确的销售态度，加强培训与锻炼，调整与改善自我销售心态，努力使自己成为一个能够帮助顾客解决问题的问题解决型推销人员。

正确把握销售心态与购买心态之间的关系是非常重要的。不同类型的推销人员遇到不同类型的顾客，应采取不同的销售策略，揣摩顾客的购买心态，及时调整自己。

5.1.2 销售三角理论

销售三角理论是阐述推销员推销活动的3个因素：销售人员、产品或服务与企业之间关系的理论，它是为推销员奠定推销心理基础、激发推销员的积极性、提高其推销技术的基础理论，可用销售三角表示，见图5-3。销售三角理论要求销售人员在推销活动中必须做到3个相信：相信自己所推销的产品或服务、相信自己所代表的企业、相信自己的能力。

该理论认为推销员只有同时具备了这3个条件，才能充分发挥自己的推销才能，运用各种推销策略和技巧，取得较好的推销业绩。这就好比三角形的3条边，合起来就构成了稳定的三角形结构。其中，企业的产品用英文表示为Goods（产品），推销员所代表的企业用英文表示为Enterprise（企业），而推销员由英文单词表示Myself，这3个英文单词的第一个字母合起来便构成了GEM，故西方国家也称推销三角理论为GEM公式，汉语译为"吉姆公式"。如图5-4所示。

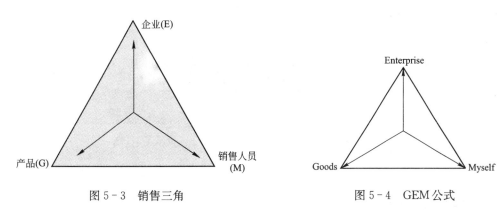

图5-3　销售三角　　　　　　图5-4　GEM公式

1. 相信自己所代表的企业

在推销活动中，推销员对外代表着企业，推销员的一举一动都会影响顾客对其所代表企业的看法和印象，他们是企业形象的代言人。推销员的工作态度、服务质量和推销业绩直接影响到企业的经济效益、社会效益和发展前景。因此，只有使推销员充分相信自己所代表的企业，才能使其具备从事推销工作应有的向心力、荣誉感和责任感，才能使其具备主人翁的工作热情，并在推销工作中发挥创造精神。连自己企业都不相信的推销员是不可能长期对企业和顾客有所作为的。推销员对企业的相信，包括相信企业经营行为的合法性、合理性，相信企业的决策、管理能力，相信企业的发展前景等。

当然，企业的优势和劣势是相对的，推销员对本企业的信任也不应是盲目的。推销员对企业的优劣、长短要用辩证的眼光看，认识到在推销员和企业其他人员的共同努力下，企业的劣势可以变成优势，落后可以变为先进。企业无论大、小、新、老，都有自己的特色，这种特色是推销员信任的基点，也是推销技术运用的基础。

2. 相信自己所推销的产品或服务

推销员对自己所推销的产品或服务应当充分相信，因为产品是推销员推销的客体，它给顾客提供使用价值，最终给顾客带来需求上的满足。推销员要相信推销的产品货真价实，相信自己的产品可以成功地推销出去。现代产品的概念不仅是一个具有使用价值的实体产品，而是一个整体产品。推销员相信自己的产品，要求推销员对其产品整体概念（5个层次）必须十分清楚，并对竞争产品有较清晰的了解，从而对自己推销的产品的效用、质量、价格等建立起自信。在向顾客作推销时，便能根据顾客的不同需求有目的地作出有理有据的阐述，也就能更加主动有效地处理顾客的各种异议。当然，推销员对自己推销的产品也不应盲目自信，这种自信应源于对产品的充分了解，源于对产品知识、功能效用和与其他产品相比的相对特征、优势及其合理使用的方法的充分了解。

3. 相信自己的能力

推销员的自信心是完成推销任务、实现自己目标的前提。推销员对自己的相信，包括相信自己从事的事业是伟大、自己从事推销的智慧和能力、自己的前途是美好的。

推销员的事业总是沿着从无到有、从小到大、从缺乏经验到经验丰富的方向发展的。如果有人遇到了几次失败或挫折，就气馁，就失去信心，是不可能干好推销事业的。

推销员对自己缺乏信心的表现一般是认为自己天生就不是干推销的类型、害怕被顾客拒绝，觉得被拒绝很没面子还有就是担心从事推销工作会得不偿失，因为有些推销事业是要自己投入一定本钱的。事实上，成功的推销员没有一帆风顺的。

5.2 常见销售模式

5.2.1 AIDA 模式

1. AIDA 模式的含义

AIDA 模式也称"爱达"公式，是国际推销专家海英兹•姆•戈得曼（Heinz M Goldmann）总结的推销模式，是西方推销学中一个重要的公式，它的具体含义是指一个成功的推销员必须把顾客的注意力吸引或转变到产品上，使顾客对推销人员所推销的产品产生兴趣，这样顾客欲望也就随之产生，然后再促使采取购买行为，达成交易。AIDA 是四个英文单词的首字母。A 为 Attention，即引起注意；I 为 Interest，即诱发兴趣；D 为 Desire，即刺激欲望；最后一个字母 A 为 Action，即促成购买。如图 5-5 所示。

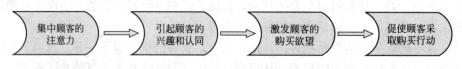

图 5-5 AIDA 模式的四阶段

2. AIDA 模式操作

1）集中顾客的注意力

面对顾客开始推销时，推销员首先要引起顾客的注意，即要将顾客的注意力集中到你所说的每一句话和你所做的每一个动作上。有时表面上看，顾客显得很专注，其实心里正想着其他事情，推销员注定是白忙一场。一般应注意以下几点。

（1）保持与顾客的目光接触。眼睛看着对方讲话，不只是一种礼貌，也是推销成功的要诀。让顾客从你的眼神上感受你的真诚。

（2）利用实物或证据。如果能随身携带样品，推销时一定要展示样品。在英国从事推销工作 30 年的汤尼•亚当斯一次向一家电视公司推销一种仪器，仪器重 12 公斤，由于电梯发生故障，他背着仪器从一楼爬到五楼，见了顾客，一阵寒暄之后，亚当斯对顾客说："你摸摸这台机器。"趁顾客伸手准备摸机器时，亚当斯把仪器交到顾客手中，顾客很惊讶："噢，好重！"亚当斯接口说："这台机器很结实，经得起剧烈的晃动，比其他厂牌的仪器耐用两倍。"最后，亚当斯击败了竞争厂家，虽然竞争厂家的报价比他便宜30%。

（3）让顾客参与推销过程。常用的方法是向顾客提问题，如："陈先生，你的办公室令人觉得亮丽、和谐，这是你创业的地方吧？"所问的问题要能使顾客容易回答、容易发挥，而不仅仅回答是或不。另外，还可以促使顾客做些简单的事情，如让顾客念出标价上的价格、写下产品的型号等。值得注意的是，要在很自然的情况下促使顾客做些简单的事情，使顾客不会觉得很窘。

2）引起顾客的兴趣和认同

假如顾客能够满怀兴趣地听你的说明，说明顾客一定认同你所推销的商品或服务。而你的推销努力也向成功的目标迈进了一步。

推销时要选对顾客，向不需要你的产品的顾客推销，你所做的努力必然没有结果。对于主动前来问价的顾客，这类顾客对你所推销的产品已经有了需要，而你最急需做的事是，找出他的需要到底是什么，然后强化他的需要，引起他对产品的认同。

许多顾客的需要必须靠推销员自己发觉。发觉顾客需要的最好方法是向顾客提问题，经常向顾客提问，以了解顾客的需求程度是推销人员的基本技能之一。

"引起顾客的兴趣和认同"，属于推销的第二个阶段，它与第一个阶段"集中顾客的注意力"相互依赖；先要集中顾客的注意力，才能引起顾客的兴趣；顾客有了兴趣，他的注意力将愈来愈集中。

3）激发顾客的购买欲望

当顾客觉得购买产品所获得的利益大于所付出的成本时，就会产生购买欲望。一位推销员只有具备丰富的产品知识，了解顾客的购买心理和行为方式，才能在推销中成功地激发顾客的购买欲望。这里所谓具备丰富的产品知识，指的是对产品的各种特色有相当的了解。而产品特色的含义是：与同类产品相比，有明显不同的地方。

小案例

突出产品特色的推销案例

推销员："在这台录音电话上有一个表示'收到信息'的红色指示灯。"

顾客："嗯。"

推销员："每当它收到信息的时候，红色指示灯马上亮灯显示。"

顾客："嗯。"

推销员："当你进入办公室看到红色指示灯亮着，就马上知道有电话要回了。"

顾客："嗯。"

推销员："这足以引起你的注意，而不会忘了回应。"

顾客："嗯。"

推销员："如果是顾客打来的电话，你知道以后，马上回话，将会使顾客感到满意而不会抱怨。"

顾客："嗯。"

推销员："这样，你的信誉会越来越好，产品的销路会大开，利润会增加。"
顾客："噢。"

在这个例子中，顾客总是"嗯"、"噢"地应付推销员，显然，顾客对推销员所推销的产品特色没有很大的兴趣，推销员没有把握住四个步骤。

推销产品特色包括四个步骤：引出顾客的需要并确认，确认产品的特色，推销产品的特色，说明产品的特色可以为顾客带来什么好处，使顾客确认这些好处。

回头分析上述例子，把例子中的推销程序倒过来，即符合上述的四个步骤，形成一个良好的推销示范：

推销员："就像大部分的企业家一样，你一定珍惜现在所拥有的商誉，对吗？"
顾客："对。"（引出顾客的需要）
推销员："DD牌录音电话能使你提供比同业更好的服务，它能使你迅速地回话给顾客，让顾客觉得受到尊重同时也维持了自己的商誉，你说对吧？"
顾客："对。"（确认顾客的需要）
推销员："这就是为什么这台录音电话装有'收到信息'的红色指示的主要目的（确认产品的特色）。红色指示灯能迅速地提醒你立刻处理顾客打来的电话，你的顾客一定会很欣赏你这种快速回话的作风（推销产品的特色以及因产品特色而带来的好处）。你一定会觉得这个红色指示灯很有用处，是不是？"
顾客："是啊。"（使顾客认同因产品特色而带来的好处）

在此例中，"红色指示灯"属于小的产品特色。如果推销过程不当，这种小的产品特色是很难发挥效果的。不过，只要推销过程依照着上述四步骤进行，小的产品特色一样有着相当可观的效果。

资料来源：http://wiki.mbalib.com/wiki/AIDA％E6％A8％A1％E5％BC％8F.

4）促使顾客采取购买行动

推销的最终目的是要顾客购买商品。在这个阶段常用的技巧有以下几点。

（1）采取假定顾客要买的说话心态，多用于零售店里。

小案例

汤尼·亚当斯有一套新西装，但是缺少一条可以搭配的领带。他走进了一家服装饰品店准备选购领带。店里有一个玻璃柜台，柜台后站着一位年约18岁的少年。见到客人进来，少年说：

"先生，请问你想买什么？"

"我想买条领带，能搭配我那套蓝灰色的西装。"亚当斯回答说。

"好的"，少年很有信心地表示："你在这里一定可以找到你喜欢的领带。"

少年从柜台下面抽出三只木盒，木盒里放满了各式领带。放眼望去，一条条并列的领带煞是整齐好看。

少年说："在你选领带以前，我想给你一个建议，选领带时，选择第一眼看去就喜欢的领带，不要想得太多，以为继续找下去可以找到更好的，结果，徒增困扰，下不了决心。"

亚当斯看中一条丝质领带，颜色既不是纯黑的也不是纯蓝的，好像是夜晚的天空。混合着黑色和蓝色。领带上面还镶着许多斑点，像金孔雀的眼睛。

"这条不错。"亚当斯说。

"这条不错"，少年附和着："很适合蓝灰色西服。"少年从亚当斯手中取回领带，小心翼翼地叠好，说："这条领带的价格是 6 英镑。"

亚当斯觉得太贵，一时竟犹豫起来，考虑要不要买？精致的包装袋吸引了亚当斯，从包装袋的质料上看，可以看出这是专门为高价产品设计的包装袋。禁不住精致的诱惑，亚当斯终于买下了那条不错的领带。

在这些事例中，少年采取了假定顾客要买的说话心态，这种心态使他说出来的话肯定有力，增强了客户对产品的信心，促使顾客采取购买行为。

资料来源：中国职场 www.cnduty.com。

（2）问些小问题。推销员问顾客："你需要多少？""你喜欢什么颜色？""下星期二交货可以吗？"等。这些问题使顾客觉得容易回答，同时也逐步诱导顾客采取购买的行动，不要直接问顾客："你想不想买？"这会使多数顾客不知道如何回答，更不要说采取购买行动了。

（3）在小问题上提出多种可行的办法。提出多种方案让顾客自己做决定，如"整箱买可以便宜 10%，你想要一整箱还是零买？"两种方案结果都是让顾客说出喜欢的付款方式。所以这两种方法常交相运用。

（4）说一些时间限制的话。通常是指一些相对紧急的情况。如"下星期一，价格就涨了""只剩最后一个了"紧急情况使顾客觉得要买就得快，不能拖延，使顾客及早采取购买行动。

（5）举实例。推销员可以把过去推销成功的事例当作实例说给顾客听。让顾客了解他的疑虑也曾是别人的疑虑，别人在买了产品、经过一般时间的使用之后，不再有所疑虑，而且还受益良多。举例子能增加顾客对产品的信心和认同，进而采取购买行动。但是实例不能凭空捏造，要有事实依据。

5.2.2 DIPADA 模式

DIPADA 模式也是国际推销权威海因兹·M·戈德曼从推销实践中总结出来的一种行之有效的推销模式，俗称"迪伯达"模式。与传统的"爱达"模式相比，"迪伯达"模式的特点是紧紧抓住了顾客的需要这个关键性的环节，使推销工作更能有的放矢，因而具有较强的针对性。一般来说，"迪伯达"模式更适用于指导向批发商、厂商和零售商推销各种工业品或服务等。

1. DIPADA 模式六个步骤

（1）Definition：准确地界定客户的需求。

（2）Identification：将客户需求与产品结合起来。

（3）Proof：证实推销的产品符合顾客的需要和愿望。

（4）Acceptance：促使客户接受产品。

（5）Desire：刺激客户的购买欲望。

（6）Action：促使客户作出购买行为。

DIPADA模式实际上是AIDA公式的具体化，充分体现了推销洽谈的需要性原则和说服规劝原则。推销人员，尤其是推销新手，可按DIPADA模式的六个步骤设计说服顾客。认真领会DIPADA模式将十分有助于推销人员训练和提高说服能力，从而提高推销能力和水平。

运用DIPADA模式指导推销，应认真把握六个步骤之间的逻辑关系及其作用，除非顾客的表现已表示进入到了下一个步骤，推销人员不能随意跨越其中任何一个步骤，否则，推销失败的可能性会大大增加。

2. DIPADA模式的运用

（1）准确发现和界定顾客的需要和愿望。从大量的推销实践来看，推销真正的障碍来自需要和愿望得不到满足。顾客的需要可能同时有许多种，既有明显的、可言说的，又有隐蔽的、不可言说的。特别是组织购买者，有两个层次的主体，一个是组织本身，一个是组织的个人代表。顾客的一些隐蔽需求和愿望，需要推销人员去挖掘、去求证；多个需要都要考虑到，尽量同时满足。

准确发现、界定顾客的需要和愿望，是说服和有效推销的基础和保证。否则，推销洽谈将陷入无效的讨论陷阱之中。

（2）把顾客的需要和愿望与推销的产品结合起来。运用利益推销法，紧紧围绕产品给顾客带来的利益，展开推销劝说活动。

（3）证实所推销的产品或服务符合顾客的需要。常用的有人证法、物证法和例证法等。比如利用社会名人或顾客熟知的人士对产品的评价；利用产品实物、模型、质检报告、鉴定书、获奖证书；利用典型的实例，完整的个案等。

（4）促使顾客接受所推销的产品。坚持以顾客为主，切忌以推销人员自我为中心。

（5）刺激客户的购买欲望。最后两个步骤的技巧同AIDA模式类似。

（6）促使客户作出购买行为。

3. DIPADA模式的适用性

此模式适用于对老客户及熟悉客户的销售，适用于保险、技术服务、咨询服务、信息产品等无形产品的销售，适用于客户属于有组织购买即单位购买者的销售。因为此模式比AI-DA模式复杂、层次多、步骤繁，但其销售效果较好，因而受到销售界的重视。

小案例

迪伯达公式的应用

某手表生产商对一些手表零售商店的销售状况进行了调查，发现商店的售货员对推销该厂的手表不感兴趣，手表零售商的销售策略也有问题。厂方决定开办一所推销技术学校，并派出公司推销代表（包括萨姆纳·特伦顿在内），到各手表零售商店进行说服工作，目的是使他们对开办推销技术学校产生兴趣和积极配合并能安排人员参加学习。特伦顿来到了一家钟表店，运用迪伯达公式对表店的负责人进行了成功的推销。下面是特伦顿与表店负责人迪尔的对话。

特伦顿："迪尔先生，我这次来这里的主要目的是想向你了解一下商店的销售情况。我能向你提几个简短的问题吗？"

迪尔："可以。你想了解哪方面的情况？"

　　特伦顿："你本人是一位出色的推销员……"

　　迪尔："谢谢你的夸奖。"

　　特伦顿："我说的是实话。只要看一看商店的经营状况，就知道你是一位出色的推销员。不过你的职员怎样？他们的销售业绩与你一样吗？"

　　迪尔："我看还差一点，他们的销售成绩不太理想。"

　　特伦顿："完全可以进一步提高他们的销售量，你说呢？"

　　迪尔："对！他们的经验还不丰富，而且他们当中的一些人现在还很年轻。"

　　特伦顿："我相信，你一定会尽一切可能帮助他们提高工作效率，掌握推销技术，对吗？"

　　迪尔："对。但我们这个商店事情特别多，我整天忙得不可开交，这些你是知道的。"

　　特伦顿："当然，这是难免的。假如我们帮助你解决困难，为你们培训商店职员，你有什么想法？你是否愿意让你的职员学习和掌握怎样制订销售计划、赢得顾客、增加销售量、唤起顾客的购买兴趣、诱导顾客作出购买决定等技巧。使他们像你一样，成为出色的推销员。"

　　迪尔："你们的想法太好了。谁不愿意有一个好的销售班子。不过如何实现你的计划？"

　　特伦顿："迪尔先生，我们厂为你们这些零售商店的职员开办了一所推销技术学校，其目的就是训练这些职员掌握你希望他们掌握的技能。我们特别聘请了一些全国有名的推销学导师和高级推销工程师负责学校的培训工作。"

　　迪尔："听起来很不错。但我怎样知道他们所学的东西正是我希望他们学的呢？"

　　特伦顿："增加你的销售量符合我们的利益，也符合你的利益，这是其一。其二，在制订训练计划时，我们非常希望你能对我们的教学安排提出宝贵的意见和建议。"

　　迪尔："我明白了。"

　　特伦顿："给，迪尔先生，这是一份课程安排计划。我们把准备怎样为你培训更好的销售人员的一些设想都写在这份材料上了。你是否把材料看一下？"

　　迪尔："好吧，把材料交给我吧。"（特伦顿向迪尔介绍了计划）

　　特伦顿："我已经把你提的两条建议都记下来了。现在，你还有什么不明白的问题吗？"

　　迪尔："没有了。"

　　特伦顿："迪尔先生，你对我们这个计划有信心吗？"

　　迪尔："有信心。办这所学校需要多少资金，需要我们分摊吗？"

　　特伦顿："你只需要负担受训职员的交通、伙食、住宿费用。其他费用，包括教员的聘金、教学费用、教学工具等，统统由我们包了。我们初步计算了一下，每培训一个推销员，你最多支付45英镑。为了培养出更好的推销员，花费45英镑还是值得的！你说呢？假如经过培训，每个受训职员的销售量增加了5%的话，你很快就可以收回所支付的这笔费用了。"

　　迪尔："这是实话。可是……"

　　特伦顿："假如受训职员的推销水平只是你的一半……"

　　迪尔："那就很不错了。"

　　特伦顿："迪尔先生，我想你可以先派3个有发展前途的职员参加第一届训练班。这样，你就知道训练的效果如何了。"

迪尔:"我看还是先派两个吧。目前我们这里的工作也比较忙,不能多派了。"

特伦顿:"那也是。你准备先派哪两位去受训呢?"

迪尔:"我初步考虑派……不过,我还不能最后决定。需要我马上作出决定吗?"

特伦顿:"不,你先考虑一下,下周一告诉我,好吗?我给你留两个名额。"

迪尔:"行,就这么办吧!"

资料来源:http://wenku.baidu.com/view/0f49e5ee856a561252d36f70.html.

5.2.3 FABE 模式

FABE 模式是由中国台湾中兴大学商学院院长郭昆漠总结出来的。FABE 推销法是非常典型的利益推销法,而且是非常具体、具有高度可操作性的利益推销法。它通过四个关键环节,极为巧妙地处理好了顾客关心的问题,从而顺利地实现产品的销售。

F 代表特征(Features):产品的特质、特性等基本功能;以及它是如何用来满足我们的各种需要的,一般而言,特性是品牌所独有的。

每一个产品都有其功能,否则就没有了存在的意义,这一点应是毋庸置疑的。对一个产品的常规功能,许多推销人员也都有一定的认识。但需要特别提醒的是:要深刻发掘自身产品的潜质,努力去找到竞争对手和其他推销人员忽略的、没想到的特性。当你给了顾客一个"情理之中,意料之外"的感觉时,下一步的工作就很容易开展了。

A 代表由这特征所产生的优点(Advantages):(F)所列的商品特性究竟发挥了什么功能,要向顾客证明购买的理由及与同类产品相比较,列出比较优势。

B 代表这一优点能带给顾客的利益(Benefits):(A)商品的优势带给顾客的好处。利益推销已成为推销的主流理念,一切以顾客利益为中心,通过强调顾客得到的利益、好处激发顾客的购买欲望。

E 代表证据(Evidence):包括技术报告、顾客反馈、报刊文章的报道、照片、示范等。证据具有足够的客观性、权威性、可靠性和见证性。

简单地说,FABE 法就是在找出顾客最感兴趣的各种特征后,分析这一特征所产生的优点,找出这一优点能够带给顾客的利益,最后提出证据,证实该产品确能给顾客带来这些利益。

1. FABE 模式的销售过程

FABE 模式就是将一个商品分别从四个层次加以分析、记录,并整理成商品销售的诉求点。在过程上而言,首先应该将商品的特征(F)详细地列出来,尤其要针对其属性,写出其具有优势的特点。将这些特点列表比较,应充分运用自己所拥有的知识,将产品属性尽可能详细地表示出来。接着是商品的利益(A)。也就是说,您所列的商品特征究竟发挥了什么功能?对使用者能提供什么好处?在什么动机或背景下产生了新产品的观念?这些也要依据上述商品的特征,详细地列出来。第三个阶段是客户的利益(B)。如果客户是零售店或批发商,当然其利益可能有各种不同的形态。但基本上,我们必须考虑商品的利益(A)能否真正带给客户利益(B),也就是说,要结合商品的利益与客户所需要的利益。最后是保证满足消费者需要的证据（E）。即证明书、样品、商品展示说明、视频资料等。

2. FABE 模式的句式

针对不同顾客的购买动机，把最符合顾客要求的商品利益，向顾客推介是最关键的内容，最精确有效的办法，是利用特点（F）、功能（A）、好处（B）和证据（E）。其标准句式是："因为（特点）……从而有（功能）……对您而言（好处）……你看（证据）……"

1) 特点（Feature）"因为……"

特点，是描述商品的款式、技术参数、配置；特点，是有形的，这意味着它可以被看到、尝到、摸到和闻到；特点，是回答了"它是什么"。

2) 功能（Advantage）："从而有……"

功能，是解释了特点如何能被利用；功能，是无形的，这意味着它不能被看到、尝到、摸到和闻到；功能，回答了"它能做到什么……"。

3) 好处（Benefit）："对您而言……"

好处，是将功能表述成一个或几个购买动机，即告诉顾客将如何满足他们的需求；好处是无形的：有自豪感、自尊感、显示欲等好处，回答了"它能为顾客带来什么好处"。

4) 证据（Evidence）："你看……"

证据，是向顾客证实你所讲的好处证据，是有形的，可见、可信。证据回答了"怎么证明你讲的好处"。

3. FABE 模式的运用

1) 从顾客分类和顾客心理入手

恰当使用"一个中心，两个基本法"。"一个中心"是以顾客的利益为中心，并提供足够的证据。"两个基本法"是灵活运用观察法和分析法。

2) 3＋3＋3 原则

3 个提问（开放式与封闭式相结合）：

"请问您购买该产品主要用来做什么？"

"请问还有什么具体要求？"

"请问您大体预算投资多少？"

3 个注意事项：

把握时间观念（时间成本）；

投其所好（喜好什么）；

给顾客一份意外的惊喜（赠品）。

3 个掷地有声的推销点（应在何处挖掘？）：

质量、款式价格、售后附加价值等。

小案例

以冰箱的省电作为卖点，按照 FABE 的销售技巧

（特点）你好，这款冰箱最大的特点是省电，它每天的用电才 0.35 度，也就是说 3 天才用一度电。

(优势)以前的冰箱每天用电都在1度以上,质量差一点可能每天耗电达到2度。现在的冰箱耗电设计一般是1度左右。你一比较就可以知道一天可以省多少钱。

(利益)假如0.8元一度电,一天可以省0.5元,一个月省15元。就相对于省你的手机月租费了。

(证据)这款冰箱为什么那么省电呢?

(利用说明书)你看它的输入功率是70瓦,就相当于一个电灯的功率。这款冰箱用了最好的压缩机、最好的制冷剂、最优化的省电设计,它的输入功率小,所以省电。

(利用销售记录)这款冰箱销量非常好,你可以看看我们的销售记录。假如合适的话,我就帮你试一台机。

资料来源:中国市场营销论坛,
http://www.marketingbbs.cn/viewthread.php?tid=15229&page=1&authorid=15401.

5.2.4 PRAM模式

1. PRAM销售模式的含义

PRAM销售模式包括四个步骤:计划(Plans)、关系(Relationships)、协议(Agreements)、持续(Maintenance),简称PRAM模式。PRAM销售模式的含义如下。

第一,推销员要考虑自己能为顾客带来什么。推销员在与顾客接触时,首先要问自己:"我应该朝哪个方向努力,才能使顾客回应我真正想要的?"

第二,推销员必须清楚顾客是向人们购买东西而不是向公司,而且人们总是乐意为自己了解并信赖的朋友推荐产品。因此推销员要花些时间和那些能够影响自己成败的人建立良好的关系。

第三,推销员要确定自己使用的销售原则,是双赢的哲学,即相信自己和顾客都能从交易中得到自己所需要的。

第四,推销员不要忘记持续使用PRAM原则。当有顾客在为你疲于奔波的时候,推销员不要忘记给他们相应的回报,让他们体会到你感谢他们的心情,让他觉得自己的辛劳有代价。

2. PRAM销售模式的四个步骤

1)计划

双赢销售模式的第一步是制订一个双赢式的销售计划。这个计划的本意就是要回答以下这个问题:如何做才能使顾客乐意与我交往,愿意与我打交道?

2)关系

即推销员与顾客建立良好的人际关系。人们会为自己喜欢和信任的人卖命,却不会为没有交情的人奔走工作。当然,建立关系就是一种相互间的承诺,帮助一个人必须能保证日后有事相求时,对方也会义不容辞。

3)协议

人际关系网建立起来后,推销员和顾客之间就可以晋升到协议的阶段,推销员可以给顾客所需要的,以换取推销员所想要的。值得注意的是,前面两个步骤必须彻底实行:计划制订得完善、人际关系通畅无阻，然后订立协议就只是细部作业而已。协议必须对双方都有好处，如果只是单方面受益，彼此关系就会变得对立，要谈妥协议就会很困难。

4）持续

真正的销售始于售后。推销员要想使顾客再次光临，并使顾客能够为自己介绍新客户，协议、关系、计划三者都必须是持续的。

在产品卖给顾客之后，推销员的当务之急就是要确保协议能得到彻底执行。一旦协议无法持续，双方的销售关系就会立即结束；其次是保持良好的关系。如果信用不存在，要达成双方都满意的协议是不可能的。如果推销员能继续不断地和顾客保持良好的关系，也就为自己今后的成功奠定了良好的基础。

3. 应用 PRAM 销售模式的注意事项

双赢式销售是一个连续的过程，只有起点没有终点。推销员要不断地按计划——关系——协议——维持进行循环。然而，许多推销员犯的最大错误就是，不是把推销过程看成是一个连续的活动过程，而是把它看成是一个个独立的、个别的过程。他们把自己与顾客的初次会面作为开始，而把达成协议后的握手作为终结。他们没有认识到推销必须要包括这四个步骤，要使下一个步骤成功，首先就必须使前一个步骤顺利进行；而且也不理解推销是连续的，不理解在协议达成之后，自己的行动会给对方的行动带来多大的影响，从而也就不能做到为下一次销售活动的进行奠定良好的基础。大多数推销员都抱着不愿输给对方的态度与顾客接触，其结果也是不言而喻的。

思考题

1. 简述销售方格图的含义和指导意义。
2. 简述顾客方格图的含义和指导意义。
3. 费比模式有什么指导意义？
4. AIDA 模式有什么指导意义？

本章案例

案例1 把冰卖给爱斯基摩人

汤姆·霍普金斯是全球第一名推销训练大师，被誉为"世界上最伟大的推销大师"，接受过他训练的学生在全球超过一千万人。

汤姆·霍普金斯在初踏入销售界的前6个月屡遭败绩，于是潜心学习钻研心理学、公关学、市场学等理论，结合现代观念推销技巧，终于大获成功。

他在美国地产界三年内赚到三千多万美元，成为金氏世界记录地产业务员单年内销售最多房屋的保持者，平均每天卖一幢房子，并成功参与了可口可乐、迪士尼、宝洁公司等杰出企业的推销策划。汤姆·霍普金斯在接受一家大都市报纸记者的采访时，记者向他提出一个挑战性的问题，要他当场展示一下如何把冰卖给爱斯基摩人。于是就有了下面这个脍炙人口的销售故事。

汤姆：您好！爱斯基摩人。我叫汤姆·霍普金斯，在北极冰公司工作。我想向您介绍一下北极冰给您和您的家人带来的许多益处。

爱斯基摩人：这可真有趣。我听到过很多关于你们公司的好产品，但冰在我们这儿可不稀罕，它用不着花钱，我们甚至就住在这东西里面。

汤姆：是的，先生。注重生活质量是很多人对我们公司感兴趣的原因之一，而看得出来您就是一个注重生活质量的人。你我都明白价格与质量总是相连的，能解释一下为什么你目前使用的冰不花钱吗？

爱斯基摩人：很简单，因为这里遍地都是。

汤姆：您说得非常正确。你使用的冰就在周围。日日夜夜，无人看管，是这样吗？

爱斯基摩人：噢，是的。这种冰太多太多了。

汤姆：那么，先生。现在冰上有我们，你和我，那边还有正在冰上清除鱼内脏的邻居，北极熊正在冰面上重重地踩踏。还有，你看见企鹅沿水边留下的脏物吗？请您想一想，设想一下好吗？

爱斯基摩人：我宁愿不去想它。

汤姆：也许这就是为什么这里的冰是如此……能否说是经济合算呢？

爱斯基摩人：对不起，我突然感觉不大舒服。

汤姆：我明白。给您家人饮料中放入这种无人保护的冰块，如果您想感觉舒服必须得先进行消毒，那您如何去消毒呢？

爱斯基摩人：煮沸吧，我想。

汤姆：是的，先生。煮过以后您又能剩下什么呢？

爱斯基摩人：水。

汤姆：这样你是在浪费自己时间。说到时间，假如您愿意在我这份协议上签上您的名字，今天晚上你的家人就能享受到最爱喝的，又干净、卫生的北极冰块饮料。噢，对了，我很想知道你的那位清除鱼内脏的邻居，您以为他是否也乐意享受北极冰带来的好处呢？

资料来源：现代营销.2006年第7期。

案例2 把梳子卖给和尚

把梳子卖给和尚，正如把冰卖给爱斯基摩人，把防毒面具卖给森林中的马鹿一样，推销的都是客户并不需要的产品，看上去都是一件不可能完成的任务，对大多数推销员而言，都会是一个不可能有结果的结果。但是，对于推销高手与销售精英而言，更多接受的却正是类似不可能完成的任务和超越自我的挑战，他们所要求完成的工作就是将幻想变成理想，把理想变成现实，将所有不可能通过努力和技巧变成一种实实在在的可能！且看一段推销高手推销实务的精彩案例。

从前，有二名推销梳子的推销员，姑且称他们为张三和李四吧，每天走街串巷，到处推销梳子。有一天，二人结伴外出，无意中经过一处寺院，望着人来人往的寺院，张三大失所望，"唉，怎么会跑到这个鬼地方，这里全是一群……哪有和尚会买梳子呢？"于是打道回府。（点评：轻易放弃推销机会是普通推销员经常犯的错误）

刚刚看到寺院的招牌，李四本来也是心内一凉，非常失望，但长期以来形成的职业习惯和不断挑战自我的精神又告诉自己："既来之，则安之，不行动怎么会有结果呢？事在人为嘛！"（点评：同样是一枝玫瑰花，悲观者看到的是刺，乐观者看到的是花，不同心态与心智模式会导致不同的结果与命运，而推销高手必备的基本心态就是积极的心态，即使只有一线

希望，也要全力以赴去争取）于是，径直走进了寺院，待见到方丈时心内已想好了沟通的切入点。（点评：反应迅速，行动敏捷）

见面施礼后，李四先声夺人的问道："方丈，您身为寺院主持，可知做了一件对佛大不敬的事情吗？"（点评：摸准沟通对象的心理特点，可以尽快找准切入点，迅速引起对方注意和好奇）

方丈一听，满脸诧异，诚惶诚恐的问道："敢问施主，老纳有何过失？"

"每天如此多的善男信女风尘仆仆，长途跋涉而来，只为拜佛求愿。但他们大多满脸污垢，披头散发，如此拜佛，实为对佛之大不敬，而您身为寺院主持，却对此视而不见，难道没有失礼吗？"（点评：针对老和尚宽容仁和的品质，讲话语气略重，并无不妥，反而会引起对方充分重视）

方丈一听，顿时惭愧万分："阿弥陀佛，请问施主有何高见？"（点评：客户主动询问解决方案时，已经很好地介入了销售环节，此时就是销售的良机）

"方丈勿急，此乃小事一桩，待香客们赶至贵院，只需您安排盥洗间一处，备上几把梳子，令香客们梳洗完毕，干干净净，利利索索拜佛即可！"李四答道。（点评：合理的解决方案可以让对方紧张的情绪得到放松，购买的欲望得以提升）

"多谢施主高见，老纳明日安排人下山购梳。"（点评：成功的推销应该让客户感觉购买决定是自己做出的，而非外人强加的）

"不用如此麻烦，方丈，区区在下已为您备好了一批梳子，低价给您，也算是我对佛尽些心意吧！"（点评：成交绿灯闪现，立刻顺水推舟，很快进入合作签约主题）

经商讨，李四以每把3元的价格卖给了老和尚10把梳子。

李四满头大汗地返回住所，恰巧让张三看到："嗨，李四，和尚们买梳子了吗？"张三调侃道。

"买了，不过不多，仅仅十把而已。"

"什么！十把梳子？卖给了和尚？"张三瞪大了眼睛，张开的嘴巴久久不能合拢。"这怎么可能呢？和尚也会买梳子？向和尚推销梳子不挨顿揍就阿弥陀佛了，怎么可能会成功呢？"（成功者找方法，失败者找借口）

于是李四一五一十将推销过程告诉了张三，听完以后，张三顿觉恍然，"原来如此，自愧不如啊，佩服、佩服！"嘴上一边说，心里一边想："为什么我会放弃这个好机会呢？老和尚真是慷慨啊，一下子就买十把梳子，还有没有机会让他卖出更多的价格更高的梳子呢？"（点评：摔倒爬起来抓把沙，推销员不怕犯错，只要能从失败中吸取教训，学到东西）脑筋一转，计上心来，（点评：多动脑筋，少走弯路）当天晚上便与梳子店老板商量，连夜赶制了100把梳子，并在每把梳子上都画了一个憨态可鞠的小和尚，并署上了寺院的名字。（点评：个性化的新产品会引起客户更多的需求，带来更多的销售机会）

第二天一早，张三带着这100把特制梳子来到了寺院，找到方丈后，深施一礼："方丈，您是否想过振兴佛门，让我们的寺院名声远播、香火更盛呢？"（点评：新的切入点，仍然围绕客户的心理做文章）

"阿弥陀佛，当然愿意，不知施主有何高见？"

"据在下调查，本地方圆百里以内共有五处寺庙，每处寺庙均有良好服务，竞争激烈啊！像您昨天所安排的香客梳洗服务，别的寺庙早在二个月前就有了，要想让香火更盛，名声更

大，我们还要为香客多做一些别人没做的事情啊！"（点评：从竞争角度入手，更易令客户产生浓厚兴趣）

"请问施主，我院还能为香客们多做些什么呢？"

"方丈，香客们来也匆匆，去也匆匆，如果能让他们空手而来，有获而走，岂不妙哉？"

"阿弥陀佛，本寺又有何物可赠呢？"

"方丈，在下为贵院量身定做了100把精致工艺梳，每把梳子上均有贵院字号，并画可爱小和尚一位，拜佛香客中不乏达官显贵，豪绅名流，临别以梳子一把相赠，一来高僧赠梳，别有深意；二来他们获得此极具纪念价值的工艺梳，更感寺院服务之细微，如此口碑相传，很快可让贵院名声远播，更会有人慕名求梳，香火岂不愈来愈盛呢？"

方丈听后，频频点头，张三遂以每把5元的价格卖给方丈100把梳子。（点评：更多产品，更高价格，用心就可以将事情做得更好）

张三大功告成，兴致冲冲地回来与李四炫耀自己的成功推销，李四听完，默不作声，悄悄离开。（点评：有启发，有思考，就有更好的结局）

当晚李四与梳子店老板密谈，一个月后的某天清晨，携1 000把梳子拜见方丈，双方施礼后，李四首先问了方丈原来购买张三梳子的赠送情况，看到方丈对以往合作非常满意，便话锋一转，深施一礼："方丈，在下今天要帮您做一件功德无量的大好事！"（点评：切入点升级，以求引起对方更高兴致）

待方丈询问原因，李四将自己的宏伟蓝图向方丈描绘：寺院年久失修，诸多佛像已破旧不堪，重修寺院，重塑佛像金身已成为方丈终生夙愿，然则无钱难以铭志，如何让寺院在方丈有生之年获得大笔资助呢？李四拿出自己的1 000把梳子，分成了二组，其中一组梳子写有"功德梳"，另一组写有"智慧梳"，比起以前方丈所买的梳子，更显精致大方。李四对方丈建议，在寺院大堂内贴有如下告示："凡来本院香客，如捐助10元善款，可获高僧施法的智慧梳一把，天天梳理头发，智慧源源不断；如捐助20元善款，可获方丈亲自施法的功德梳一把，一旦拥有，功德常在，一生平安，等等"，如此以来，按每天3 000香客计算，若有1 000人购智慧梳，1 000人购功德梳，每天可得善款约3万元，扣除我的梳子成本，每把8元，可净余善款1.4万元，如此算来，每月即可筹得善款四十多万元，不出一年，梦想即可成真，岂不功德无量？（必要时的数字与逻辑说明，会更具说服力）

李四讲得兴致勃勃，方丈听得心花怒放，二人一拍即合，当即购下1 000把梳子，并签订长期供货协议，如此一来，寺院成了李四的超级专卖店。（以客户需求为导向，紧紧抓住客户的消费心理，大胆设想，小心求证，逐步引导，最终实现目标）

企业苦苦寻找的不正是此种推销高手与销售精英吗？

资料来源：蒋光宇《把梳子卖给和尚》北方文艺出版社。

第 6 章 销售过程的基本规范

【本章导读】
了解销售活动中的商务礼仪
了解销售活动中的其他规范

6.1 销售活动中的礼仪规范

销售人员如果平时多一个温馨的微笑、一句热情的问候、一个友善的举动、一副真诚的态度……也许能使生活、工作增添更多的乐趣，使人与人之间更容易交往、沟通。作为社会生活的一员，有义务也有必要把讲究礼仪作为维护公共秩序、遵守社会公德的一个准则，通过自律不断地提高个人自身修养，使自己成为真正社会公德的维护者。

顾客满意与忠诚作为众多企业的服务宗旨，充分地反映了企业对每位员工的期望。作为一名销售人员，其一言一行都代表着企业形象，对客户能否进行优质服务直接影响到企业的声誉，企业即使有再好的商品或服务，而对客户服务不周，态度不佳，恐怕也会导致公司的信誉下降，业绩不振。总之，规范礼仪是企业对每位员工的基本要求。

6.1.1 仪容仪表

仪容仪表是给客户的第一视觉效应，第一印象往往是深刻而长久的。我们必须从细微处着手去建立与客户相处的信心，并主动创造良好的销售氛围。注意事项如下，参考图 6-1 和图 6-2。

1. 衬衣领口与袖口保持洁净

衬衣要扣上风纪扣，不要挽袖子。质地、款式与颜色与其他服饰相匹配，并符合自己的年龄、身份和公司的形象。

2. 领带端正整洁，不歪不皱

领带不宜过分华丽和耀眼。不同款式的领带代表不同含义，一般认为：斜纹代表果断权威、稳重理性，适合在谈判、主持会议、演讲的场合；圆点、方格代表中规中矩、按部就班、适合初次见面和见长辈上司时用；不规则图案代表活泼、有个性、创意和朝气，较随意，适合酒会、宴会和约会。

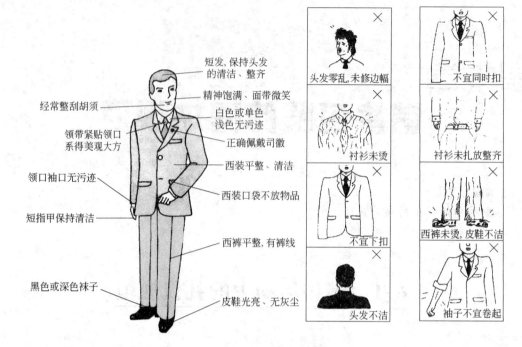

图 6-1　男职员在仪表方面的注意事项

资料来源：平安礼仪培训教材

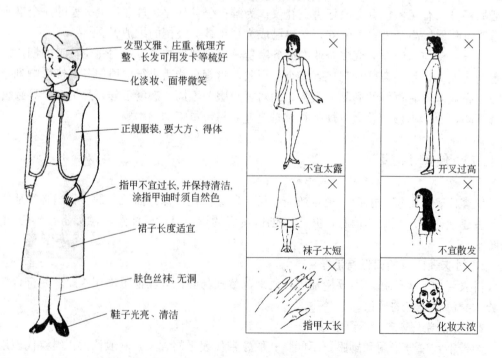

图 6-2　女职员在仪表方面应注意事项

资料来源：平安礼仪培训教材

3. 西装整洁笔挺

保证西装背部无头发和头屑,不打皱,不过分华丽。与衬衣、领带和西裤匹配。与人谈话或打招呼时,将第一个纽扣扣上。上口袋不要插笔,所有口袋不要因放置钱包、名片、香烟、打火机等物品而鼓起来。

4. 女性胸饰、徽章佩戴端正

一般不要佩戴与工作无关的胸饰,胸部不宜袒露,服装整洁无皱。穿职业化服装,不穿时装、艳装、晚装、休闲装、透明装、无袖装和超短裙。

5. 皮带、皮鞋得当

不要选用怪异的皮带头,鞋袜搭配得当,系好鞋带。鞋面洁净亮泽,无尘土和污物,不宜钉铁掌,鞋跟不宜过高、过厚和怪异。袜子干净无异味,不露出腿毛。女性穿肉色短袜或长筒袜,袜子不要脱落和脱丝。

6. 头发洁净整齐

确保头发无头屑,不染发,不做奇异发型。男性不留长发,女性尽量不留披肩发,也不用华丽头饰。眼睛无眼屎,无睡意,不充血,不斜视。眼镜端正、洁净明亮。不戴墨镜或有色眼镜,女性不画眼影,不用人造睫毛。耳朵内外干净,无耳屎。女性不戴耳环。鼻子干净,不流鼻涕,鼻毛不外露。男性胡子刮干净或修整齐,不留长胡子,不留八字胡或其他怪状胡子。牙齿整齐洁白,口中无异味,嘴角无泡沫,会客时不嚼口香糖等食物。女性不用深色或艳丽口红,脸部洁净,无明显粉刺。女性施粉适度,不留痕迹。保持手部洁净,指甲整齐,不留长指甲,不涂指甲油。帽子整洁、端正,颜色与形状符合自己的年龄与身份。

6.1.2 动作与姿势

1. 站姿

挺胸、收腹、紧臀、颈项挺直、头部端正、微收下颌,面带微笑、目视前方,两臂自然下垂,两手伸开,手指落在腿裤缝处。特殊营业场所两手可握在背后或两手握在腹前,右手在左手上面。两腿绷直,脚尖与肩同宽,脚尖向外微分。如图6-3所示。

图6-3 站姿与坐姿

2. 坐姿

眼睛直视前方，用余光注视座位，轻轻走到座位正面，轻轻落座，避免扭臀寻座或动作太大引起椅子乱动及发出响声。当客人到访时，应该放下手中事情站起来相迎，当客人就座后自己方可坐下。造访生客时，坐落在座椅前1/3，造访熟客时，可落在座椅的2/3，不得靠椅背。如图6-3所示。

女士着裙装落座时，应用两手将裙子向前轻拢，以免坐皱或显出不雅。听人讲话时，上身微微前倾或轻轻将上身转向讲话者，用柔和的目光注视对方，根据谈话的内容确定注视时间长短和眼部神情，不可东张西望或显得心不在焉。

两手平放在两腿间，也不要托腮，玩弄任何物品或有其他小动作，两腿自然平放，不跷二郎腿。男士两腿间距可容一拳，女士两腿应并拢，脚不要踏拍地板或乱动。

从座位上站起，动作要轻避免引起座椅倾倒或出现响声，一般从座椅左侧站起，离位时，要将座椅轻轻抬起到原位，再轻轻落下，忌拖或推椅子。

3. 动姿

行走时步伐要适中，女性多用小步。切忌大步流星，严禁奔跑（危急情况例外），也不可脚擦着地板走，行走时上身保持站姿标准。大腿动作幅度要小，主要以向前弹出小腿带出步伐。忌讳扭臀等不雅动作，也不要在行走时出现明显的正反"八字脚"，走廊、楼梯等公共通道员工应靠左而行，不宜在走廊中间大摇大摆。几人同行时，不要并排走，以免影响客人或他人通行。如确需并排走时，并排不要超过3人，并随时注意主动为他人让路，切忌横冲直撞。在任何地方遇到客人，都要主动让路，不可抢行。在单人通行的门口，不可两人挤出挤进。遇到客人或同事，应主动退后，并微笑着做出手势"您先请"。

在走廊行走时，一般不要随便超过前行的客人，如需超过，首先应说声"对不起"，待客人闪开时说声"谢谢"，再轻轻穿过。和客人、同事对面擦过时，应主动侧身，并点头问好，给客人做向导时，要走在客人前两步远的一侧，以便随时向客人解说和照顾客人，行走时不得哼歌曲、吹口哨或跺脚，工作时不得忸怩作态，做鬼脸，吐舌、眨眼、照镜子等。上班时间不得在营业场所吸烟或吃东西，注意"三轻"，即说话轻、走路轻、操作轻。

4. 常用礼节

1）握手

握手是我们日常工作中最常使用的礼节之一。握手时，伸手的先后顺序是上级在先、主人在先、长者在先、女性在先。握手时间一般在两三秒或四五秒之间为宜。握手力度不宜过猛或毫无力度。要注视对方并面带微笑。

具体而言，握手时手要洁净、干燥和温暖。先问候再握手。伸出右手，手掌呈垂直状态，五指并用，握手3秒左右。不要用左手握手。与多人握手时，遵循先尊后卑、先长后幼、先女后男的原则。若戴手套，先脱手套再握手。切忌戴着手套握手或握完手后擦手。握手时注视对方，不要旁顾他人他物。用力要适度，切忌手脏、手湿、手凉和用力过大。与异性握手时用力轻、时间短，不可长时间握手和紧握手。掌心向上，以示谦虚和尊重，切忌掌心向下。

为表示格外尊重和亲密,可以双手与对方握手。要按顺序握手,不可越过其他人正在相握的手去同另外一个人握手。

2) 鞠躬

鞠躬也是表达敬意、尊重、感谢的常用礼节。鞠躬时应从心底发出对对方表示感谢、尊重的意念,从而体现于行动,给对方留下真诚的印象。一般与客户交错而过时,面带微笑,行15度鞠躬礼,头和身体自然前倾,低头比抬头慢。接送客户时,行30度鞠躬礼。初见或感谢客户时,鞠躬角度可以适当增大。鞠躬时要注意避免以下几种情形,如图6-4所示。

1. 只弯头的鞠躬　　2. 不看对方的鞠躬　　3. 头部左右晃动的鞠躬

4. 双腿没有并齐的鞠躬　　5. 驼背式的鞠躬　　6. 可以看到后背的鞠躬

图 6-4　鞠躬时注意事项

资料来源:精品资料网.http://www.cnshu.cn/qygl/13188.html,平安礼仪培训教材。

3) 手势

需要用手指引某样物品或接引顾客和客人时,食指以下靠拢,拇指向内侧轻轻弯曲,指示方向。

向远距离的人打招呼时,伸出右手,右胳膊伸直高举,掌心朝着对方,轻轻摆动。不可向上级和长辈招手。

4) 视线

与顾客交谈时,两眼视线落在对方的鼻间,偶尔也可以注视对方的双眼。恳请对方时,注视对方的双眼。为表示对顾客的尊重和重视,切忌斜视或光顾他人他物,避免让顾客感到你不懂礼貌和心不在焉。如图6-5所示。

5) 距离

熟悉的人交谈距离在70~80厘米,陌生人应保持在1~1.2米左右;站立交谈时距离保持在2个手臂长度,坐着时保持一个手臂长度,一站一坐时保持一个半手臂长度。

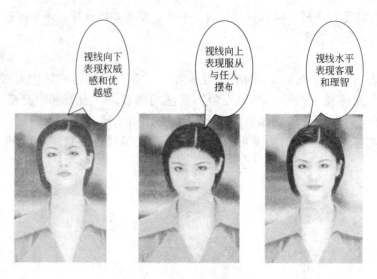

图6-5 视线的角度
资料来源：红敏心理咨询工作室。

6.1.3 接待语言规范

1. 问候

上班时大家见面应相互问好，一天工作的良好开端应从相互打招呼、问候开始，公司员工早晨见面时互相问候"早上好！"等。因公外出应向部门或室内的其他人打招呼；在公司或外出时遇见客人，应面带微笑主动上前打招呼；下班时也应相互打招呼后再离开，如"明天见""再见"等。常见的问候语有：

1）"您好"或"你好"

初次见面或当天第一次见面时使用。清晨（十点钟以前）可使用"早上好"、"您早"等，其他时间使用"您好"或"你好"。

2）"欢迎光临"或"您好"

前台接待人员见到客人来访时使用。

3）"对不起，请问……"

向客人等候时使用，态度要温和且有礼貌。

4）"让您久等了"

无论客人等候时间长短，均应向客人表示歉意。

5）"麻烦您，请您……"

如需让客人登记或办理其他手续时，应使用此语。

6）"不好意思，打扰一下……"

当需要打断客人或其他人谈话的情况时使用，要注意语气和缓，音量要轻。

7）"谢谢"或"非常感谢"

对其他人所提供的帮助和支持，均应表示感谢。

8)"再见"或"欢迎下次再来"

客人告辞或离开时使用。

2. 交谈

与人交谈时，首先应保持衣装整洁，交谈时，用柔和的目光注视对方。面带微笑，并通过轻轻点头表示理解客人谈话的内容或主题；站立或落座时，应保持正确站姿与坐姿，切忌双手叉腰、插入衣服口袋、交叉胸前或摆弄其他物品。与他人讲话时，不可整理衣服、弄头发、摸脸、挖耳朵、抠鼻了、挠痒痒、敲桌子等，严禁大笑及手舞足蹈。

在客人讲话时，不得经常看手表，三人交谈时，要使用三人均听得懂的语言，不得模仿他人的语言、语调或手势及表情。在他人后面行走时，不要发出诡谲的笑声，以免产生误会。讲话时，"请"、"您"、"谢谢"、"对不起"、"不用客气"等礼貌语言要经常使用，不准讲粗言秽语或使用蔑视性和污辱性的语言。不开过分的玩笑。

不得以任何借口顶撞、讽刺、挖苦、嘲弄别人，不得与顾客争辩，更不允许举止鲁莽、语言粗俗，不管客户态度如何都必须以礼相待，不管客户情绪多么激动都必须保持冷静。

称呼顾客时，要多称呼姓氏，用"某先生"或"某小姐或某女士"，不知姓氏时，要用这位先生或这位小姐或女士。多人在场谈话时涉及在场的其他人时，不能用"他"指他人，应呼其名或"某某先生"或"这位小姐或女士"。无论任何时候从客人手中接过任何物品，都要说"谢谢"，对客人造成的任何不便都要说"对不起"，将证件等递还客人时应予以致谢，不能将证件一声不吭地扔给客人或是扔在桌面上。

客人讲谢谢时，要答不用谢或不用客气，不得毫无反应。任何时候招呼他人均不能用"喂"。对客人的问询不能回答"不知道"，的确不清楚的事情，要先请客人稍候，再代客询问，或请客人直接与相关部门或人员联系。

不得用手指或笔杆为客人指示方向。在服务或打电话时，如有其他客人，应用点头和眼神示意欢迎、请稍候，并尽快结束手头的工作，不得无所表示而冷落客人。如确有急事或接电话而需离开面对的客人时，必须讲"对不起，请稍候"，并尽快处理完毕。回头再次面对客人时，要说"对不起，让你久等了"，不得一言不发就开始服务。

如果要与客人谈话，要先打招呼，如正逢客人在与别人谈话时，不可凑前旁听，如有急事需立即与客人说时，应趋前说"对不起，打扰一下可以吗？我有急事要与这位先生商量"，如遇客人点头答应，应表示感谢。

谈话中如要咳嗽或打喷嚏时，应说"对不起"，并转身向侧后下方，同时尽可能用手帕遮住。客人来到公司时，应讲"欢迎您光临"，送客时应讲"请慢走"或"欢迎下次光临"。说话时声调要自然、清晰、柔和、亲切、热情，不要装腔作势，音量要适中。

6.1.4 电话礼仪

商务活动中电话沟通非常重要，一般而言，所有电话，务必在三声之内接答。接电话时，先问好，后介绍单位名称，再讲"请问能帮您什么忙？"不得倒乱次序，要带着微笑的声音去说电话。通话时，手旁需准备好笔和纸，记录下对方所讲的要点，对方讲完时应简单复述一遍以确认。通话时，若中途需要与人交谈，要说对不起，并请对方稍候，同时用手捂住送话筒，方可与人交谈。

当客人在电话中提出问讯或查询时，不仅要礼貌地回答，而且应尽量避免使用"也许"、"可能"、"大概"之类语意不清的回答。不清楚的问题应想办法搞清楚后再给客人以清楚明确的回答，如碰到自己不清楚而又无法查清的应回答"对不起，先生，目前还没有这方面的资料"。如碰到与客人通过程中需较长时间查询资料，应不时向对方说声"正在查找，请您再稍等一会儿"。通话完毕时，要礼貌道别，如"再见"、"谢谢您"等，并待对方挂断后再轻轻放下话筒。客人或同事相互交谈时，不可以随便插话，特殊需要时必须先说"对不起，打搅您"。对客人的疑难问题或要求应表现充分的关心，并热情地询问，不应以工作忙为借口而草率应付。

客人提出过分要求时，应耐心解释，不可发火，指责或批评客人，也不得不理睬客人，任何时候都应不失风度，冷静妥善地处理。全体员工在公司内遇到客人、上级、同事时应主动打招呼问候。做到讲"五声"，即迎客声、称呼声、致谢声、致歉声、送客声，禁止使用"四语"，即蔑视语、烦躁语、否定语和斗气语。凡进入房间或办公室，均应先敲门，征得房内主人的同意方可进入。未经主人同意，不得随便翻阅房内任何东西（文件）。在与上司交谈时未经批准，不得自行坐下。一般接打电话的要点见表6-1和表6-2。

表6-1 接电话的基本要求

顺序	基本用语	注意事项
1. 拿起电话听筒，并告知自己的姓名	"您好，××公司×××"如上午10点以前可使用"早上好" 电话铃响3声以上时"让您久等了，我是××部×××"	电话铃响3声之内接起 在电话机旁准备好记录用的纸笔 接电话时，不使用"喂——"回答，音量适度，不要过高 告知对方自己的姓名
2. 确认对方	"×先生，您好！" "感谢您的关照"等	必须对对方进行确认 如是客户要表达感谢之意
3. 听取对方来电用意	"是"、"好的"、"清楚"、"明白"等回答	必要时应进行记录 谈话时不要离题
4. 进行确认	"请您再重复一遍"、"那么明天在××，9点钟见。"等等	确认时间、地点、对象和事由，如是传言必须记录下电话时间和留言人
5. 结束语	"清楚了"、"请放心……"、"我一定转达"、"谢谢"、"再见"等	
6. 放回电话听筒		等对方放下电话后再轻轻放回电话机上

资料来源：平安礼仪培训教材。

表6-2 拨打电话的基本要求

顺序	基本用语	注意事项
1. 准备		确认拨打电话对方的姓名、电话号码 准备好要讲的内容、说话的顺序和所需要的资料、文件等，明确通话所要达的目的
2. 问候、告知自己的姓名	"您好！我是××公司部的×××"	一定要报出自己的姓名 讲话时要有礼貌

续表

顺序	基本用语	注意事项
3. 确认电话对象	"请问××部的×××先生在吗?""麻烦您,我要找×××先生。""您好!我是×××公司的×××"	必须要确认电话的对方 如与要找的人接通电话后,应重新问候
4. 电话内容	"今天打电话是想向您咨询一下关于××事……"	应先将想要说的结果告诉对方。如是比较复杂的事情,请对方做记录,对时间、地点、数字等进行准确的传达,说完后可总结所说内容的要点
5. 结束语	"谢谢"、"麻烦您了"、"那就拜托您了"等等	语气诚恳、态度和蔼
6. 放回电话听筒		等对方放下电话后再轻轻放回电话机上

资料来源:平安礼仪培训教材。

6.2 销售活动中的其他规范

6.2.1 会客的位次规范

位次一般是指人们或其使用之物在人际交往中,彼此之间各自所处的具体位置的尊卑顺序。在正常情况下,位次的尊卑早已约定俗成,并广为人们所接受、所看中。位次安排指的是依照惯例为人际交往预先安排位次,在不同情况下,位次安排的具体做法往往互不相同。

位次问题之所以重要,不仅仅因为它关系到交往双方的舒适感,而且还关系到一个尊重与否的问题。因为按照一般的交往规则,交往双方的位次是有一定之规的。位高者坐在上位,位低者就坐在下位。而哪里是上位,哪里是下位,这就是位次规范所要解决的问题。

在实际交往中,位次问题几乎随处可见。交往艺术的关键在于位次规范的掌握和运用。常见的位次方式主要有以下几类。

1. 相对式

会客所指的多是礼节性、一般性的人与人之间的相互交往。在会客时,安排位次具体有下述四种基本方式,见图6-6。

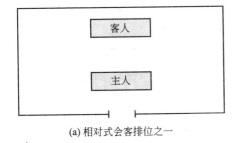

(a) 相对式会客排位之一

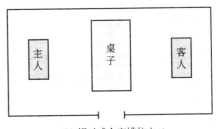

(b) 相对式会客排位之二

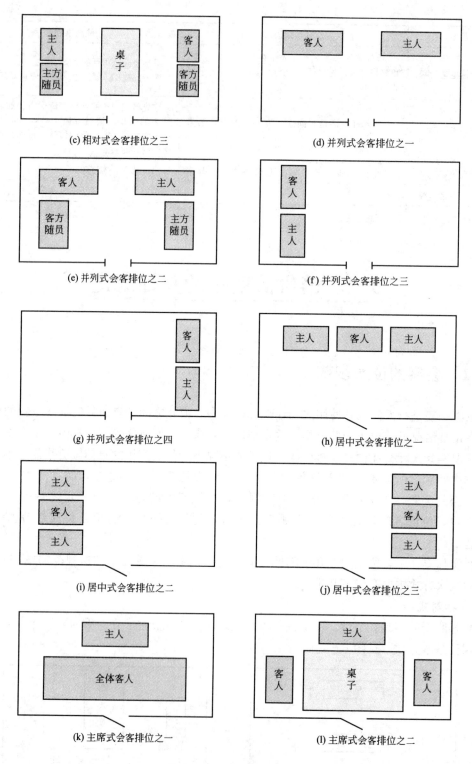

图 6-6 会客位次的安排

资料来源：金正昆. 教你学礼仪. 西安：陕西师范大学出版社，2006。

相对式的具体做法，是宾主双方面对面而坐。这种方式显得主次分明，往往易于使宾主双方公事公办，保持距离。它多适用于公务性交往中的会客。它通常又分为两种情况。一种是双方就座后一方面对正门，另一方则背对正门。此时讲究"面门为上"，即面对正门之座为上座，应请客人就座；背对正门之座为下座，宜由主人就座（见图6-6（a））。另一种是双方就座于室内两侧，并且面对面地就座。此时讲究进门后"以右为上"，即进门后右侧之座为上座，应请客人就座；左侧之座为下座，宜由主人就座（见图6-6（b））。当宾主双方不止一人时，情况亦是如此（见图6-6（c））。

2. 并列式

并列式的基本做法是宾主双方并排就座，以暗示双方"平起平坐"，地位相仿，关系密切。具体分为两类情况。

1）双方一同面门而坐

此时讲究"以右为上"，即主人宜请客人在自己的右侧面就座（见图6-6（d））。若双方不止一人时，双方的其他人员可分别在主人或主宾的侧面按身份高低依次就座（见图6-6（e））。

2）双方一同在室内的右侧或左侧就座

此时讲究"以远为上"，即距门较远之座为上座，应当让给客人；距门较近之座为下座，应留给主人（见图6-6（f）、（g））。

3. 居中式

所谓居中式排位，实为并列式排位的一种特例。它是指当多人并排就座时，讲究"居中为上"，即以居于中央的位置为上座，请客人就座；以两侧的位置为下座，由主方人员就座（见图6-6（h）、（i）、（j））。

4. 主席式、自由式

主席式主要适用于在正式场合由主人一方同时会见两方或两方以上的客人。此时，一般应由主人面对正门而坐，其他各方来宾则应在其对面背门而坐。这种安排犹如主人正在主持会议，故称之为主席式（见图6-6（k））。有时，主人亦可坐在长桌或椭圆桌的尽头，而请其各方客人就座在它的两侧（见图6-6（l））。

自由式的做法，是会见时有关各方均不分主次，不讲位次，一律自由择座。进行多方会面时，常常采用此法。

6.2.2 合影的位次规范

1. 国内合影的位次

在正式的交往中，宾主双方通常要合影留念，以示纪念。尤其在涉外交往中，合影更是常见。在合影中宾主如何安排位次，也是一个比较复杂的问题。

正式的合影，既可以排列位次，也可以不排列位次。需要排列具体位次时，应首先考虑到方便拍摄与否。与此同时，还应兼顾场地的大小、人数的多少、身材的高矮、内宾或外宾等。

正式合影的人数，一般宜少不宜多。在合影时，宾主一般均应站立。必要时，可安排前排人员就座，后排人员梯级站立。但是，通常不宜要求合影的参加者蹲着参加拍照。

合影时，若安排参加者就座，应先期在座位上贴上便于辨认的名签。

具体涉及合影的位次问题，关键是要知道内外有别。

国内合影时的位次，一般讲究居前为上、居中为上和居左为上。具体来看，又有单数（见图6-7（a））与双数（见图6-7（b））之别。通常合影时主方人员居右，客方人员居左。

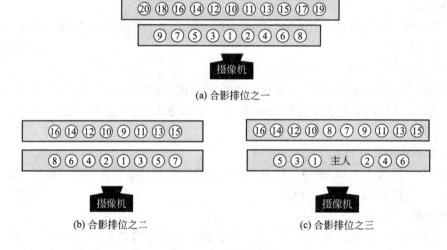

图6-7 合影的位次

2. 涉外合影的排位

在涉外场合合影时，应遵守国际惯例，宜令主人居中，主宾居右，令双方人员分主左宾右依次排开。简言之，就是讲究以右为上（见图6-7（c））。

6.2.3 会议的位次规范

1. 小型会议

会议不同于会客，会客是少数人甚至只是两个人之间的交往，会议则一般是许多人甚至上百人之间的交往。因此，在会议中对宾主的位次安排尤为复杂。

举行正式会议时，通常应事先排定与会者，尤其是其中重要身份者的具体座次。越是重要的会议，其座次排定就越受到社会各界的关注。对有关会场排座的规范，不但需要略知一二，而且必须认真恪守。在实际操办会议时，由于会议的具体规模多有不同，因此其具体的座次排定便存在一定的差异。

小型会议，一般指参加者较少、规模不大的会议。它的主要特征，是全体与会者均应排座，不设立专用的主席台，如图6-8所示。

小型会议的排座，目前主要有三种具体形式。

（1）面门设座。一般以面对会议室正门之位为会议主席之座。其他与会者可在其两侧自左而右地依次就座（见图6-8（a））。

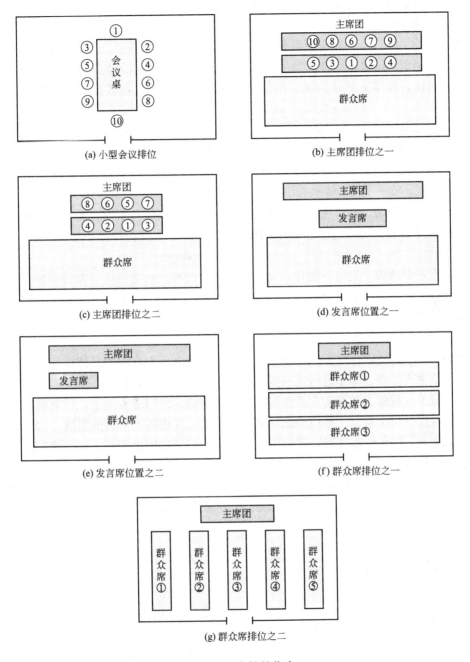

图6-8 会议的位次

(2) 依景设座。是指会议主席的具体位置,不必面对会议室正门,而是应当背依会议室之内的主要景致之所在,如字画、讲台等。其他与会者的排座,则略同于前者。

(3) 自由择座。基本做法是不排定固定的具体座次,而由全体与会者完全自由地选择座位就座。

2. 大型会议

大型会议,一般是指与会者众多、规模较大的会议。其最大特点是会场上应分设主席台与群众席。前者必须认真排座，后者的座次则可排可不排。

1) 主席台排座

大型会场的主席台，一般应面对会场主入口。在主席台上就座之人，通常应当与在群众席上就座之人呈面对面之势。在其每一名成员面前的桌上，均应放置双向的桌签。

主席台排座，具体又可分为主席团排座、主持人坐席、发言者席位等三个不同方面的问题。

其一，主席团排座。主席团，是指在主席台上正式就座的全体人员。国内目前排定主席团位次的基本规则有三：一是前排高于后排，二是中央高于两侧，三是左侧高于右侧。具体来讲，主席团的排座又有单数（见图6-8（b））与双数（见图6-8（c））的区分。

其二，主持人坐席。会议主持人，又称大会主席。其具体位置有三种方式可供选择：一是居于前排正中央；二是居于前排的两侧；三是按其具体身份排座，但又宜令其就座于后排。

其三，发言者席位。发言者席位，又叫做发言席。在正式会议上，发言者发言时不宜就座于原处发言。发言席的常规位置有二：一是主席团的正前方（见图6-8（e））；二是主席台的右前方（见图6-8（f））。

2) 群众席排座

在大型会议上，主席台之下的一切坐席均称为群众席。群众席的具体排座方式有二。

其一，自由式择座。即不进行统一安排，而由大家自择位而坐。

其二，按单位就座。是指与会者在群众席上按单位、部门或者地位、行业就座。它的具体依据，既可以是与会单位、部门的汉字笔画的多少、汉语拼音字母的前后，也可以是其平时约定俗成序列。按单位就座时，若分为前排后排，一般以前排为高，以后排为低；若分为不同楼层，则楼层越高，排序越低。

在同一楼层排座时，又有两种普遍通行的方式：一是以面对主席台为基准，自前往后进行横排（见图6-8（f））；二是以面对主席台为基准，自左而右进行竖排（见图6-8（g））。

6.2.4 谈判的位次

谈判是交往的一种特殊形式。由于谈判往往直接关系到交往双方或双方所在单位的切实利益，因此谈判具有不可避免的严肃性。

举行正式谈判时，有关各方在谈判现场具体就座的位次，要求是非常严格的，礼仪性是很强的。从总体上讲，排列正式谈判的座次可分为两种基本情况。

1. 双边谈判

双边谈判，指的是由两个方面的人士所举行的谈判。在一般性的谈判中，双边谈判最为多见。

双边谈判的座次排列有两种形式供酌情选择。

1) 横桌式

横桌式座次排列，是指谈判桌在谈判室内横放，客方人员面门而坐，主方人员背门而坐。除双方主谈者居中就座外，各方的其他人士应依具体身份的高低，各自先右后左、自高而低地分别在己方一侧就座。双方主谈者的右侧之位，在国内谈判中可坐副手，而在涉外谈判中则应由译员就座（见图6-9（a））。

2）竖桌式

竖桌式座次排列，是指谈判桌在谈判室内竖放。具体排位时以进门时的方向为准，右侧由客方人士就座，左侧则由主方人士就座。在其他方面，则与横桌式排座相仿（见图6-9（b））。

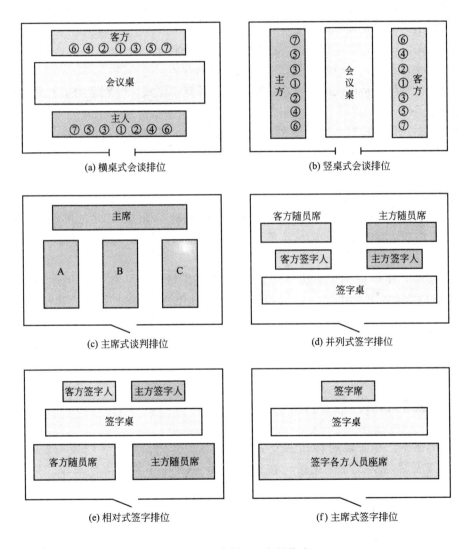

图6-9 谈判和签字的位次

2. 多边谈判

多边谈判，在此是指由三方或三方以上人士所举行的谈判。多边谈判的座次排列，主要分为两种形式。

（1）自由式。各方人士在谈判时自由就座，而无须事先正式安排座次。

（2）主席式。是指在谈判室内面向正门设置一个主席之位，由各方代表发言时使用。其他各方人士，则一律背对正门、面对主席之位分别就座。各方代表发言后，亦须下台就座（见图6-9（c））。

6.2.5 签字的位次

签字仪式，通常是指订立合同、协议的各方在合同、协议正式签署时所正式举行的仪式。举行签字仪式，不仅是对谈判成果的一种公开化、固定化，也是有关各方对自己履行合同、协议所做出的一种正式承诺。

从礼仪上来讲，举行签字仪式时，在力所能及的条件下，一定要郑重其事，认认真真。其中，最引人注目者当属举行签字仪式时座次的排列方式问题。

一般而言，举行签字仪式时，座次排列共有三种基本形式，分别适用于不同的情况。

1. 并列式

并列式排座，是举行双边签字仪式时最常见的形式。其基本做法是：签字桌在室内面门横放。双方出席仪式的全体人员在签字桌后并排排列，双方签字人员居中面门而坐，客方居右，主方居左（见图6-9（d））。

2. 相对式

相对式签字仪式的排座，与并列式签字仪式的排座基本相同。二者之间的主要差别，只是相对式排座将双边签字仪式的随员席移至签字人的对面（见图6-9（e））。

3. 主席式

主席式排座，主要适用于多边签字仪式。其操作特点是：签字桌仍须在室内横放，签字者仍须设在桌后面对正门，但只设一个，并且不固定其就座者。举行仪式时，所有各方人员，包括签字人在内，皆应背对正门、面向签字席就座。签字时，各方签字人应以规定的先后顺序依次走上签字席就座签字，然后即应退回原处就座（见图6-9（f））。

6.2.6 宴会的位次

在人际交往中，尽管政府和社会公众一再反对铺张浪费地请客吃饭，但必要的时候还是应当安排宴席，借以加深感情。接待方更是应当好好款待交往对象，以表示尊重之意。

吃饭本是一件放松的事，许多人在正式会谈结束后，更是希望在饭桌上轻松轻松，远离公务。然而，轻松并非意味着随便。事实上，人们希望受到尊重之意是随时随地存在的，即使是在饭桌上也不例外。因此，我们在参加或组织宴会时，同样要把对对方的尊重表现出来。宴会的位次安排就是重要的一环。

举办正式宴会，一般均应提前排定其位次。宴会的位次通常又可分为桌次安排与席次安排两个具体方面。

1. 桌次的安排

在宴会上，倘若所设餐桌不止一桌，则有必要正式排列桌次。排列桌次的具体讲究有三。

其一，以右为上。当餐桌分为左右时，应以居右之桌为上。此时的左右，是在室内根据"面门为上"的规则所确定的（见图6-10（a））。

其二，以远为上。当餐桌距离餐厅正门有远近之分时，通常以距门远者为上（见图6-10（b））。

其三，居中为上。当多张餐桌并排列开时，一般居中央者为上（见图6-10（c））。

在大多数情况下，以上三条桌次排次的常规往往是交叉使用的（见图6-10（d）、（e）、（f）、（g））。

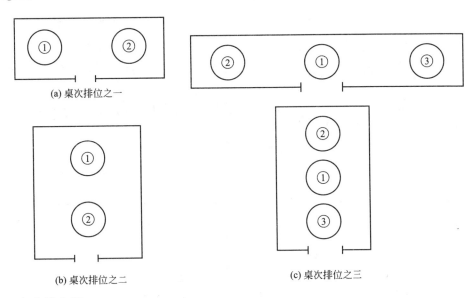

(a) 桌次排位之一

(b) 桌次排位之二

(c) 桌次排位之三

2. 席次的安排

在宴会上，席次具体是指同一张餐桌上席位的高低。中餐宴会上席次安排的具体规则有四。

其一，面门为主。即主人之位应当面对餐厅正门。有两位主人时，双方则可对面而坐，一人面门，一人背门。

其二，主宾居右。主宾一般应在主人右侧之位就座。

其三，好事成双。根据传统习俗，凡吉庆宴会，每张餐桌上就座之人应为双数。

其四，各桌同向。通常，宴会上的每张餐桌上的排位均大体相似（见图6-10（h）、（i）、（j））。

6.2.7 交往规范

1. 名片的使用方法

名片是工作过程中重要的社交工具之一。交换名片时也应注重礼节。我们使用的名片通常包含两个方面的意义，一是标明你所在的单位，另一个是表明你的职务、姓名及承担的责任。总之，名片是自己（或公司）的一种表现形式。因此，在使用名片时要格外注意。

名片不要和钱包、笔记本等放在一起，原则上应该使用名片夹。名片可放在上衣口袋

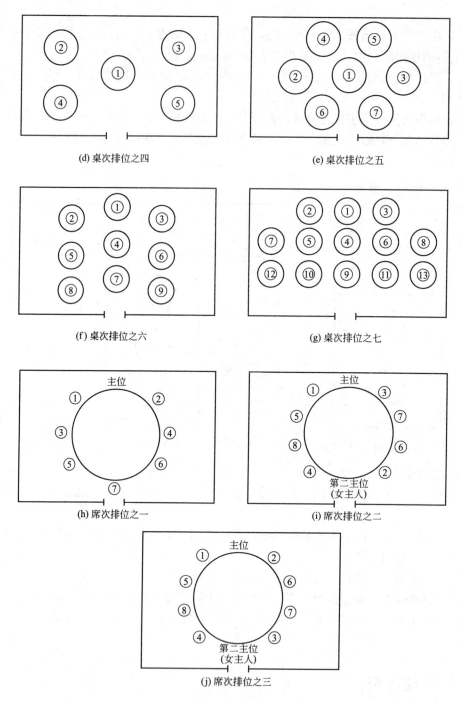

图 6-10 宴会的位次

（但不可放在裤兜里）。要保持名片或名片夹的清洁、平整。

接受名片时必须起身接收名片，应用双手接收，接收的名片不要在上面作标记或写字。接收的名片不可来回摆弄，接收名片时，要认真地看一遍。不要将对方的名片遗忘在座位上，或存放时不注意落在地上。

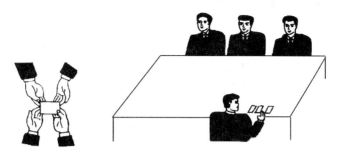

图 6-11 名片的使用

递名片的次序是由下级或访问方先递名片,如是介绍时,应由先被介绍方递名片。递名片时,应说些"请多关照"、"请多指教"之类的寒暄语。互换名片时,应用右手拿着自己的名片,用左手接对方的名片后,用双手托住。互换名片时,也要看一遍对方职务、姓名等。遇到难认字,应事先询问。在会议室如遇到多数人相互交换名片时,可按对方座次排列名片。会谈中,应称呼对方的职务、职称,如"某某经理"、"某某教授"等。无职务、职称时,称"某某先生"、"某某小姐"等,而尽量不使用"你"字,或直呼其名。

2. 介绍的礼节

先介绍位卑者给位尊者;年轻的给年长的;自己公司的同事给别家公司的同事;低级主管给高级主管;公司同事给客户;非官方人事给官方人士;本国同事给外国同事。

自我介绍时应当在不妨碍他人工作和交际的情况下进行。介绍的内容包括公司名称、职位、姓名。给对方一个自我介绍的机会。比如:

您好!我是康佳集团上海分公司的业务代表,我叫王鑫。

请问,我应该怎样称呼您呢?

介绍他人时顺序是:把职位低者、晚辈、男士、未婚者分别介绍给职位高者、长辈、女士和已婚者。

介绍时不可单指指人,而应掌心朝上,拇指微微张开,指尖向上。被介绍者应面向对方。介绍完毕后与对方握手问候,如:您好!很高兴认识您!

避免对某个人特别是女性的过分赞扬。

坐着时,除职位高者、长辈和女士外,应起立。但在会议、宴会进行中不必起立,被介绍人只要微笑点头示意即可。

3. 称呼与致意

按照国际惯例,一般称男性为先生,称未婚女性为小姐,称已婚女性为女士、夫人和太太。中国内地一般称同志、大爷、大叔、大妈、大娘、大哥、大姐等。

根据行政职务、技术职称、学位、职业来称呼。如陈总、吴局长、王教授、刘工、陈博士、曹律师、龚医生。

称呼随时代而变化。服务业(酒店、餐饮)人员过去称服务员,改革开放之初开始称先生、小姐,但是近年来许多地方又开始称服务员。

致意时可以点头或微笑。点头适合于肃静场合(图书馆、音乐厅、电影院)和特定场合(酒会、舞会)。经常见面的人相遇时,可点头相互致意,而不必用有声语言来问候。在社交场合遇见仅有一面之交者,也可相互点头致意。点头时面带微笑,头部微微向下一点即可。

微笑时要自然、真诚、不露牙，不出声。切忌做作和皮笑肉不笑。

4. 餐饮的礼仪

在餐馆约会，男士不能迟到。同时到餐馆时，女士先进门、入坐，男士在旁协助。点菜应先征求女士意见，但叫菜、买单由男士负责（女士做东除外）。用餐时照顾身边的女士。用完餐后，协助女士拿东西，并走在前面开门。

奉茶或咖啡时应准备好杯子、杯垫、托盘、奶精、糖、抹布等器具。各项器具要洁净、完好无缺。不管份数多少，一律使用托盘端送。右手拿抹布，以便茶水或咖啡洒在桌面上时，可以立即擦拭。

先将托盘放在桌面上，再端送给客人。若会客室关着门，应先敲门再进入。进入时面带微笑，点头示意。

奉茶或咖啡的顺序：客人优先；职位高者在先。奉茶或咖啡的动作要求双手捧杯，视状况从客人的正面或斜后方奉上。奶精和糖放在大家方便取用处。双手拿起托盘，后退一步，鞠躬或致意说一句"打扰了"，然后退出，把门关上。

在陪同或应邀与客户共进中餐时应注意，将餐巾放在膝盖上，不可用餐巾擦脸或嘴。完餐后，将餐巾叠好，不可揉成一团。照顾他人时，要使用公共筷子和汤匙。

喝汤用汤匙，不出声，嘴里有食物时，不张口与人交谈。嘴角和脸上不可留有食物残余。剔牙时用手挡住嘴。咳嗽、打喷嚏或打哈欠时，应转身低头用手绢或餐巾纸捂着，转回身时说声"抱歉"。说话时不可喷出唾沫，嘴角不可留有白沫。不可高声谈话，影响他人。

忌用筷子敲打桌面或餐饮器具。忌往桌子对面的客人扔筷子或其他餐具。忌把筷子架在杯子上，忌把筷子插在饭碗或菜盘里。忌讳筷子交叉放置、一头大一头小或反着放。谈话时不要挥舞筷子，也不要把筷子当牙签用。不要把筷子伸到他人面前，也不要插入菜盘深处。不要翻覆挑拣，也不要使筷子在菜盘上游动，不知夹什么菜。夹菜时不要一路滴汤，筷子不要粘满了食物，也不要用嘴吮吸筷子。

敬酒时用双手举杯敬酒，眼镜注视对方，喝完后再举杯表示谢意。碰杯时，杯子不要高于对方的杯子。尊重对方的饮酒习惯和意愿，不以各种理由逼迫对方喝酒。不抽烟，不往地上和桌子底下扔东西。不慎摔碎餐具，应道歉并赔偿。用完餐离座时，将椅子往内紧靠着边。

吃西式自助餐时原则上按照生菜、色拉、主食、甜点、水果顺序取菜，一次取2～3样。盘子如果堆得太满，既不雅观，又混淆原味。选用牛排、猪排、鱼排等食物时，须遵照西餐的礼仪食用。

不要混用专用菜夹，用过的餐盘不可再用。既不可浪费，又不可抱着"捞本"和"不吃白不吃"的心态，暴饮暴食。

注意西餐餐具的使用，左叉固定食物，右刀切割食物。餐具由外向内取用。几道菜会放置几把餐具，每个餐具使用一次。使用完的餐具向右斜放在餐盘上，刀叉向上，刀齿朝内，握把皆向右，等待服务的侍者来收取。

进食时主菜用刀切割，一次吃一块（英国）或者一次切完再逐一食用（美国）。口中有骨头或鱼刺时，用拇指和食指从紧闭的唇间取出。色拉用小叉食用，面条用叉子卷妥食用，面包用手撕成小块放入口中，不可用嘴啃食。喝汤时用汤匙由内往外舀，不可将汤碗端起来喝，喝汤时不可出声。吃水果用叉子取用。嘴里有果核，先轻轻吐在叉子上，再放入盘内。

吃西餐时座姿端正，不可用嘴就碗，应将食物拿起放入口中。取用较远的东西，应请别人递过来，不要离座伸手去拿。嘴里有食物，不可谈话。说话文明，并不要影响邻座的客人。

5. 建立良好的人际关系

商务活动中建立良好的人际关系，是正常、顺利工作的基本保证，需要注意以下几点：

（1）遵时守约；
（2）尊重上级和老同事；
（3）公私分明；
（4）加强沟通、交流；
（5）不回避责任；
（6）态度认真。

此外，公司的正常运转是通过上传下达、令行禁止维持的，上下级要保持正常的领导与被领导关系。不明之处应听从上级指示，在工作中如遇到不能处理、难以判断的事情，应主动向上级汇报听从指示。不与上级争辩，上级布置工作时，应采取谦虚的态度，认真听讲。听取忠告可增进彼此信赖。不应背后议论他人。

思考题

1. 简述销售人员在日常商务活动中应当遵守的礼仪规范。
2. 如何理解遵守销售活动基本规范的重要意义？

本章案例

案例1 尊敬客户的名片

某公司新建的办公大楼需要添置一系列的办公家具，价值数百万元。公司的总经理已做了决定，向A公司购买这批办公用具。

这天，A公司的销售部负责人打电话来，要上门拜访这位总经理。总经理打算，等对方来了，就在订单上盖章，定下这笔生意。

不料对方比预定的时间提前了2个小时，原来对方听说这家公司的员工宿舍也要在近期内落成，希望员工宿舍需要的家具也能向A公司购买。为了谈这件事，销售负责人还带来了一大堆的资料，摆满了台面。总经理没料到对方会提前到访，刚好手边又有事，便请秘书让对方等一会儿。这位销售员等了不到半小时，就开始不耐烦了，一边收拾起资料一边说："我还是改天再来拜访吧。"

这时，总经理发现对方在收拾资料准备离开时，将自己刚才递上的名片不小心掉在了地上，对方却并没发觉，走时还无意从名片上踩了过去。但这个不小心的失误，却令总经理改变了初衷，A公司不仅没有机会与对方商谈员工宿舍的设备购买，连几乎到手的数百万元办公用具的生意也告吹了。

问题：1. 为什么总经理最终拒绝和A公司合作？
2. 推销员应该怎样对待顾客的名片？

案例 2　膝下求情

有一次，原一平和一位资深的同事一起去作客户拜访。在访问一家百货店之后，那位同事觉得很劳累，好在预定的访问任务完成得不错，只剩下有限的几处。原一平决定自己单独前往，留那位同事在百货店休息。

完成了剩下的几处访谈之后，原一平已累得东倒西歪，连步子都迈不稳了。那天恰巧又比较热，原一平不由自主地放松了自己，帽子歪斜着，衣扣不整，敞着领口。他匆匆忙忙赶回那家百货店会合同事，推开玻璃门，边喊一边闯进去。在原一平心里，和那百货店的老板已经是很熟了，便把应该有的礼貌仪容全都抛在了一边。

那位同事已经先走了，百货店的小老板见了原一平那副模样大为不满，愤怒地说：

"早知道你们是这副模样，我压根儿不会投你们明治的保险。我是信任明治保险，没想到你们这些员工却是这么无礼、随便……"

一席话把原一平骂醒了，他完全没有料到自己一时的不修边幅，竟然会带来这么严重的后果，不仅损害了公司的信誉，没准还会使已经达成的协议前功尽弃，甚至还会影响附近其他的准客户。

想到这里，原一平大汗淋漓。他急中生智，立即跪倒在小老板面前，伏地向他道歉。

这个动作有些夸张，把那个小老板愣住了，但也最彻底地表达了原一平的诚意。

这件事的结果终于发生改变，原一平和小老板消除了不愉快，反而还亲近了。小老板主动提出把保险金额提高，比已商定的数额高了好几倍。

虽然最终原一平通过的自己的诚恳挽回了败局，而且还取得了出乎意料的结果，但原一平的心里并不轻松，好多天都被自责和羞愧缠绕着，这是根本不该发生的事！那一刻，原一平的自制力、人格修炼、事业心都到哪去了！跪下道歉是万不得已的举动，他已感到无路可走。可无论怎么说，那对人的自尊仍然是一种伤害。从此以后，原一平时刻注意保持自己的风度和礼仪，再也不敢有一丝懈怠。

问题： 我们能从原一平的膝下求情中得到什么启示？

资料来源：http://wenku.baidu.com/view/67102e62f5335a8102d22046.html。

第 7 章 销售过程管理

【本章导读】
理解人员销售活动的过程
掌握销售活动过程各个环节的技巧

7.1 销售准备

人员推销是指通过推销人员深入组织用户或消费者进行直接的宣传介绍活动,使用户或消费者采取购买行为的促销方式。它是人类最古老的促销方式。在商品经济高度发达的现代社会,人员推销这种古老的形式依然是最重要的一种销售方式。

人员推销的基本形式有上门推销、柜台推销和会议推销等。人员推销具有信息传递的双向性、推销过程的灵活性、推销目的的双重性和满足需求的多样性等特点。一般把人员推销过程分为若干步骤,如图 7-1 所示。

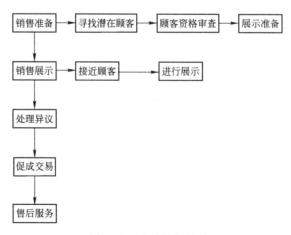

图 7-1 人员销售过程

7.1.1 寻找潜在顾客

寻找客户是销售成功的第一步,常用的寻找客户的方法有以下几种。

1. 普遍寻找法

也称逐户寻找法或地毯式寻找法。要点是，在业务员特定的市场区域范围内，针对特定的群体，用上门、函件、电话、短信、微博或电子邮件等方式对该范围内的组织、家庭或者个人进行寻找与确认的方法。比如，将某市某个居民小区的所有家庭作为普遍寻找对象、将上海地区所有的宾馆、饭店作为地毯式寻找对象等。

普遍寻找法的优势：

（1）地毯式的铺开不会遗漏任何有价值的客户；

（2）寻找过程中接触面广、信息量大、各种客户反应都可能收集到，是分析市场的一种方法；

（3）可以让更多的人了解自己的企业。

普遍寻找法的缺点：

（1）成本高、费时费力；

（2）容易导致客户的抵触情绪。

因此，如果活动可能会对客户的工作、生活造成不良干扰，一定要谨慎进行。普遍寻找法可以采用业务员亲自上门、邮件发送、电话或与其他促销活动结合的方式展开。

2. 广告寻找法

这种方法需要向目标顾客群发送广告吸引顾客上门展开业务活动或者接受反馈展开活动。例如，通过媒体发送某个减肥产品的广告，介绍其功能、购买方式、地点、代理和经销办法等，然后在目标区域展开活动。

广告寻找法的优点是：

（1）传播信息速度快、覆盖面广、重复性好；

（2）相对普遍寻找法更加省时省力。

其缺点是需要支付广告费用，针对性和及时反馈性不强。

3. 介绍寻找法

这种方法是业务员通过他人的直接介绍或者提供的信息进行顾客寻找，可以通过业务员的熟人、朋友等社会关系，也可以通过企业的合作伙伴、客户等进行介绍，主要方式有电话介绍、口头介绍、信函介绍、名片介绍、口碑效应等。

利用这个方法的关键是业务员必须注意培养和积累各种关系，为现有客户提供满意的服务和可能的帮助，并且要虚心请求他人的帮助。口碑好、业务印象好、乐于助人、与客户关系好、被人信任的业务员一般都能取得有效的突破。

介绍寻找客户法由于有他人的介绍或者成功案例和依据，成功的可能性非常大，同时也可以降低销售费用，减小成交障碍，因此业务员要重视和珍惜。

4. 资料查阅寻找法

这种方法要求业务员要有强的信息处理能力，通过资料查阅寻找客户既能保证一定的可靠性，也减小工作量、提高工作效率，同时也可以最大限度地减少业务工作的盲目性和客户的抵触情绪，更重要的是，可以展开先期的客户研究，了解客户的特点、状况，提出适当的客户活动针对性策略等。需要注意资料的时效性和可靠性。

业务员经常利用的资料有：有关政府部门提供的资料、有关行业和协会的资料、国家和地区的统计资料、企业黄页、工商企业目录和产品目录、电视、报纸、杂志、互联网等大众媒体、客户发布的消息、产品介绍、企业内刊等。

一些有经验的业务员，在出发和客户接触之前，往往会通过大量的资料研究对客户作出非常充分的了解和判断。

5. 委托助手寻找法

这种方法在国外用得比较多，一般是业务员在自己的业务地区或者客户群中，通过有偿的方式委托特定的人为自己收集信息，了解有关客户和市场、地区的情报资料等。另一种方式是，老业务员有时可以委托新业务员从事这方面的工作，对新业务员也是一个有效的锻炼。

6. 交易会寻找法

国际国内都有定期或不定期的交易会，如广交会、高交会、中小企业博览会等，这是一个绝好的商机，要充分利用，交易会不仅实现交易，更重要的是寻找客户、联络感情、沟通了解。

7. 中介机构寻找法

一些组织特别是行业组织、技术服务组织、咨询公司、调查公司等，手中往往集中了大量的客户资料和资源以及相关行业和市场信息，通过咨询的方式寻找客户不仅是一个有效的途径，有时还能够获得这些组织的服务、帮助和支持，比如在客户联系、介绍、市场进入方案建议等方面。

8. 活动寻找法

企业通过公共关系活动、市场调研活动、促销活动、技术支持和售后服务活动等，一般都会直接接触客户，这个过程中对客户的观察、了解、深入的沟通都非常有力，也是一个寻找客户的好方法。

有效地寻找客户方法远远不止这些，应该说，是一个随时随地的过程。

7.1.2 顾客资格审查

1. 销售漏斗理论

销售漏斗是通用的管理大型销售机会的工具，它体现了大客户销售方法的精华，并提供了管理销售的共同语言。销售漏斗的原理如图 7-2 所示，销售漏斗涵盖了从目标客户发现机会，直到将销售机会转变成订单的过程。一些销售机会由于客户停止采购或者选择竞争被漏掉，其他的机会则被转变成订单，如图 7-3 所示。从销售漏斗看来，达成销售目标的充分必要条件只有两个：首先漏斗中要有足够是销售机会（销售预计）；其次漏斗中的机会不断地向下流动（销售进展）。

2. 顾客资格审查的原则

在分析潜在客户的过程中，可以参考"MAN"原则。

M：Money，代表"金钱"，指所选择的对象必须有一定的购买能力。

A：Authority，代表购买"决定权"，该对象对购买行为有决定、建议或反对的权力。

N：NEED，代表"需求"，该对象有这方面（产品、服务）的需求。

"潜在客户"应该具备以上特征，但在实际操作中，会碰到以下状况，应根据具体状况采取具体对策。

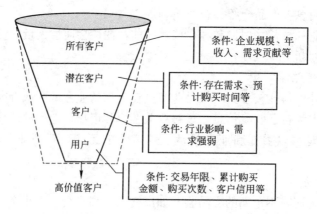

图 7-2 销售漏斗理论

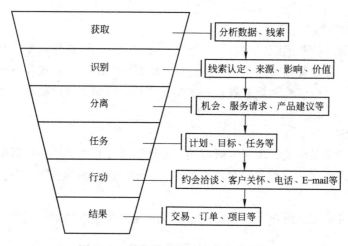

图 7-3 销售漏斗的过滤过程示意图

M+A+N：是最有希望的客户，理想的销售对象。
M+A+n：可以接触，配上熟练的销售技术，有成功的希望。
M+a+N：可以接触，并设法找到具有 A 之人（有决定权的人）。
m+A+N：可以接触，需调查其业务状况、信用条件等给予融资。
m+a+N：可以接触，应长期观察、培养，使之具备另一条件。
m+A+n：可以接触，应长期观察、培养，使之具备另一条件。
M+a+n：可以接触，应长期观察、培养，使之具备另一条件。
m+a+n：非客户，停止接触。

7.1.3 销售展示的准备

销售展示的准备主要包括潜在顾客背景材料的准备、制订销售访问计划和约见客户。

1. 潜在顾客背景材料的准备

不同性质的顾客调查背景不尽相同，不过主要内容大体相同，以表 7-1 和表 7-2 所示的资料卡为例来研究。

表7-1 个人客户资料卡

姓名		性别		年龄	
住址		邮编		电话	
单位		职务		民族	
家属	姓名	关系	年龄	职业	备注
特长爱好					
性格					
推销方法					
访问记录					
备注					

表7-2 组织客户资料卡

单位名称		地址		邮编、电话	
成交时间		生产规模		职工人数	
经营范围		开户银行		资金信用	
负责人	姓名		年龄		职务	
	性格		爱好		性别	
	住址		民族		电话	
采购人员	姓名		年龄		性别	
	性格		爱好		电话	
	住址		与本单位关系			
使用人员	姓名		年龄		性别	
	性格		爱好		电话	
	住址		与本单位关系			

2. 制订销售访问计划

（1）确定访问目标。没有目标的销售人员，当然也会有所收获，但如果没有目标，销售人员会变得无精打采甚至迷失方向，就会失去工作重点。

（2）访问路线和时间的安排。访问路线的研究要考虑访问的时间、地点、分布、频率以及次序等问题。

（3）确定销售策略和模式。主要是在见到客户之前确定即将采取的具体销售策略，结合AIDA模式、FEAB模式等的准备工作。

（4）制定销售工具清单。准备见客户之前的相关工具，如展示设备、展示稿件、样品等。

3. 约见客户

约见客户的内容主要包括确定访问对象、确定访问事由、确定访问时间、确定访问地点等。约见的方法有函约、电约、面约等。

初入推销行业的营销员，经常会直接打电话给客户，说我要见你们的老总；或者突如其来地登上门去，直冲总经理办公室，不顾对方乐意不乐意，抓住机会说："我是某某公司的，我想……"如果是这样，十有八九被人家给拒绝。为什么会出现这样的局面呢？现在是一个竞争很激烈的时代，在你之前，已经有许许多多的人到这里推销他们的产品，虽然你是第一次来，但是在客户看来，推销人员都是一个类别。

因此，约见客户的技巧就显得十分重要。我们可以先打电话预约客户，说我是某某公司的销售代表，能否见见你们经理，或者你们经理什么时候有空，我想登门拜访他。这种情况，对方多半会告诉你，经理没有空，或者索性把电话挂掉。虽然如此，这项工作还是必须做的，如果贸然闯入，不仅达不到你的预期目的，甚至可能把下一次拜访的路堵死。对于工业品的营销，也就是说组织市场的客户与大众消费品的客户是有所区别的。销售人员约见的都是高、中级阶层的人士，时间紧、事情多，你去打搅他们的正常工作安排，他们当然不会高兴。最有效的办法就是让对方感觉到接见你有可能给对方组织带来利益，对方感觉到有利可图。

拜访客户一定要有预备，要等待好的时机，否则会适得其反。一般而言不要在星期一和星期五访问新的潜在客户，星期一多数高管们都要开内部会议，安排一周的工作，星期五周末，大多数的人早早就没了心思，如果能够提前一分钟下班，他们也会那么做。这两天不是推销的好日子，应该集中在星期二至星期四这样的日子，并且还要看准对方，有没有可能出现好的时机。如果万一时机不宜，也不妨就此放弃访问，过一段时间等待下一次时机。

7.2 销售展示

7.2.1 接近客户

1. 接近客户的原则

1）以不同的方式接近不同的客户群体

实践证明，成功的推销在很大程度上取决于销售人员的推销风格与客户的购买风格是否一致。客户是千差万别的，销售人员应学会适应客户。在实际接近时，销售人员可以用"角色扮演法"，根据不同的客户来改变自己的语言风格、服装仪表、情绪和心理状态等。

2）做好各种心理准备

因为推销总是与拒绝打交道的。在接近阶段可能会遇到各种困难。但销售人员要充分理解客户，坦然面对困难，善于调整自己，正确发挥自己的能力和水平。

3）设法减轻客户的压力

实践表明，当销售人员接近客户时，客户一般会产生购买压力，具体表现为：冷漠或拒绝、故意岔开话题，有意或无意地干扰和破坏推销洽谈。在这种情况下，销售人员要成功地接近客户，就必须想方设法地减轻客户的心理压力。

根据实践可采用以下几种方法减轻压力。

（1）情景虚构法。销售人员不是以客户为直接推销对象，而是虚构一个推销对象，让客户感觉销售人员不是向自己而是向他人推销。

（2）非推销减压法。如提供产品信息、向客户提供帮助等。

（3）征求意见法。销售人员首先告诉客户访问的目的是听取意见和反映，而非推销。

（4）直接减压法。销售人员明确告诉客户如果听完推销建议没兴趣，可以随时让自己离开，不必难为情。

（5）利益减压法。销售人员首先让客户相信这次会谈是完全值得的。把客户的注意力转移到关心对他自身的利益上来。

4）把握时机

销售人员必须善于利用接近客户的时间，不失时机地顺利转入正题。

2. 接近客户的步骤

（1）称呼对方的姓名及职务；

（2）自我介绍；

（3）感谢对方的接见；

（4）寒暄；

（5）表达拜访的理由；

（6）讲赞美及询问。

按照 AIDA 模式，在这个过程中要注意以下几点：

第一，通过寒暄进入主题并表现你的专业水平，让客户对你的第一印象很好，这叫做引起注意；

第二，要使客户觉得跟你说话会很高兴，这叫引起他的兴趣；

第三，与客户谈话的过程中要着重于产品的解说，在进行产品展示时，通过自己的表达要非常有层次，引发顾客对这个产品的兴趣，促使他产生想拥有的欲望，这叫做引起客户的购买欲望；

第四，当你和客户解说，引起了他的购买欲望，如果他当时没有立即采取购买行动，你最起码要做到，让客户对你以及对你所销售的产品都能留下深刻的印象；

第五，给他留下深刻的印象后，他会有一种购买的冲动，叫做行动；

第六，客户买完东西以后，让客户感觉到，买你的东西是一件非常愉快的事情，叫做购买满意。

3. 接近客户的方法

1）介绍接近法

指销售人员自己介绍或由第三者介绍而接近推销对象的方法。介绍的主要方式有口头介绍和书面介绍。

2）产品或服务接近法

也称为利益接近法，是指销售人员直接利用介绍产品或服务的卖点而引起客户的注意和兴趣，从而接近客户的方法。

3）问题接近法

直接向客户提问来引起客户的兴趣。从而促使客户集中精力，更好地理解和记忆销售人员发出的信息，为激发购买欲望奠定基础。

4) 赞美接近法

销售人员利用人们的自尊和希望他人重视与认可的心理来引起交谈的兴趣。当然，赞美一定要出自真心，而且要讲究技巧。

5) 求教接近法

一般来说，人们不会拒绝登门虚心求教的人。销售人员在使用此法时应认真策划，把要求教的问题与自己的销售工作有机结合起来。

6) 好奇接近法

一般人们都有好奇心，销售人员可以利用动作、语言或其他一些方式引起客户的好奇心，以便吸引客户的兴趣。

7) 馈赠接近法

销售人员可以赠送小礼品给客户，从而引起客户兴趣，进而接近客户。

8) 调查接近法

销售人员可以利用调查的机会接近客户，这种方法隐蔽了直接推销产品这一目的，比较容易被客户接受，也是在实际中很容易操作的方法。

9) 连续接近法

销售人员利用第一次接近时所掌握的有关情况实施第二次或更多次接近的方法。销售实践证明，许多推销活动都是在销售人员连续多次接近客户才引起了客户对推销的注意和兴趣并转入实质性的洽谈，进而为以后的销售成功打下坚实基础。

小案例

汽车销售技巧——接近客户

在开始工作之前，必须要了解市场，必须知道哪里可能有潜在客户，了解潜在客户，他们的工作、爱好，他们经常出入的地方，他们的性格，他们的消费倾向，以及他们与人沟通的方式。只有在至少五个客户拿着你的名片走进展厅找你的时候，你才有资格正式开始产品的销售生涯。

1. 前三分钟

当一个客户走进展厅的时候，绝大多数客户首先希望自己（注意，是自己，不需要销售顾问干预）可以先看一下展厅内的产品。

当客户的目光聚焦的不是产品的时候，他们是在寻找可以提供帮助的销售顾问。

动作：他们观看、摆弄、触摸、审视等，这些都是信号，是需要销售顾问出动的信号。

注意问题：以上这些行为提示我们，在客户刚走进展厅的前三分钟还不是接近他们的时候，你可以打招呼、问候，并留下一些时间让他们自己先随便看看，或者留一个口信，您先看着，有问题我随时过来。

初次沟通的要点——初步降低客户的戒备，逐渐缩短双方的距离，逐渐向产品话题转换。成熟的销售人员非常清楚，这是客户从陌生开始沟通的时候，一般不先说与产品有关的事情。可以谈任何让客户感觉舒服的话题，不那么直接的，不是以成交为导向的任何话题。比如，可以是与客户一起来的孩子，长得真高，多大了，比我侄子可高多了；也可以是客户开的车，或者客户开的车的车牌，您的车牌号码是特选的吧，等等。所有这些话题的目的就是为了初步降低客户的戒备，逐渐缩短双方的距离，逐渐向产品话题转换。

这前三分钟也是递交名片的好时候，也是你记住与客户同来的所有人名字的好时候。

2. 分析客户需求

客户需求可能会是多方面的，所购产品背后许多实际的需求，身份的需要，可能是运输的需要，也可能就是以车代步，更可能是圆梦。

3. 客户购买动机

分析潜在客户的动机，从产品的角度来看，应该有五个重要方面：弄清来意，购买车型，购买角色，购买重点，顾客类型。

1) 弄清来意

首先，他们到底是来干什么的？顺便过路的？如果他开始仔细地看某一种确定的产品，那么看来有一些购买的诚意了。

2) 购买角色

到展厅一起来的三四个人，只有一个才是真正有决策权的人，那么其他人是什么角色？是参谋？行家？是司机，还是秘书，还是朋友？

3) 购买重点

购买重点还是影响这个客户作出最终采购决定的重要因素。如果他的购买重点只是价格，那么产品的任何领先技术对他来说都没有什么作用；如果他的购买重点是地位，那么你谈任何优惠的价格等因素对他也不构成诱惑。

资料来源：http://baike.china.alibaba.com/doc/view-d1684212.html。

7.2.2 展示的技巧

展示指把客户带至产品前，透过实物的观看、操作，让客户充分了解产品的外观、操作的方法、具有的功能以及能给客户带来的利益，借以达成销售的目的。影响展示效果的要素有产品本身和销售人员给客户的感觉及展示技巧。

展示的优势在于能让客户愿意花一段时间专注地倾听销售人员的说明；销售人员能有顺序地、有逻辑地、有重点地、完整地说明及证明产品的特性及利益。

展示的准则只有一条：针对客户的需求，以特性及利益的方式陈述，并通过实际操作证明给客户看。展示常犯的错误也有一条：只做产品功能的示范操作及说明。

展示的方式有：要求客户同意将产品搬至客户处展示；邀请客户至企业展示间进行展示；举办展示会，邀请客户参加；自动展示（科技含量较高的产品）等。

1. 展示前的准备

（1）产品准备。事前检查，确定产品的品质与性能符合标准。若到客户处展示，要事先确认安装的各项条件，如电源、地点、操作空间等合于规定。备用品的准备，如投影机的展示须准备备用的投影灯泡，以免展示中突然坏掉，检查展示用品是否备齐。

（2）场地准备。展示会场如何布置，准备欢迎参观者的看板。

（3）销售人员。服装、仪容，邀请适当的友好人士参观展示；事前掌握客户的需求；演练展示说辞；对高技术的产品可能还需要一位配合您的专家。

2. 展示说明的注意点

（1）增加戏剧性。目的是实现 AIDA 模式的第一步：引起注意。

（2）让客户亲身感受。尽可能地让客户能看到、触摸到、用到公司的产品。

（3）引用真实的例子。可利用一些动人的实例来增强产品或服务的感染力和说服力。

（4）让客户听得懂。展示时要用客户听得懂的话语。切忌使用过多的专有名词，过多的技术专有名词会让客户觉得过于复杂，使用起来一定不方便。

（5）掌握客户的关心点。掌握客户的关心点，并证明所提供的产品或服务能满足他的需要。

3. 展示话语

展示某种产品时，"欢迎各位来宾来参与我们这次某某产品的展示，首先来介绍一下，我们是一个什么样的公司，我们公司开发该产品动用了多少人，花了多长时间，公司的发展情况，产品的沿革等以及这个产品有哪些特色、优点，它会给在座的人，甚至给企业的朋友们带来哪些好处……今天非常感谢各位的参与……"每句话都能让客户感觉到对他有帮助，这就是标准的展示话语。

准备展示讲稿的步骤如下：

（1）从现状调查中，找出客户的问题点；

（2）列出你产品的特性及优点；

（3）找出客户使用你的产品能够改善的地方，找出客户最期望改善的地方或最希望被满足的需求；

（4）依优先顺序组合特性、优点及利益点；

（5）依优先顺序证明产品能满足客户的特殊利益；

（6）总结；

（7）要求订单。

小案例

展示讲稿范例

业务员：各位好。欢迎莅临参观本企业推出的不沾油妙妙炒菜锅展示。现在的商业社会中，厨房已不是专属于女人的了，相信不管是先生或太太都要下厨做饭的。不知道王先生，是否也有下厨做饭的经验？

王先生：是啊！太太也上班，谁先回家，谁就先动手做饭。

业务员：请问王先生，当您做菜时，您是否觉得炒一盘青菜要比煎鱼或炒肉方便多了？

王先生：当然，煎鱼、炒肉不管怎么样都会沾锅，炒第二盘菜时非得洗锅不可。

陈小姐：是啊！每次煎鱼的时候，鱼皮有一半都沾在锅上，除非放很多的油。

业务员：如果有一种炒菜锅，不管您炒什么菜，都不用担心会沾锅，您是否会觉得使用起来比目前要方便？

陈小姐：当然。

业务员：本企业新推出的妙妙炒菜锅，即针对解决炒菜沾锅特别开发出来的一种新产品。

这是一种鳟鱼,是最容易沾锅的,我们来看使用妙妙炒锅时,是否会沾锅。

我们先把油倒进锅里,您可看出我倒油的份量几乎比一般要少三分之一,火不用开到最大,锅子很快就热了。妙妙炒锅的导热速度要比一般快1/2,可以节省您煤气的耗用量。

现在我们把鱼放进去,您可看到油并不附着于锅上,因此油虽然比一般少二分之一,却都能有效地接触到鱼的全身,因此较不容易煎糊、煎焦。

陈小姐,这是锅铲,请您将鱼翻面,您可再翻一面,您看就是这么容易,一点也不沾锅,锅座的温度能均匀散布,锅底能发挥最大的导热效果,因此您仅需要用中火就可以了,能节省煤气的用量。

现在我们来试第二道菜,您只要把妙妙炒菜锅用清水一冲,锅上没有残余一滴的油腻,陈先生您看是不是省掉许多时间处理以往煎鱼后的清洗工作,就这么轻松,您可进行炒您的第二道菜,再也不要为油锅的渍腻而伤脑筋。

目前的家居生活都讲究提高生活的品质,妙妙炒锅能大举提升您厨房工作的效率,它可以让您减少接触油腻一半以上的时间,能让您烧出色香味俱全的佳肴,它让您不再视厨房为畏途,同时也能达到省油、省煤气的附带效果。陈小姐、王先生,妙妙炒锅能增进您烹调的乐趣,也让您的家人再也不会吃到有损健康的食物。今天晚上就让妙妙炒锅开始为您服务吧!

资料来源:郭方睿,《业务员教材》,深圳市麦肯特企业顾问有限公司,2001.

7.3 处理顾客异议

1. 客户异议的含义

从接近客户、调查、产品介绍、示范操作、提出建议书到签约的每一个销售步骤,客户都有可能提出异议;越是懂得处理异议的技巧,销售人员越能冷静、坦然地化解客户的异议,每化解一个异议,就摒除了与客户的一个障碍,就相应地愈接近客户一步。实际上,销售就是从客户的拒绝开始的。

在销售过程中,客户的任何一个举动或客户对你在展示过程中的说法提出的不赞同、反对、质疑等都叫拒绝,这些统称为客户的异议。

一个专业的销售人员通过异议能判断客户是否需要;通过客户的异议使销售人员能够了解客户对销售的建议所能接受的程度,从而迅速地修正销售技巧;客户在拒绝销售的同时使销售人员能获得更多的信息。

2. 异议的种类

1)真实的异议

客户表达目前没有需要或对销售人员所推销的商品不满意或对商品抱有偏见。面对真实的异议,必须视状况而相应地采取立刻处理或延后处理的策略。

2) 假的异议

假的异议分为两种：

(1) 客户用借口、敷衍的方式来应付销售员，目的是不想抱有诚意地和销售员会谈，不想真心实意地介入销售活动；

(2) 客户提出很多异议，但这些异议并不是他们真正在乎的地方，虽然听起来是一项异议，却不是客户真正的异议。

有正确的态度，才能用正确的方法把事情做好。面对客户提出的异议，销售人员在处理客户异议时应当认识到以下几点：

(1) 异议是宣泄客户内心想法的最好反映；

(2) 异议经处理能缩短订单的距离，争论只会扩大订单的距离；

(3) 有时候，没有异议的客户才是最难说服的客户；

(4) 异议表示你给他的利益目前仍然不能满足他的需求；

(5) 将异议视为客户希望获得更多的信息；

(6) 异议表示客户仍有求于你。

3. 客户异议产生的原因

1) 来自客户方面的原因

(1) 拒绝改变；

(2) 情绪处于低潮；

(3) 没有意愿；

(4) 无法满足客户的需要；

(5) 预算不足；

(6) 借口、推托；

(7) 客户抱有隐藏式的异议。

2) 来自销售人员方面的原因

(1) 无法赢得客户的好感，举止态度让客户产生反感；

(2) 做了夸大不实的陈述，以不实的说辞来哄骗客户；

(3) 使用过多的专门术语，使用过于高深的专业知识；

(4) 事实调查不正确，引用不正确的调查资料；

(5) 不当的沟通，说得太多或听得太少；

(6) 展示失败；

(7) 姿态过高，处处让客户词穷。

4. 处理异议的方法

在处理异议时应该做到正确对待、避免争论、避开枝节、选择时机，常见的处理异议的方法有以下几种。

1) 忽视法

一个销售人员去拜访服装店的经销商，老板一见到销售人员就开始抱怨说："哎呀！你们这个广告为什么不找某某明星拍呢？如果你们找比较有名的明星的话，我早就向你进货了。"这个销售员只是面带微笑说："您说得对。"然后就接着向经销商介绍自己的产品了。

2）补偿法

潜在客户说："你这个皮包设计的颜色都非常棒，令人耳目一新，可惜啊这个皮子品质不是最好的。"销售人员说："某某先生，您眼力真的特别好，这个皮料啊，的确不是最好的，若选最好的皮料的话，这个价格可能就要比现在这个价格高出好几倍以上了。"

3）太极法

一个经销店的老板说："你们这个企业都把太多的钱花在这个广告上，为什么不把这个钱省下来，作为我们进货的折扣，让我们多一点利润那多好呀。"销售人员却说："就是因为我们投下了大量的广告费用，客户才会被吸引到指定的地方去购买我们的品牌。这不但能够节省您销售时间，同时能够顺便也销售其他商品，您的总利润还是最大的吧？"

4）询问法

客户说："我希望你们的价格再下降10%。"销售人员说："我知道你一定希望我们给你百分之百满意的服务，难道你希望我给你的服务打折吗"？客户说："我希望你们所提供的颜色能够让客户选择。"销售人员说："报告某某总经理，我们已经选了五种最容易被客户接受的颜色了，难道你们希望拥有更多颜色的产品来增加你们的库存负担吗？"这就是询问法。

5）如果……是的法

顾客说："你这个金额太大了，不是我们马上能够支付的。"销售人员说："是的，我想大多数人跟您都是一样的，不容易立刻支付，如果我们能够看到您的收入状况，在您发年终奖金时，多支一些，其余的配合您每个月的收入，采用分期付款的方式是不是来得一点都不费力。"这就是"如果……是的法"。

6）间接反驳法

客户买房子时说："你这个公摊面积占总面积太大了吧。"销售人员说："您大概有所误解，这次推出来的花园房公共设施占总面积的18%，一般大厦占的是19%以上，我们比那些还要低呢。"客户说："你们企业的售后服务不好，电话叫修总是姗姗来迟。"销售人员说："您说的一定是个别现象，有这种情况发生我们感到非常遗憾，我们企业的经营理念就是服务第一，企业在全国各地都有所售后服务部，我们都是以最快的速度来为客户服务。"这就是间接反驳法。

参考案例

如何面对拒绝

客户并不是经常愿意会见销售员的，他们会向销售员摆出种种不愿见面或购买的理由。但一个销售员的销售生涯中遇到的只会是有限的拒绝理由，既然只有有限的拒绝理由，那销售员就可以做好充分的准备予以应对，同时设计好我们的回答方式。同时，拒绝从根本上讲并不是完全的拒绝，它们其实是潜在客户提出了解更多信息的要求。常见的比较典型的拒绝理由有以下几种。

1."请寄书面资料给我"

这是拒绝理由中最常见的一种。你通过电话找到了那个潜在客户，他告诉你寄给他一些书面资料，大多数销售人员会用一种积级的态度回答他这一拒绝，他们按要求把信件寄出去，并相信自己已经在销售进程中向前迈了一大步。事实上是，在大多数情况下，你在销售过程与打电话前所处的位置并没有什么两样。一旦你挂断电话，那位潜在客户又去做他原来的事情了。几天后，当他收到资料时，可能会想起来有过这么一回事，但或许根本就已经忘记了。这一拒绝理由根本不需要作太多的解释就可以把销售员拒于门外。一个潜在客户要求在约见前寄书面资料给他对销售员而言其实是意味着机会的来临。

应对"请寄书面资料给我"拒绝理由的例文：

我曾给您寄过一些资料，可能它们在邮寄过程中遗失了。3月26日我正好要到你们公司附近办点事，我很想在下午3：00来拜访您，您有空吗？太好了！我会把这个约会记录在我的日程安排上，约见前一天我会再打电话跟您最后确定一下。

这里有几个有趣的地方。首先，客户只能用两种回答中的一种来回答。他可以同意会面或用其他理由来拒绝。其次，销售人员询问客户是否有空，并非仅仅送上产品资料而已，通常，这种上门送材料的面谈至少不少于一个小时。事实上，这些约见无论从哪一方面而言，与潜在客户自己安排的约见完全是一样的。

2. "我们自己内部能够供应你们主种产品（服务）"

这是一个非常有说服力的拒绝理由，因为它看起来无懈可击。但是，要克服这一拒绝理由并不比其他的障碍困难。和其他方法一样，关键在于准备工作。看到这个理由，销售人员能够意识到潜在客户告诉你的信息是他们的主导需求已经解决了。如果这家公司并不是由自己来解决这种需求的话，那竞争对手可能已经占领了这一市场。因此，这类拒绝理由与客户告诉你他对你的某一竞争对手很满意十分相似，而要应对这两种拒绝的策略也是非常相似的。

内部自己能供应的拒绝理由可以由两种方式来解决，选择要看对方在公司里所处的角色如何：是中层管理者还是高层决策者。你所设计的回答必须表现出在为对方的利益着想。

1）应对中层管理者的方法

中层管理者最关心的问题之一是：效率。他们所做的一切都已经很好，你应该做的是帮助他们干得更好。应对的例文：

太好了！这也正是我与您联系的原因。我们已经和许多你们这样的大公司建立了业务关系，并且发现我们能对你们内部供应的服务提供有效的补充。8月5日我正好要到你们公司附近办点事，我想来拜访您并告诉您我们是如何做到这一点的。您下午3点有空吗？

2）应对高级管理者的方法

中层管理者主要关心的是如何将工作做得更好，这可以使他们日子过得更好。然而高层管理者的情况却并非如此，他们关心的是投资回报、每股收益以及其他许多大范围的财务执行指标。因此，对高层管理者作出的拒绝就应该表明你能为他们公司增加盈利。应对例文：

太好了！这正是我打电话给您的原因。我们已经和许多你们这样的大公司建立了业务关系，我们发现采用外部资源能以较低的总成本解决他们的需求。8月18日我正好要到你们公司附近办点事，我希望能来拜访您并解释一下为什么我们能做这一点。您下午3点有空吗？

3. "我们已经有了供应商"

潜在客户告诉你他们公司已经和你的一位或几位竞争对手建立了业务关系，这种拒绝理由跟前一个理由没太大的区别。在这这种情况下，你的目标应是确认对方的潜在需求，或未满足的需求。应对例文：

太好了！这也是我打电话给您的原因。我们已和许多你们这样的大公司建立了业务关系，发现我们能对你们主要供应商所提供的服务作出有力的补充。11月2日我正好要到你们公司附近办点事，我想来拜访您并想解释一下为什么我们能做到这一点。您下午3点有空吗？

一般情况下，一个已经和你的竞争对手建立业务关系的潜在客户比根本就不使用你们行业的产品或服务的潜在客户好得多。一个公司使用了你们行业产品或服务，至少说明他们认识到了这类产品或服务的价值。你的竞争对手已经为你做了许多你要做的工作。你要做的就是要发现潜在业务，争取前进的机会，以在销售过程中不断取得新的业绩。

4."我不是这项工作的负责人"

在设法寻找购买所推销产品或服务的负责人时，常常会碰到那些并不是想要找的人。用一份没有联系人的清单或许是所有销售中最令人头痛的事。销售人员不仅要通过电话得到约见的机会，而且要找到那些实际真正决策者的姓名。大多数销售员都会发现这是一项十分艰巨的难以克服的任务。但是，如果处理得当，它也可以是客户开发中采取的最直接、最有效的途径。

当使用一份没有客户姓名的清单时，成功期望值并不高，因为是从有限的信息和效用位置开始的，就像体育比赛中处于劣势的那一方，你不会失去更多的东西了，因此你完全可以抛开一切，尽全力孤注一掷，这样做的最终结果是你的成绩要大大超过你通常能力所发挥的程度。例文：

您好！我是某某公司的小王。我想您是否能帮一个忙？我想找你们公司采部的负责人。在您帮我转接之前，我非常您希望您能告诉我他的姓名与电话号码。以便万一他不在时我还能和他联系上。非常感谢您的帮助。

一旦电话接通，你需要判断一下是否找到了准确的目标人。如果你正好找到了那个人，你可以直接用上你的基本手稿；如果没有，那就应该向对方道歉，说你误会了，同时请他转接到真正的负责人那里。例文：

接待员：某某公司，请问你找谁？

销售员：请转王经理。

接待员：对不起，我们公司里没有姓王的经理。

销售员：或许你可以帮一个忙。我曾和贵公司一位经理合作过，我想您现在是否可心帮我转到你们公司管理这项业务的负责人那里。

接待员：当然可以，我帮你转到采购部李经理那里。

销售员：真是太谢谢您了。

5."我们没有购买你们产品或服务的财务预算"

销售是一个过程，而不是一个偶然事件。销售员不可能指望每一位老客户和潜在客户能立刻给你回报。但是，因为你所努力的对象在目标市场内，因此每一个客户都是高质量客户。假如潜在客户在你的产品或服务方面没有相应的财务预算，那或许正是建立业务关系的最佳时间。例文：

张女士，我们已经与许多和你们情况相同的公司建立了业务关系。事实上，在花时间与我们接触之前，他们也和您现在的感觉一样。6月25日我正好要到你们公司附近办点事，我想来拜访你一下。您下午3点有空吗？

6."你们的价格太高了"

由价格而形成的十分重要的拒绝理由最终都出现于每一次的销售过程中。首先，如果你的价格是真的太高,那没有人愿意来购买你的产品或服务,而你的公司也将被淘汰出局。另外,价格是相对而言的,它并非是绝对性概念。因此,你的任务是要表明你的产品或服务与你的报价等值。当对方问及一项产品或服务的价格时,销售员应尽力同意潜在客户的意见。承认企业不是市场中最低价格的供应商,但另一方面,所报价格并不是最高价格。销售员的任务要证明它的价值,而不是商讨价格。例文:

先生,价格对我们来说都很重要,但我们和许多你们这样的大公司都建立了业务关系,他们相信与我们合作能得到合理的投资回报。

销售员的回答告诉潜在客户两件事情:首先,像他们这样的其他公司感觉到你们所提供的服务与报价相值;其次,为什么这种报价是等值的。回答这些问题时没必要在电话里作长时间的讨论,你的目标是尽可能快地、有效地对付每一个拒绝理由,以争取到约见机会。在面对面的情况下,就有充足的时间来说明你们产品的可值性。

7. "我们过去曾用过你们的产品,但觉得不满意"

每个销售员都希望,这种拒绝最好不要经常碰到。如果你的公司在售后服务方面做得很好,那它能生存下来并发展。但如果售后服务不尽如人意,那市场会告诉你售后服务应是公司的一项重要任务,而你的公司最终被淘汰出局。事实上,大部分客户评价公司和销售员时,更看重在逆境中作出的反应,而不是你一帆风顺时的表现。

这种情况可以求助于戴尔·卡耐基所提出的建议。他处理这种抱怨的原则是"让对方畅快淋漓地宣泄出来"。这一指导非常具有实用性,因为让客户或潜在客户多讲是"顾问型"销售方式的一种理念。例文:

陈小姐,我理解您所讲的问题,同时我想尽可能对此予以弥补。事实上,如果我是您,我也会与您有一样的感觉。9月19日我正好到你们公司附近办点事,您下午3点有空吗?

以上这些例子告诉你,对拒绝理由做好充分的准备必然会有所回报。你可能会遭遇拒绝,然而不会使你屈服。销售员可以对所有的拒绝理由作出简单的、深思熟虑的回答。请注意,这些回答除了你的想法之外,还需要具有实实在在的内容。实际上当你对你的回答进行分析时,你会理解到你是在帮助你的客户或潜在客户获利。如果你能够帮助你的客户或潜在客户变得更加富有,那你应该由于你的产品或服务而成为"福音传递者"。

以上这些建议可以增加客户开发过程中成功的概率。请记住,如果客户并不想见你,那才是无计可施。然而,查明这一信息无疑是件十分重要的事情。

通常,销售员可以打两次相同的电话来处理潜在客户的拒绝和争取得到约见机会。如果再打,谈话将变得极不自然。销售员不妨在以后的日子再打电话给这位潜在客户。千万不要自断退路。

资料来源:中国营销传播网,http://www.emkt.com.cn。

7.4 促成交易

促成交易是人员销售过程的重要一环,也是销售人员梦寐以求的结果。事实上,每一个销售人员都希望自己洽谈的每一笔销售业务最终能达成交易。对销售人员来说，能否有效地促成交易直接关系到其销售业绩的好坏。促成交易是销售人员将潜在客户转变为现实客户的一个重要过程，同时也是销售人员对此前长时间接触客户，与客户沟通、提案并谈判之后希望获得的一个结果。

成功的销售人员总是在现代营销理念指导下，循序渐进地促成潜在客户作出购买决策并最终达成交易。成功的销售人员将自己的销售过程定义为发现潜在客户的需要与需求的过程，他们尽其所能向潜在客户提供各种及时的帮助，整个销售过程中贯穿了关系销售的核心原则。不仅如此，成功的销售人员还具有强烈的达成每笔交易的愿望，他们对自己促成交易的能力持有信心并直面事实。他们对潜在客户的需要与需求了如指掌，对其自身的产品或服务如数家珍。他们能根据潜在客户的需要、需求及特点设计出个性化的演示方案与演讲内容。他们能在紧张、激烈的项目竞争中泰然处之，绘声绘色地陈述演示方案并做到游刃有余地回答各类问题。

1. 成交的主要障碍

1）顾客的修正

顾客在购买过程中对购买方案的修正属于正常的调整行为，销售人员应当及时关注并根据顾客购买方案的调整来修正自己提供的方案。

2）销售人员的心理和技巧

在促成交易阶段，销售人员由于害怕失败或者存在单向沟通现象，没有完全了解顾客需求而导致失败，多数是由于缺少训练或计划不周所致。

2. 成交信号的捕捉

在促成交易时要善于捕捉成交信号，及时成交；主动、自信、坚持成交；充分利用最后的成交机会；保留一定的成交余地等。常见的成交信号有以下几种。

1）语言信号

交货条件的提出；开始讨价还价；最迟答复购买日期及有关要求、产品的运输、储存、保管等问题的提出；如果购买，有什么优惠；提出转换会谈地点与人员等。

2）动作、神态信号

顾客由静变动，体现为由静止状态的倾听到动手操作；有签字倾向动作，比如找笔、找单据等；神态由紧张变得放松，有舒展动作出现；面部表情兴奋，表现出神采奕奕、自然、大方等。

3. 成交的策略与技巧

对于销售人员来说，具备有效促成交易的基本功底自然十分重要。然而，如果还能掌握有效促成交易的一些策略与技巧，则无异于如虎添翼，对于提高销售业绩，可以起到更为明显的促进效果。常见的促成交易的策略与技巧有数十种，比如以退为进策略、循序渐进策略、对比平衡策略等。当然，因销售人员性格、个性、教育背景以及公司等不同而受到不同程度的喜爱。销售人员在具体的使用中，若能结合自身个性及公司的实际情况融会贯通，灵活应用，则必将产生较好的收益。

1）以退为进策略

以退为进的策略就是指销售人员在暗示或示意潜在客户尽快达成一致以促成交易的时候，遭遇潜在客户或模糊或明确的抵制或拒绝后，所采取的一种继续寻求合作的进攻策略。

销售人员要么没有把握好时机向潜在客户提出达成交易的提议，要么就是潜在客户对销售人员的销售方案在某些方面还存在疑问或者销售方案造价过高等，这些都可能遭到潜在客户的拖延、抵制或拒绝。在这种时候，销售人员要迅速思考并努力找到潜在客户究竟因为何种原因作出这种拖延、抵制或拒绝，以便有的放矢地采取应对措施。

在大多数情况下，销售人员可以通过打探潜在客户的不满而获得相关的原因，进而采取措施，比如修订方案、降低对潜在客户的配合要求或者缩减项目造价等。修订后的方案，即使仅做了微小的调整，在潜在客户看来，销售人员都是根据其暗示或不满做出了让步，这样以退为进就很容易促成交易合作了。以退为进促成交易的策略，其基本出发点是由于社会成员间存在着互动共荣的特点。该策略最适用于平易型的潜在客户。

2）循序渐进策略

所谓循序渐进策略，就是指销售人员与潜在客户首先通过小额、小范围或短期的合作尝试后来逐步扩大合作的金额、领域或合作期限等的一种试探性销售策略。循序渐进策略特别适合于那些对于销售人员所在公司不是十分了解，但又对销售人员所销售的产品或服务有明确需求的客户。

对于销售人员来说，如果在销售过程中遭遇到上述类型的客户，若事先预估不能首次就实现大额、大范围或长期的合作，那么改用循序渐进的策略则可能是一种有效的促成交易的手段，因为循序渐进的策略对于潜在客户来说，可以有效降低风险，因而容易达成一致，尽早促成交易。循序渐进策略的顺利推进，需要销售人员确保与潜在客户的首次合作能够得到客户的高度认同。

3）循循善诱策略

循循善诱策略，遵循内在的逻辑一致性推导潜在客户的惯性思维。如果销售人员在与潜在客户的接触、沟通中，已经知悉潜在客户的思维习惯，即只要符合逻辑的推导，就会认可推导的结果。那么在这种情况下，销售人员就可以向潜在客户提出一系列精心设计、策划的问题，这些问题要求覆盖了影响潜在客户作出购买决策的关键因素，如果销售人员能够确保潜在客户对这些问题的回答都是肯定的，那么顺理成章地最后提出要求尽早达成交易的问题，潜在客户也就不好推迟或拖延。

使用循循善诱的策略，要求销售人员具有较高的逻辑推导能力；而对于精心设计与策划的问题，也要求做到天衣无缝，至少让潜在客户不会有牵强附会的感觉。而销售人员在向潜在客户提问的时候也需要温和，注意把握好节奏，这样才不至于让潜在客户感觉有咄咄逼人的气势。

4）实证借鉴策略

实证借鉴策略，就是指销售人员事先预估潜在客户可能在要求促成交易的时候会在哪些方面提出问题或异议，而就这些问题或异议的解决准备的实证事实依据。若实证事实依据能够迅速地消除潜在客户的种种顾虑，则能促使潜在客户快速地作出购买决策，尽早促成交易达成。该策略适用于谨小慎微的平易型与思维型潜在客户。

5）对比平衡策略

该策略又称为"T"形策略，即运用对比平衡方式来促使潜在客户作出购买决策。销售人员需要在潜在客户参与的情况下，在一张纸上画出一个"T"形分区，销售人员与潜在客户一道来完成对比分析，将潜在客户购买的原因——列举在"T"形分区的左边，同时将不购买的原因列举在"T"形分区的右边。

运用"T"形策略，要求销售人员根据轻重缓急对需要解决的问题进行排序，客观而全面地列出购买或不购买的原因。虽然潜在客户不在场也可以做"T"形分析，但建议最好能有潜在客户的积极参与，这样不仅能加快"T"形分析，而且能使"T"形分析更为深入，进而激发潜在客户的购买愿望。这种方法特别适合于分析型的潜在客户，因为这符合其强调理性的沟通风格。

6) 综合提炼策略

在促成交易阶段，使用综合提炼策略，就是将销售人员以前拜访潜在客户时双方已经达成的共识——加以复述，从而促成潜在客户尽早作出购买决策的一种手段。采用这种策略，可以从正向和反向进行归纳，利用逻辑性的特点，便于潜在客户进行回忆与联想。不过，采用这种策略需要注重首要性、重复性与深刻性。所谓首要性，就是开始就要开宗明义地提出重要内容与关键要点；重复性，就是将可能合作的重要内容，从不同角度多次提出并与潜在客户不断探讨；深刻性，则是用不同的措辞描述关键要点与重要内容，用相关案例与潜在客户交谈，以使潜在客户留下深刻的印象。

7) 稀缺性策略

所谓稀缺性策略，就是指向潜在客户表明销售人员所在公司的产品或服务的稀缺性，以此暗示潜在客户，如果不尽早作出购买决策，就可能"过了这个村，就没有这个店"的印象或者晚了作出决策，就可能排队等待产品或服务。使用稀缺性策略，需要销售人员对自身公司的产品或服务有一个客观的认识，且在与潜在客户的沟通中注意语气、气氛，避免给潜在客户一种要挟的感觉。

8) 投石问路策略

该策略与循循善诱策略有相似的一面，也是通过设计提问来激发潜在客户尽早作出购买决策，但不同的是，该策略中的提问不是直接针对影响潜在客户作出购买决策的关键问题或因素而设计，或者说该策略中的提问并不直接促成交易，而仅仅是探测潜在客户对于销售人员即将努力促成的交易的思想准备或反应。如果潜在客户对试探的反应是积极的，则销售人员就可以建议早日达成合作；若潜在客户的反应较为谨慎，则销售人员应在不令对方尴尬或者抵触的前提下，帮助潜在客户梳理思路，消除潜在客户的担忧或顾虑。

9) 一诺千金策略

该策略的动人之处在于销售人员向潜在客户作出的庄重承诺。使用该策略的注意事项是销售人员需要知道自己究竟能在哪些方面作出承诺以及能作出那种程度的承诺等，以避免不了解事实而作出不能达到的承诺。对销售人员来说，做事先做人，销售产品之前先推销自己，一旦向潜在客户作出承诺，就一定要努力兑现，这样当销售人员向潜在客户提议尽早达成交易的时候，潜在客户才会爽快地同意。

10) 特殊服务策略

特殊服务策略，包括特殊供货、特殊付款条件、特殊结算方式以及特殊售后服务等若干种。该策略针对那些犹豫不决、拖拖拉拉不愿尽快作出购买决策的潜在客户很有用。因为采用特殊服务策略，意味着销售人员向潜在客户暗示，现在决定购买，就能享受某种特殊的服务，这往往是销售人员为争取某些重要客户而作出的一种政策性倾斜。对潜在客户来说，特殊服务策略，让他们感到在与销售人员的谈判持续谈判中占据了主动，获得了更多，因而能很快促成交易，达成合作。

事实上，除了上述策略之外，有效促成交易的策略还有不少，比如赞美、总结利益、分享合作远景等。对销售人员来说，熟知这些策略，并能根据自身情况及潜在客户的不同类型而灵活应用才是最为重要的。

7.5 售后服务

7.5.1 售后服务的含义

售后服务是指生产企业、经销商把产品（或服务）销售给消费者之后，为消费者提供的一系列服务，包括产品使用指导、送货、安装、调试、维修、技术培训、上门服务以及咨询和投诉等。售后服务是产品生产单位对消费者负责的一项重要措施，也是增强产品竞争能力的办法。售后服务的具体内容包括：

(1) 代为消费者安装、调试产品；
(2) 根据消费者要求，进行有关使用等方面的技术指导；
(3) 保证维修零配件的供应；
(4) 负责维修服务；
(5) 对产品实行包修、包换、包退服务；
(6) 处理消费者来信来访，解答消费者的咨询。同时用各种方式征集消费者对产品质量的意见，并根据情况及时改进。

7.5.2 售后服务策略选择

1. 全面售后服务策略

指企业为消费者提供所需要的产品售后全过程的所有服务，这种策略几乎适用于所有经济价值高、寿命周期长、结构复杂和技术性强的产品，同时，能够最大范围地获得消费者的满意，增强企业的竞争能力，扩大市场占有率，给企业带来良好的经济效益和社会效益。

在市场经济条件下，迫使企业间采取激烈的人才、质量、价格等方面的竞争，售后服务的竞争必然是企业采取有效竞争策略的重要手段。全面售后服务策略能够收到部分服务所收不到的意想效果，最大限度地发挥产品的功效和促进销售。因此，是企业产品服务策略的发展方向。20世纪70年代初，日本的汽车厂商急于打开广大的欧洲市场，为了提高日本汽车的知名度，赢得欧洲顾客的青睐，采取了积极的广告宣传攻势，优质价廉的营销组合策略等一系列营销手段，却忽视了售后服务，因此始终达不到意想的效果，市场占有率仅为12%。过了一段时间，聪明的日本商家调整了产品策略，在欧洲各地建立了数万个汽车服务和维修网点，采取全面售后服务策略，消除顾客的不满情绪，提高日本汽车的知名度和美誉度，使市场占有率达到 43%，收到了预想的效果。

2. 特殊售后服务策略

指企业向消费者提供大多数其他企业所没有的售后服务。最大限度地满足消费者的需要，这种策略适用于经济价值比较高、寿命周期不太长的产品，特别是季节性和专利性产品。这种策略往往具有这样几个特点：

（1）反映出企业优良的产品特色和独特的服务项目，在满足顾客物质需要的同时，在心理上也获得充分的享受；

（2）满足特殊消费的特殊需要，由于生理、心理和文化背景不同，一部分消费者具有特殊服务的要求，企业应通过特殊服务来予以满足，产品售后服务的竞争，是经营者智慧和创新的竞争，精于思考，独出心裁，必然使产品销路不断拓宽，赢得消费者的欢迎。

我国南方的一个空调器生产厂家，曾在春节期间别出心裁地搞 3 个"我心中的最佳产品"大奖赛，在报纸上刊登，印发几万张宣传单，同时，派销售人员挨户上门讲解，并免费进行空调器的维修服务活动，这样，生产厂家的形象不仅深深扎根在消费者的心目中，还扩大了影响，消费者众多，在当年的夏季，给企业带来颇好的经济效益和社会效益。

3. 适当售后服务策略

指企业根据经营目标、市场环境、产品特点和消费者需求，仅仅对购买者的某些服务项目提供特定的服务，这种策略普遍适合中小型企业采用。这些企业由于受到人力、物力、财力的限制，为了控制生产成本和服务成本，只能为大多数消费者提供适当的最好的售后服务项目。否则产品的服务成本和价格将会大幅度提高，产品的销售量和企业的经济效益趋于下降。由于这种售后服务策略只提供消费者所提出的、适当的售后服务项目，将其他服务项目舍弃，这样使消费者得不到希望的全面服务，产生不满情绪，甚至不满情绪比较强烈时会转而购买竞争者的产品，导致企业产品销售量、市场份额和经济效益的下降。因此，这种策略仅在消费者十分看重产品的质量和价格方面，不十分重视产品的售后服务，且服务的项目和内容不多时才可以采用。有些制衣厂、制鞋厂等采用这种服务策略。

总之，适当售后服务策略的优点是可以有效地减少和控制生产和服务成本，将企业有限的人力、物力、财力投入到开发和生产领域，从而扩大了生产规模，开拓了市场，缺点是有可能引起消费者的不满，削弱竞争力。

因此，在运用这种策略时，需要小心谨慎地确定服务项目、服务内容和服务对象，同时随着企业实力和市场需求的不断变化适时地改善售后服务策略。

7.5.3 处理顾客投诉的原则

1. 倾听原则

客户有抱怨或投诉就是表现出客户对企业的产品及服务不满意，从心理上来说，他们会觉得企业亏待了他，因此，如果在处理过程中态度不友好，会让他们心理感受及情绪很差，会恶化与客户之间关系；反之若服务人员态度诚恳，礼貌热情，会降低客户的抵触情绪，态度谦和友好，会促使客户平解心绪，理智地与服务人员协商解决问题。

在实际处理中，要耐心地倾听客户的抱怨，不要轻易打断客户的叙述，也不要批评客户的不足，而是鼓励客户倾诉下去让他们尽情宣泄心中的不满，当耐心地听完了客户的倾诉与抱怨后，当他们得到了发泄的满足之后，就能够比较自然地听进服务人员解释和道歉了。

2. 效率原则

处理投诉和抱怨的动作快，一来可让客户感觉受到尊重；二来表示企业解决问题的诚意；三来可以及时防止客户的负面渲染对企业造成更大的伤害；四来可以将损失减至最少等，一般接到客户投诉或抱怨的信息，即向客户电话或传真等方式了解具体内容，然后在企业内部协商好处理方案，最好当天给客户答复。

3. 语言得体原则

客户对企业不满，在发泄不满的言语陈述中有可能会言语过激，如果服务人员与之针锋相对，势必恶化彼此关系，在解释问题过程中，措辞也十分注意，要合情合理，得体大方，不要一开口就说出伤人自尊的话，尽量用婉转的语言与客户沟通，即使是客户存在不合理的地方，也不要过于冲动，否则，只会使客户失望并很快离去。

4. 合理补偿原则

客户抱怨或投诉，很大程度是因为他们采用该企业的产品后，利益受损，因此，客户抱怨或投诉之后，往往希望得到补偿，这种补偿有可能是物质上如更换产品、退货或赠品等，也可能是精神上的，如道歉等，在补偿时，企业在力所能及的情况下，应该尽量补偿多一点，有时是物质及精神补偿同时进行，多一点的补偿金，客户得到额外的收获，他们会理解企业的诚意而对企业再建信心。

5. 多重方案原则

很多企业处理客户投诉和抱怨的结果，就是给他们慰问、道歉或赠小礼品等等，其实解决问题的办法有许多种，除上所述手段外，可邀请客户参观成功经营或无此问题出现的客户，或邀请他们参加企业内部讨论会，或者给他们奖励等。

客户提出投诉和抱怨之后都希望自己和问题受到重视，往往处理这些问题的人员的层次会影响客户期待解决问题的情绪。如果高层次的领导能够亲自给客户处理或亲自打电话慰问，会化解客户的许多怨气和不满，非常有利于配合服务人员进行问题处理。因此处理投诉和抱怨时，如果条件许可，应尽可能提高处理问题的服务人员的级别，如本企业领导出面（或服务人员任职为某部门领导）或聘请知名人士协助等。

7.5.4 处理顾客投诉的程序

（1）建立客户意见表（或投诉登记表）之类表格。

接到客户投诉或抱怨的信息，在表格上记录下来并及时将表格传递到售后服务人员手中，或者是企业相关部门，负责记录的人要签名确认，如办公室文员、接待员或业务员等。

（2）售后服务人员接到信息后即通过电话、传真或到客户所在地进行面对面的交流沟通，详细了解投诉或抱怨的内容，如问题产品名称规格、生产日期、生产批号、何时使用、问题表现状况、在使用此品牌前曾使用何种品牌等。

（3）分析这些问题信息，并向客户说明及解释，负责与客户沟通协商。

（4）将处理情况向领导汇报，服务人员提出自己的处理意见，申请领导批准后，要及时答复客户。

（5）客户确认处理方案后，签下处理协议。

（6）将协议反馈回企业有关部门进行实施，如需补偿产品的，通知仓管出货，如需送小礼物的，通知市场管理人员发出等。

（7）跟踪处理结果的落实，直到客户答复满意为止。

7.5.5　处理顾客投诉的方法

1. 确认问题

认真耐心地听申诉者说话，边听边记录，在对方陈述过程中判断问题的起因，抓住关键因素。

尽量了解投诉或抱怨问题发生的全过程，听不清楚的，要用委婉的语气进行详细询问，注意不要用攻击性言辞，如"请你再详细讲一次"或者"请等一下，我有些不清楚……"把你所了解的问题向客户复述一次，让客户予以确认。

了解完问题之后征求客户的意见，如他们认为如何处理才合适，你们有什么要求等。

2. 分析问题

在自己没有把握情况下，现场不要下结论，要下判断，也不要轻下承诺。

最好将问题与同行服务人员协商一下，或者向企业领导汇报一下，共同分析问题。特别是分析问题的严重性，到何种程度？是否有必要再到其他地方作进一步了解？如果客户所提问题不合理，或无事实依据，如何让客户认识到此点？解决问题时，抱怨者除求得经济补偿外，还有什么要求？

3. 互相协商

在与同行服务人员或者与公司领导协商，得到明确意见之后，由在现场的服务人员负责与客户交涉协商，协商之前，要考虑以下问题。

公司与抱怨者之间，是否有长期的交易关系？

当你努力把问题解决之后，客户今后有无再度购买的希望？

争执的结果，可能会造成怎样的善意与非善意口传的影响？（即口碑）

客户的要求是什么？是不是无理要求或过分要求？

公司方面有无过失？过失程度多大？

作为公司意见的代理人，要决定给投诉或抱怨者提供某种补偿时，一定要考虑以上条件，如果属公司过失造成的，对受害者的补偿应更丰厚一些；如果是客户方面不合理，且日后不会再有业务来往，可以酌情处理。

与客户协商时同样要注意言辞表达，尽可能听取客户的意见和观察反应，抓住要点，妥善解决。

4. 落实处理方案

协助有了结论后，接下来就要作适当的处置，将结论汇报公司领导并征得领导同意后，要明确直接地通知客户，并且在以后的工作中跟踪落实结果，处理方案中有涉及公司内部其他部门的，要将相关信息传达到执行部门，并通知相应的部门，监督和追踪相关部门是否落实这些方案，直到客户反映满意为止。

思考题

1. 接近客户有哪些要点？
2. 面对顾客异议，一般有哪些处理方法？
3. 处理客户投诉的方法有哪些？

本章案例

寿险销售案例

业务员：陈先生，我是平安保险公司的业务员张智群，弓长张，智慧的智，群众的群。很高兴认识您。

陈先生：请坐。

业务员：陈先生，您的写字楼挺开阔的，您桌面上的奖杯有什么来历吗？

陈先生：那是两年前公司运动会的奖杯。

业务员：那陈先生您在这间公司已经做很久了吗？

陈先生：都有五年了。

业务员：陈先生，首先谢谢您给我时间，我今天来见您的目的，就是我在电话里所说的，用大约15~20分钟的时间，和您共同做一个财务状况的分析，同时，还想跟您分享一些财务管理计划，经过分析之后，如果您认为有需要的话，我会提供一些资料给您作进一步的参考。就算现在不考虑，起码您都了解这方面的知识了，将来您自己或者朋友有这方面的需要时，也会多一种选择。另外，陈先生今天您和我说的资料，我会绝对保密。

陈先生：（点头反应）。

业务员：陈先生，由于待会儿我和您分析财务状况的时候，会计算一些数字，你介不介意我们坐近些？

陈先生：没问题。

业务员：请问陈先生全名怎么称呼呢？

陈先生：陈大伟。

业务员：你介不介意我称呼您陈哥？

陈先生：可以。

业务员：陈哥，您有没有听过我们平安保险公司呢？

陈先生：听说过。

业务员：首先我想说一些公司的背景资料，平安是在1988年在中国深圳成立的，是中国第一家股份制保险企业，也是……平安是国内中资保险公司中唯一一家连续8年按国际标准出具财务报告和精算报告的保险公司。平安的不良资产比例低于1%，资产质量名列亚洲企业前茅。1995年长春分公司正式开展寿险业务。

业务员：刚才您说您在公司已经服务了5年，那公司提供了什么员工福利呢？比如说有没有公积金呢？

陈先生：有。

业务员：自己要不要每月支付一部分呢？按工资的多少？

陈先生：要。每月按工资的12%扣除。
业务员：公司有没有投保团体寿险呢？
陈先生：没有。
业务员：有没有其他医疗福利呢？
陈先生：没有。
业务员：不知道您同不同意这个观点，一份工作不一定是终生的。将来如果有更好的发展机会，或者自己做生意，甚至因为公司人事上的变动令您离开公司，那现在这间公司给您的保障和福利，就会完全没有。一个好的保障计划，应该由自己控制，无论去到哪里，利益都不会受影响。不知道陈哥同不同意我的说法？
陈先生：同意。
业务员：那请问您现在有没有任何个人的保险计划？
陈先生：没有。
业务员：那么，您介不介意告诉我什么原因令您到现在还没有人寿保险计划呢？
陈先生：我觉得没有必要。
业务员：那也是，其实不是每个人都认为自己有保险的需要。考虑人寿保险的人不外乎几个原因：
第一是怕自己万一有什么事发生，老人的赡养、家里人的生活和子女的教育费出现问题；
第二是担心自己不幸有病或者意外，没有足够的医药费和生活费；
第三是怕自己年老的时候没有足够金钱维持晚年生活。
业务员：陈哥，你说你没买保险，那你怎样解决以上问题呢？
陈先生：我有存款呀。
业务员：陈哥您真是有计划啊。
业务员：不知道您结婚了没有？
陈先生：结了。
业务员：那么嫂子怎么称呼？
陈先生：姓王，叫王凯利。
业务员：嫂子在什么地方工作啊？
陈先生：在朝阳区一家外贸公司做文员。
业务员：她有没有参加任何保险计划呢？
陈先生：有。
业务员：恭喜您，不知参加哪家保险公司的？
陈先生：中国人寿。
业务员：不知道嫂子是什么时候参加的，保额大约有多少呢？每年保费要多少呢？您太太当时购买这个计划的原因是什么呢？
陈先生：朋友说买就买了。至于保额保费那些，我都不知道。
业务员：陈哥，购买保险计划，并不是朋友说买就买，正因为这个原因，今天我上来和您做这个寿险分析，希望我们公司的计划可以配合您的需要。
陈先生：有道理。

业务员：不知道陈哥有没有孩子？

陈先生：有个男孩儿，叫小明。

业务员：几岁了？

陈先生：六岁。

业务员：除了太太和子女外，您需不需要在经济上照顾其他人呢？例如父母、兄弟姐妹？

陈先生：要照顾父母。

业务员：不知道要照顾他们，每个月要多少钱呢？

陈先生：生活费全包了，每个月大约1 000元钱。

业务员：陈先生，我们公司最近做了一个调查，就是问：第一，人为什么要工作？第二，在我们的经济生活里面什么是最重要的？

我们当然得到好多答案，但归纳答案，只有一个答案就是收入；当然不是一个大起大落的收入，而是一个平衡向上的收入，我相信陈先生您都同意的。

陈先生：同意。

业务员：当然，有了收入，我们才能支付我们的日常开支，如衣、食、住、行，现在的生活担子都不小的，不知道陈先生您每个月家庭开支，如衣食住行大约需要多少钱呢？

陈先生：不计算住房支出也要2 000元。

业务员：那陈先生您现在是供房还是租房？

陈先生：供房。

业务员：要供几年？每月供多少？

陈先生：15年。每月1 500元左右。

业务员：有没有买按揭人寿保险呢？

陈先生：没有。

业务员：陈先生，你那间房子按揭是15年乘以十二个月，总共27万啦？

陈先生：是啊。

业务员：有没有其他投资呢？如股票、基金。不知道有无自己或与朋友合伙做生意，有没有其他投资我没有提到？

陈先生：没有。

业务员：普通的人都有两个银行户口，一个是活期户口，用来支付水、电、煤气费或者信用卡消费等，而另一个是储蓄户口，把用剩的钱存起来。陈先生您刚才说到有储蓄习惯，通常一个月你存多少钱呢？总共存了多少钱呢？

陈先生：大约每个月存2 000元。

业务员：陈先生，您真是一个好有计划的人，不知道您存这笔钱用来做什么呢？

陈先生：以后有急用可以拿出来。

业务员：我相信陈哥您也会同意我的这个观点，收入不外乎只有两大类：

第一，就是靠自己努力去赚取收入；

第二，就是利用多余的钱去投资。

对不起，我忘记了还有一种就是救济金，不过我相信好像您这么有能力和责任感的人一定不会考虑这种方式。所以要靠救济金的情况，我们可以不提。

但是我不知道陈先生有没有考虑过发生一些情况，我们的收入会中断，而其中有三种情形更会使我们的收入永远失去的。

陈先生：哪三种？

业务员：第一个情况是突然之间离开我们的家人。其实生、老、病、死是人生正常的过程。人始终会有一天离开这个世界，问题在于是不是一个适当的时间。如果我们真是那么不好运，万一在一个不适当的时间离开家人，那您想我们的家人会怎样？我们又可不可以预早做一些计划安排。其实一个最实际的办法，就是去计算一下究竟一旦有事发生的时候，家人需要用多少钱？

陈先生：怎么计算？

业务员：您很疼爱儿子。也就是说未来这15年您要照顾他的起居饮食，供他读书。这里有一个利息计算表，如果你要在银行里每月拿10元，拿满15年，又如果银行活期年利息是9厘9，扣除利息税20%，实际利息为0.792%，你现在就要存15 152元钱。换句话说，如果你今天把15 152元存进银行，银行给你9厘9利息，你就可以每个月去银行，好像发工资，连本带息每个月拿10元，拿满15年。

业务员：我相信陈先生您现在基本的家用一定不只10元，您刚刚讲过您的基本家庭支出每个月要2 000元，2 000是10的200倍。200乘以15 152是3 030 400元。就是303万，这个就是您的基本保障额了。因为如果有303万元存进银行，银行给你9.9厘息，无论什么事发生，您都不用担心，因为您太太可以每个月去银行拿2 000元，拿满15年，直到小明21岁独立为止。

我相信您同意一般人如果有300万块钱都不会放进银行，而会尽量利用这笔钱。如果没有的话，您打算怎样解决呢？其实，一份人寿保险就可以用来保障他们的生活，解决这个问题。

业务员：此外，就是我们不幸遇到一场大病或者意外，令我们不能再去上班。那我们除了无法照顾家人，甚至可能倒过来要家人照顾，而且还要支付一笔庞大的医药费用，相信这种情形，陈先生您是不愿意见到的。

陈先生：是啊。

业务员：还有就是年老退休，陈先生，您多大年纪啊？

陈先生：36岁。

业务员：您有没有想过什么时候退休呢？

陈先生：60岁。

业务员：我很相信陈先生您未来的收入，会随着您的经验和学问一起增加，但到您60岁退休的时候，您的收入可能慢慢减少甚至完全停止。其实我们辛辛苦苦工作了这么多年，都希望退休之后可以安享晚年。

陈先生：那当然了。

业务员：而退休之后的收入主要来自三方面，首先就是自己的退休金和储蓄。第二是儿女给您钱花，第三是政府的救济金。陈先生，我相信您也同意，政府的救济金，是不够维持您的生活水准的。现在照顾全家都不容易，何况以后还要儿女供养我们？对他们来说生活都是一个很沉重的负担，所以退休时有笔自己可以支配的钱来安享晚年就很重要。

陈先生：嗯，有道理。

业务员：现在年轻，有工作能力，没钱不要紧，但年轻大了又没钱，生活就会很困难了，一个好的保障计划，基本上是可以把年轻时候的钱一点一点存起来，到年纪大的时候自己可以拿来用，我相信您也希望自己退休之后，自己有笔钱可以做您想做的事。

陈先生：当然希望了。

业务员：好啦，如果刚才所讲的任何一个情况发生，您所能依靠的收入，就会失去了，在这样的情况下，我们自己或者家人的日常开支，只能依靠另外那种找钱方法，就是"钱找钱"。陈先生，您同不同意我所说的呢？

陈先生：同意。

业务员：现在我们公司针对您这种情况设计了很多个人收入保障计划，只要陈先生您在平安开一个账户，我们就能够为你专门制作一个保障计划，如果不幸有任何事发生在您身上，我们公司就会有一笔钱给您或者您的家人，让家人能够继续正常生活以及支付您的医疗费用，当然，如果没有任何事发生，那陈先生退休的时候，我们公司就会有一笔钱还给你，来做退休金，安享晚年。陈先生，这一个计划能够解决以上三个问题，您觉得对您是否有用呢？

陈先生：当然。

业务员：如果以上三个问题之中其中一个发生，您觉得哪个对您影响最大？

陈先生：太太和儿子以后的生活费。

业务员：陈先生，我为您设计这个计划，需要几个资料。第一是陈先生您的出生日期？第二，你抽烟吗？过去五年有没有做过手术？第三……

最后是一般人都会预留8％～10％作为家庭保障计划的预算，不知道陈先生您每个月/年可以存多少钱来参加这个计划呢？

陈先生：500/6 000元吧。

业务员：陈先生，我会根据这几个资料，给您设计一个最适合你的计划。陈先生，刚才您都同意你的基本保险需要大约3 030 400元，房子的按揭是27万，那这就是说总共暂时需要的保险是3 300 400元，大约330万，对吧？

陈先生：对，没错儿。

业务员：陈先生，我需要一两天的时间给您做这个计划。我们后天15号，在您家里见面，上午或者下午，哪个对您比较方便？或者：陈先生，我需要两天的时间分析您的需要，然后制作针对您的计划，而且我的客户比较多，所以要确定下次见面的机会，你看后天晚上6点在您家里行吗？而且最好您太太也在场，让她了解这个计划是有好处的。

陈先生：我看可以。

业务员：陈先生，我相信现在您对寿险已经有了一个全新的认识。其实，每个人都有这种需求，只是平常不注意就是了。您肯定也不愿意您的亲戚朋友有这种后顾之忧吧？您能否把他们的情况介绍给我，让我也有机会来帮助他们。你看怎么样？或者……

陈先生：好啊。

业务员：下次见面我会带计划来详细解释给您听。下次见面的时候我们大约需要四十五分钟，或者我将下次见面的时间写在这，您有事或者要更改时间就打电话给我。

这里有一份关于我们公司的简介，我送给陈先生，请您有时间看一看。到时见。

陈先生：到时见。

【案例点评】

在这个案例中，纵观销售人员的整个销售过程可以看出其能够灵活运用各种销售理论和销售方法，对销售技巧的理解比较透彻。从见面开始就给对方建立了自信及专业的形象，对话中能体现业务员工作的艰辛并用适当的语言杜绝讨价还价的可能，处处体现节约的习惯和为客户着想的出发点。他能很快打破与客户的隔阂，取得客户面谈所需的时间，让客户了解面谈的内容及好处，让客户有一个舒适位置以及令他能看清楚业务员所预备的资料，增加客户对公司及业务员的信心。对话中能够及时了解客户现有公司给他的保障（社会统筹、自己支付情况、团体补充寿险、医疗保险），把握时机提出目前员工保险的不足，让客户明白即使有团体保险，人寿保险才是全面保障。对话中还能及时了解客户家庭背景及家庭负担的各项费用和资产情况，这样就可以计算客户可能的投保额，为制作切合客户需要的建议书做好充足的准备。总之，该业务员能够准确把握客户的关注点并熟练运用销售过程各个阶段的技巧，既让客户满意又取得了成功。

资料来源：精品资料网，http://cnshu.cn/yxgl/57535.html，有删改。

第 8 章 销售信用管理

【本章导读】
了解信用管理的意义及内容
掌握客户资信调查的方法
掌握客户信用评价的方法
掌握应收账款的管理方法

8.1 信用管理概述

信用是社会经济发展的必然产物,是企业市场竞争中最宝贵的无形资产。以资信、产品质量、服务为主体的企业信用体系,越来越成为现代企业生存和发展的必要条件。美国科学家富兰克林在《给一个年轻商人的忠告》中有一句话:"切记,信用就是金钱。"前世界银行首席经济学家斯蒂格里茨认为,在市场经济运作中,资源配置并非完全取决于价格因素,有时更多的取决于企业信誉。

企业信用管理是指企业在努力扩大销售的同时,为控制销售风险而制定的政策、业务方案和规章制度及其相关的运行活动,是企业信息管理、财务管理和销售管理相互交叉的一项管理工作。企业信用管理的目的就是:在力求销售最大化的同时控制销售风险,使其最小化,减少或避免坏账损失。

任何一个企业都想把自己的产品和服务最大程度地销售出去,在追求销售最大化的同时,不可避免地存在着销售风险,除非全部销售都是现金或现汇交易,拒绝一切赊销,放弃扩大市场的机会。也就意味着就不能实现销售最大化,而发生赊销,就必然会有不能回收货款的风险。因此应该说销售最大化与风险最小化是一对矛盾,信用管理的任务就是要妥善地处理、合理地解决这对矛盾。

信用管理的另一项重要任务就是加强企业自身的信用建设,树立自身的良好信用形象。这涉及企业的资本运营、产品及服务、人员素质与企业管理、公共关系与社会行为等多项内容。概括地说,就是如何使企业的信用行为和信用能力处于最佳状态。

8.1.1 信用管理的意义

信用管理实际上是对信用交易中的风险进行管理，即对信用风险进行识别、分析和评估。通过制定信用管理政策，指导和协调内部各部门的业务活动，以保障应收账款安全和及时回收的管理，目的在于有效地控制风险和处理风险，使风险降低到最小程度。企业的信用管理注重对客户信息的收集和评估、信用额度的授予、债权的保障、应收账款的回收等各个交易环节的全面监督。

1. 短期意义

从短期看，信用管理要求企业随时监控客户应收账款的回收，对出现的问题及时处理。为了随时监控客户的应收账款，企业一定要与客户保持密切的联系和及时的沟通。此外在出现客户无法偿还款项时，应当要求其提供担保，减少坏账损失的风险。

2. 长期意义

从长远看，信用管理能有效提升客户的质量。信用管理规范的企业对资信状况良好的企业给予超过市场平均水平的信用额度和信用期。而对于资信状况较差的客户，则进行现款交易或给予较小的信用额度和较短的信用期。对后一类客户，其本来就存在资金周转的问题，在企业不给予融资机会时，一部分会慢慢退出，另一部分则看到资信状况较好的客户能得到更优惠的信用环境，会不断改变自身的资信状况，最终企业会拥有一个稳定守信的客户群，企业的形象也会得到很大提高。这对企业而言，是生存环境的改善，是一个对企业的发展起到推动作用的长期有利因素。

小案例

高速发展中的风险

A集团是一个发展非常好的民营企业，它在1994年开始投产饮料，由于有一个好的产品，并抓住了一个好的市场机遇，所以在投产前两年发展得非常迅速，第一年销售额达到5 000万元，第二年上升到2个亿。产品的高利润，吸引了很多竞争者加入。当竞争者还是市场新进入者时，该集团保持了很强的竞争力。1998年销售额最高时达到30亿，2000年中国饮料十强排名第二，被誉为"饮料霸主"。但几年后，A集团便因为债务问题陷入困境，其品牌也被债权人起诉。

原来，在发展过程中，由于企业管理者缺少经验，因此被快速增长的现状所迷惑，企业以为自己无所不能。但实际上，从风险分析来讲，当一个企业高速发展的同时，必然隐含着巨大的经营风险，从风险管理学上来说，当企业的增长速度超过20%，就可能面临着过高的经营风险。

那么，A集团遇到的风险是什么？A集团遇到的风险在2001年就开始出现了：应收账款急剧上升。应收账款的上升对企业来说面临的风险非常严重，一方面，原材料供应商货款要支付，银行贷款要偿还，更严重的时候，公司连职工工资发放都成问题。出现这种现象时，公司发现，原来大规模铺货，单纯追求市场占有率、销售额并不是一个很完善的办法，必须要关注现金流的问题。这时候，公司立即采取措施，由原来对业务员考核以销售额为主马上转为以回款为主,但为时已晚。当考核回款额的时候,公司为了快速收回现金又采取了很多不理智的措施,比如大幅度降价,在整个营销渠道、分销渠道造成了很多客户不满。最后,公司虽然采取了强有力的措施,但基本没奏效。2001年年初市场份额高达70%,年底便跌至不足30%,2002年下半年就停止铺货。

从企业信用管理分析来看,A集团发生这个问题主要在于公司经营管理目标的控制,换句话说,由于缺少信用管理,导致公司目标协调和管理授权出现问题,直接的问题就是大规模地铺货,造成企业现金流的不足。

资料来源:中国企业信用管理网,http://www.creditworld.cn/Info-I0301-227.html.

8.1.2 信用风险的类型

1. 客户拖欠的风险

正如信用交易是普遍存在的交易形式一样,拖欠也是普遍存在的现象。实际上,对于赊销产品的授信方,客户拖欠货款的风险总是存在的。然而,很多企业对拖欠风险的危害性认识有所忽视,甚至认为它是一种正常现象。这一方面是由于拖欠普遍存在、习以为常;另一方面则是因为客户拖欠货款所造成的损失是隐性的,即使是非常有经验的赊销企业经理人员也会有所忽视。

企业赊销的实践证明,客户拖欠货款对企业造成的损失要比坏账损失还要大。在众多的企业交易中,不同的企业对于拖欠问题也有着不同的态度,这也反映了不同企业的经营风格和经营理念。按照不同的付款行为,客户可以被分为收到货很快付款、快到期才付款、提醒后才付款、受到强力催款压力后才付款、赖账不付款等几类。

2. 客户赖账的风险

赖账是指客户恶意拖欠货款的行为,最终结果可能是不还款。赖账是指有能力还款但拒绝还款。赖账是产生赊销坏账的主要原因之一。从性质上讲,赖账是欺骗行为的前兆,是一种恶劣的商业行为。为了减少客户赖账的风险,信用管理工作的重点在于事前防范,具体的手段是选择与品质优良的客户进行交易,尽量避免与品质恶劣的客户打交道。

3. 客户破产的风险

客户破产意味着欠账的客户可以免除所有的对外负债,而提供信用的企业将有可能损失全部赊销款。这是企业赊销贸易中比较严重的风险之一。已经破产或已在破产过程中的客户将停止对外付款,赊销企业只能通过清算程序收回欠款。为了防范客户破产风险,企业在信用管理中除了要有事前防范措施,还要有必要的风险分散机制,如抵押或优先还款协议等。

所以企业信用管理的目标就是力求企业在实现销售最大化的同时,将信用风险降至最低,使企业的效益和价值得到最大程度的提高。通过信用销售,企业可以扩大销售,提高盈利水平,但与此同时,信用销售产生的应收账款每天都在消耗着企业的利润。代表企业血液的现金流被众多应收账款占压着,企业预期利润损失是巨大的。由此可知,企业应收账款的最终管理目标是实现销售最大化,同时保持信用风险特别是坏账损失最低。

8.1.3 信用管理的内容

要有效控制赊销拖欠风险，要对交易各环节进行精细管理，也就是说，要控制赊销拖欠风险没有诀窍和捷径，但也不复杂，在交易过程每个环节的基础管理工作都做到了，风险自然被控制了。从统计资料可以看出，大部分风险是在交货前控制不当造成的。这个阶段的风险控制管理工作，应该说相对简单得多，成本低得多；而形成拖欠以后的追讨工作，则要复杂很多，成本会高得惊人。所以应该把控制赊销拖欠风险的工作重点，放在事前控制上。

1. 收集客户资料

"知己知彼，百战不殆"，军事斗争中的成功经验同样适应于现代商业社会。买方市场形成后，由于客户资源有限，企业销售已经转变为一种竞争性的销售，赊销方式普遍流行。在这样的情况下，了解客户、合作伙伴和竞争对手的信用状况对于企业防范风险、扩大交易、提高利润、减少损失尤为重要。信息收集已经成为信用社会经济繁荣与稳定的重要基础。

买方市场形成后，由于客户资源有限，企业销售已经转变为一种竞争性的销售，赊销方式普遍流行。信息收集已经成为信用社会经济繁荣与稳定的重要基础。

信息缺乏导致在授予信息时只能凭借主观判断，没有任何基于事实依据的科学评估。于是，国内企业之间出现大量的拖欠和三角债，呆账、坏账问题十分普遍。

近年来，由于企业开始重视收集客户的信息资料，应收账款逾期率、坏账率大幅下降。目前国内征信（信用信息征集）市场从业机构较少，比较突出的包括华夏邓白氏、新华信、九蚁、中商、联信等，大约占据了整个市场份额的近90%。

2. 评估和授信

评估客户的信用，决定给予客户怎么样的信用额度和结算方式，是企业控制信用风险的重要手段。传统的信用评估是建立在经验基础上的，很难保证评估的准确性和科学性。科学的信用评估应该建立在经验和对信用要素进行科学分析的基础上。他首先要求对信用要素进行详细分析，然后综合本企业的经验以及不同行业、不同企业的经验，经过比较权重、量化指标，最终达到一个统一的评价标准。

3. 保障债权

债权保障的工作主要有：信用管理人员和法律专业审核合同条款，排除可能造成损失的漏洞；严格审查单证票据，防止各种结算方式的欺诈；提出债权保障建议，包括保险理赔、信用保险、银行担保、商业担保、个人担保等手段转嫁信用风险，减少信用损失。

合同条款明确、清晰，贸易文件齐备，为了使客户不会在以后就合同不明晰的条款对付款有争议，应该事前为客户解释清楚合同的有关具体规定，介绍规定的交付条件、赊销期限以及保护债权的条款；明确合同内容，将一切协议正式地、明确地落实在书面上由双方确认；整理有关贸易文件。

按照合同要求，提供客户所需的货物或服务，完备售后服务；及时解决客户提出的意见或抱怨，协助客户销售盈利，以高品质的售后服务换取客户的快速回款及新的更大的订单。

4. 账款追收

只要从事商业活动的企业，就有可能出现逾期应收账款。企业必须认真分析每笔应收账款逾期的原因，找到最佳处理对策，并马上实施追收。处理逾期应收账款最忌讳的就是拖延，很多本来能够收回的账款，随着时间的流逝变为坏账。所以当货物发出后应积极联系客户，部分客户有时需要催逼才会付款。而且根据国外的统计资料，追账成功率随逾期月份的增长急速下降，从逾期一个月的93.8%降至逾期24个月的13.6%。

例如，某公司信用风险管理办法有以下几点：
(1) 制定适合公司现状的较为保守的信用政策，确保公司的低风险要求；
(2) 自行开发的计算机支持系统，易于总体控制，提高工作效率；
(3) 制定严格的催账程序，控制应收账款的延期及坏账发生；
(4) 每周一次收款会议制度，检讨逾期货款的原因，商定逾期款催收方案；
(5) 明确的坏账界定，及坏账考核规定。促使销售人员重视收款工作。

在这一系列信用管理措施中，最重要的是信用政策。一个好的信用政策能够帮助公司获得最大的利益，但一个不好的信用政策也可能导致公司亏损甚至倒闭。

8.2 客户资信管理

客户资信管理是以客户的信息资源和资信调查为核心的一套规范化管理方法，包括企业内部信息开发、客户信息管理、资信调查、客户信用分级管理等。客户资信管理是信用风险管理的基础工作，主要要求企业全面收集管理客户信息，建立完整的数据库，并随时修订、完善，实行资信调查制度，筛选信用良好的客户。对客户的信用进行调查，既可由企业内部信用管理部门和专职人员完成，也可委托专门的征信机构完成。

客户资信管理的核心是对客户进行信用分析和信用等级评价。通过对客户所有相关财务及非财务信息进行整理、分析，得出客户的偿债能力评估。它需要运用专门的信用分析技术和模型并结合专业人员的经验来完成。

8.2.1 客户信用调查

客户信用调查是通过对客户信用状况进行调查分析，从而判断应收款项成为坏账的可能性，为防范坏账提供决策依据。几乎所有成功的企业，都非常重视客户信用调查。

1. 客户信用调查的方法与流程

通常对客户进行信用调查的方法有三种。

1) 可以通过金融机构或银行对客户进行信用调查

这种方式可信度高，所需费用少。不足之处是很难掌握客户全部资产情况和具体细节，因可能涉及多家银行和金融机构，所以调查时间会较长。

2) 利用专业资信调查机构进行调查

这种方法能够在短期内完成调查，费用支出较大，能满足公司的要求。同时调查人员的素质和能力对调查结果影响很大，所以应选择声誉高、能力强的资信调查机构。

前两种方法主要调查客户品质、能力、资本、经济状况、连续性、抵押品等方面的情况。

3）通过行业组织进行调查

这种方式可以进行深入具体的调查，但往往受到区域限制，难以把握整体信息。这种方法既可以针对全面情况进行调查，也可用于具体的债务项目的信用和风险分析。分析内容包括五个因素：人的因素、欠款意图、还款因素、保障因素、企业前景。通常客户资信调查的流程如图 8-1 所示。

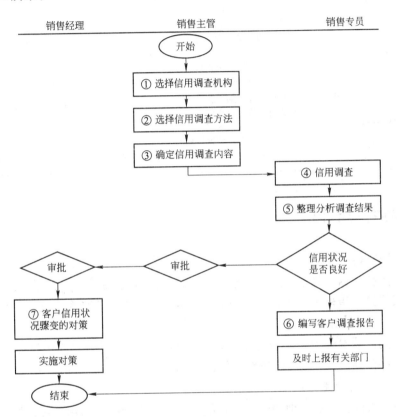

图 8-1 客户信用调查的流程

2. 客户信用调查的内容

客户信用调查的内容见表 8-1。

表 8-1 信用调查的内容

项目	信用调查
对客户经营状况的调查	客户的总体经营状况如何？ 客户的声誉、形象如何？ 对自己的生意是否做很好的规划？ 客户对市场的情况是否非常了解？ 公司的内部管理如何？ 是否具有成熟的公司文化？各部门之间的协作精神如何？ 经营者本人的素质如何？ 各级管理人员的素质如何？ 公司的整体士气怎样？

续表

项目	信用调查
对客户财务现状的调查	客户手中现金是否充足？ 是否持票贴现？ 是否有延期支付债务？ 是否出现预收融资票据的情况？ 是否有为融资而低价抛售的情况？ 是否有提前回收赊销款？ 是否开始利用高息贷款？ 与银行的关系是否变得紧张？ 是否有其他债权人无法收回其贷款？ 其票据是否曾经被银行拒付？
对客户支付情况的调查	是否已不能如期付款？ 是否有推迟现金支付日？ 是否有推迟签发支票？ 是否有提出要求票据延期？ 是否有要求延长全部票据或货款的支付日期？

8.2.2 客户信用评价

1. 信用评价指标

信用评价主要依据回款率（应收款额）、支付能力（还款能力）、经营同业竞品情况三项指标确定。根据这些指标可以将客户按照信用程度从高到低分为"A、B、C、D"。

1）回款率（应收款额）

A级客户的回款率必须达到百分之百，一般而言，如果回款率低于百分之百则信用等级相应降级。评价期内低于5％，降为C级或D级。

2）支付能力（还款能力）

有些客户尽管回款率高，但由于其支付能力有限而必须降低信用等级。如某客户尽管不欠你的货款，但欠其他厂家的货款甚巨，这样的客户最多只能认定为C级客户。

确定客户的支付能力主要看下列几项指标。

（1）客户的资产负债率。如果客户的资产主要靠贷款和欠款形成，则资产负债率较高，信用自然降低。

（2）客户的盈利能力。如果客户的盈利能力差，长期亏损，则支付能力自然下降。

（3）客户、员工、供应商的满意程度。如果均有不满，则信用度降低。

（4）是否有风险性经营项目。如果客户投资于房地产，由于房地产风险较高，资金占用量大，投资周期长，则信用降低，如果客户从事期货、股票交易，则风险更大，信用更低。

3）经营同业竞品情况

凡经营同业竞品（指竞争对手产品）者，信用自然降低为C级；凡以同业竞品为主者，信用等级为D级。

上述三项指标，以信用等级最低的一项为该客户的信用等级。除了依据上述三项主要因素进行信用等级评价外，还需根据对公司产品的重视程度、执行公司销售政策情况、送货和服务功能、不良记录等多项因素对信用等级进行修正。

1) 对公司产品的重视程度

如果客户以公司产品为主，则信用等级较高；如果将公司产品与其他公司产品同等对待，则信用等级降低；如果不以公司产品为主，公司产品仅仅是辅助经营项目，或者仅仅起配货作用，则信用等级更低。

2) 送货和服务功能

如果客户对下级客户开展送货或服务，则控制市场的能力大大增强，信用等级也相应增强；如果是普通的"坐商"，则信用等级降低。

3) 执行公司销售政策情况

如果客户未能很好地执行公司的销售政策，如经常窜货、低价倾销，则信用等级要大大下降。

4) 不良记录

如果客户曾经有过不良记录，如曾经欠款不还等，无论是针对本公司还是针对其他公司，信用等级应降低。

2. 客户信用等级分类

信用评价不是最终目的，最终目的是利用信用等级对客户进行管理。公司和办事处应针对不同信用等级的客户采取不同的销售管理政策。

对 A 级客户，在客户资金周转偶尔有一定困难，或旺季进货量较大，资金不足时，可以有一定的赊销额度和回款宽限期。但赊销额度以不超过一次进货量为限，回款宽限期以不超过 10 天为限。

对 B 级客户，一般要求现款现货。但在如何处理现款现货时，应该讲究艺术性，不要过分机械，不要让客户很难堪，应该在摸清客户确实准备货款或准备付款的情况下，再通知公司发货。

对 C 级客户，一般要求先款后货，如对一家欠债甚巨的客户，业务员要坚决要求先款后货，丝毫不能退让，而且要考虑好一旦这个客户破产倒闭后在该区域的补救措施。C 级客户不应列为公司的主要客户，应逐步以信用良好、经营实力强的客户取而代之。

对 D 级客户，坚决要求先款后货，并考虑逐步淘汰该类客户。

客户信用是不断变化的，有的客户信用在上升，有的则在下降。如果不对客户信用进行动态评价，并根据评价结果调整销售政策，就可能由于没有对信用上升的客户采取宽松政策而导致不满，也可能由于没有发现客户信用下降而导致货款回收困难。客户信用评价一般一月一次，时间最长不能超过两月一次。业务员对客户的信用评价结果必须及时通知办事处主管、销售经理。

3. 新客户的信用评价

第一次交易的客户，其作用一般按 C 级客户对待，实行"先款后货"，待经过多次交往，对客户信用情况有较多了解后（一般不少于三个月），再按正常的信用评价方式评价。需要注意的是，要谨防一些异常狡猾的骗子头几笔生意故意装得诚实守信，待取得信任后开始行骗的现象。

评价客户信用的各项信息从哪里来，是困扰一些业务员的问题。要获得这些信息，就务必要做好客户资信调查工作，一是做好客户交易记录，对每笔业务往来都有详细的记录；二是多与客户的会计、保管、业务员、供应商接触,从与他们的接触中能够获得有关客户经营方面、客户信用方面的大量信息;三是对获取的大量信息,有些甚至相互矛盾的信息去伪存真,去粗存精,保证信息的真实、准确、可靠。

8.3 应收账款管理

应收账款是企业流动资金的重要组成部分,对于一个企业来说是至关重要的,加强管理是实现资金良性循环、增强企业竞争能力、提高经济效益的重要环节。所谓应收账款,是指企业因销售产品、提供劳务等而应向购货或接受劳务单位收取的款项。随着市场经济体制的确立,企业竞争越来越激烈,应收账款的管理已成为企业经营活动中日益重要的内容,它直接关系到企业的资金能否顺畅流通。

应收账款主要有两个功能:一是促进销售的功能;二是减少存货的功能。企业发生应收账款的主要原因是为了扩大销售,增强竞争力,其管理的目标就是追求最大利润。但是企业销售收入的增大可能只给企业带来账面利润,而不能给企业带来维持经营、扩大生产规模所必需的现金流入。随着应收账款的持续增长,当达到一定限度时,企业要为此付出相应的代价,增加了企业的机会成本,即企业资金投放在应收账款而丧失的其他收入;增加了企业的管理成本,即企业对客户的资信调查费用、应收账款账簿记录费用、收账费用;增加了企业的坏账成本,即由于其他企业付款违约而导致的应收账款无法收回;增加了企业的资金占用费用,即由于赊销造成资金紧张,被迫负债经营而发生的相关费用。应收账款是企业的一项资金投放,是为了扩大销售和盈利而进行的投资,以上四项就是应收账款投资而产生的成本。

应收账款管理说到底就是在应收账款信用政策所增加的盈利和这种政策成本之间作出权衡。只有应收账款所增加的盈利超过所增加的成本,才应当实施应收账款赊销;由于竞争的加剧,大量企业为了占领市场,采用激进的赊销政策,由此带来的后果是应收账款余额激增,维持正常运转的现金不足和坏账的成倍增长,不少企业因此而倒闭。加强企业应收账款管理的意义就在于提高企业判断力、正确有效地制定信用政策,确保企业的正常生产经营不受影响。

8.3.1 应收账款对企业的影响

由于通过赊销一方面可以扩大销售,增加了企业的竞争力;另一方面可以减少库存,降低存货风险和管理开支。所以当企业产成品存货较多时,一般都可采用较为优惠的信用条件进行赊销,把存货转化为应收账款,减少产成品存货,节约相关的开支。但是应收账款管理不善也会带来许多问题。

1. 降低了企业的资金使用效率,使企业效益下降

由于企业的物流与资金流不一致,发出商品,开出销售发票,货款却不能同步回收,而销售已告成立,这种没有货款回笼入账的销售收入,势必产生没有现金流入的销售业务损益产生、销售税金上缴及年内所得税预缴,如果涉及跨年度销售收入导致的应收账款,则可产生企业流动资产垫付股东年度分红。企业因上述追求表面效益而产生的垫缴税款及垫付股东分红,占用了大量的流动资金,久而久之必将影响企业资金的周转,进而导致企业经营实际状况被掩盖,影响企业生产计划、销售计划等,无法实现既定的效益目标。

2. 夸大了企业经营成果

由于我国企业实行的记账基础是权责发生制(应收应付制),发生的当期赊销全部记入当期收入。因此,企业账上利润的增加并不表示能如期实现现金流入。会计制度要求企业按照应收账款余额的百分比来提取坏账准备,坏账准备率一般为 3‰~5‰(特殊企业除外)。如果实际发生的坏账损失超过提取的坏账准备,会给企业带来很大损失。因此,企业应收款的大量存在,虚增了账面上的销售收入,在一定程度上夸大了企业的经营成果,增加了企业的风险成本。

3. 加速了企业的现金流出

赊销虽然能使企业产生较多的利润,但是并未真正使企业现金流入增加,反而使企业不得不运用有限的流动资金来垫付各种税金和费用,加速了企业的现金流出,主要表现在以下方面。

(1) 企业流转税的支出。应收账款带来销售收入,并未实际收到现金,流转税是以销售为计算依据的,企业必须按时以现金缴纳。企业缴纳的流转税如增值税、营业税、消费税、资源税等,必然会随着销售收入的增加而增加。

(2) 所得税的支出。应收账款产生了利润,但并未以现金实现,而缴纳所得税必须按时以现金支付。

(3) 现金利润的分配,也同样存在这样的问题,另外,应收账款的管理成本、应收账款的回收成本都会加速企业现金流出。

4. 对企业营业周期有影响

营业周期即从取得存货到销售存货,并收回现金为止的这段时间,营业周期的长短取决于存货周转天数和应收账款周转天数,营业周期为两者之和。由此看出,不合理的应收账款的存在,使营业周期延长,影响了企业资金循环,使大量的流动资金沉淀在非生产环节上,致使企业现金短缺,影响工资的发放和原材料的购买,严重影响了企业正常的生产经营。

5. 增加了应收账款管理难度

企业面对庞杂的应收款账户,核算差错难以及时发现,不能及时了解应收款动态情况以及应收款对方企业详情,造成责任不明确,应收账款的合同、合约、承诺、审批手续等资料的散落,遗失有可能使企业已发生的应收账款该按时收的不能按时收回,该全部收回的只有部分收回,能通过法律手段收回的,却由于资料不全而不能收回,直到最终形成企业单位资产的损失。

对于一个企业来讲,应收账款的存在本身就是一个产销的统一体,企业一方面想借助于它来促进销售,扩大销售收入,增强竞争能力,同时又希望尽量避免由于应收账款的存在而给企业带来的资金周转困难、坏账损失等弊端。如何处理和解决好这一对立又统一的问题,便是企业应收账款管理的目标。

应收账款管理的目标,是要制定科学合理的应收账款信用政策,并在这种信用政策所增加的销售盈利和采用这种政策预计要担负的成本之间作出权衡。只有当所增加的销售盈利超过运用此政策所增加的成本时,才能实施和推行使用这种信用政策。同时,应收账款管理还包括企业未来销售前景和市场情况的预测和判断,以及对应收账款安全性的调查。如企业销售前景良好,应收账款安全性高,则可进一步放宽其收款信用政策,扩大赊销量,获取更大利润,相反,则应相应严格其信用政策,或对不同客户的信用程度进行适当调整,确保企业获取最大收入的情况下,又使可能的损失降到最低点。

企业应收账款管理的重点,就是根据企业的实际经营情况和客户的信誉情况制定企业合理的信用政策,这是企业财务管理的一个重要组成部分,也是企业为达到应收账款管理目的而必须合理制定的方针策略。

8.3.2 应收账款管理的要点

应收账款是企业拥有的,经过一定期间才能兑现的债权。因此,在收回之前的持有时间内,它不但不会增值,反而要随时间的推移让企业付出代价。如果企业的应收款项不能及时收回,企业资金就无法继续周转,正常的营运活动就被梗阻,不但会对企业自身的资金运转产生负面影响,而且还可能引发企业之间的相互拖欠,从而形成严重的三角债问题;如果企业的应收账款一旦形成呆账,就会使这部分资金滞死,使企业蒙受严重的财务损失,甚至会危及企业的生存和发展。加强应收账款的管理,避免或减少损失的发生,保证企业经营活动的正常进行,提高企业的经济利益,是十分必须和重要的。企业应采取有效措施,认真加以预防和解决。

1. 明确应收账款管理的内容

从增收节支、提高效益的管理目标考虑,应收账款管理有以下内容。

1) 控制应收账款的限额和收回的时间

企业以赊销作为提高竞争能力、扩大市场份额的手段,是借助商业信用来增加销售收入的,企业要通过实现销售并取得货币资金,来补偿生产经营中的各种耗费,以确保企业营运资金的循环周转,从而需要控制应收账款的额度与期限。

2) 充分估计应收账款的持有成本和风险

采用信用政策意味着放弃一定的资金时间价值,信用规模越大,期限越长,失去的资金时间价值就越多,变现的不确定性风险就越大,可能出现的坏账也就越多,代价就越高。

3) 及时组织安排到期和逾期的应收账款的催收

避免企业资金被其他单位占用。企业在回收应收账款遇到困难或应收账款可能变成坏账损失时,应诉诸法律,主动争取法律保护。

2. 账龄分析是有效管理应收账款的基础

1) 账龄分析是确定应收账款管理重点的依据

账龄分析是一种筛选活动,用以确定应收账款的管理重点,确定超过合同或信用政策规定的应收账款所超出时间是多长,其原因何在。财务人员可以按不同的标准,如销售地区、销售人员、账龄区间等计算结构比率,确定出回收率低的账龄区间内比例最大的应收款。在此基础上,财务人员或按照账龄长短,或按原因分析所揭示问题的严重性,或按应收账款的地区、行业分布,提出应收账款的管理重点,并据以按轻重缓急,编制应收账款催收计划,有效、快捷地收回应收账款。

2）账龄分析是编制和实施催账计划的基础

应收账款催收计划的编制和实施主要包括下列内容。

（1）核对账目。财务人员应根据账龄分析表上列示的购货单位，按重要性原则依次排列，核对账目，确定应收账款的数额。

（2）督促催收。对账龄时间长、困难大或有特殊问题的应收账款，财务人员应提请企业高层管理人员安排时间或组织有人催收；对购货方违约形成的长期未决的款项，二年以上的金额巨大款项，财务人员应在分析问题的基础上提请企业管理决策人员采用法律手段解决。财务人员编制的应收账款催收计划应及时报送销售部门、企业管理部门，以期得到他们的相应积极配合。

3）对不同客户采取不同的销售策略

通过账龄分析，财务人员可以根据应收账款的流动性情况将客户分成以下三种。

（1）对流动性强的应收账款客户，交易多，信誉好，能够比较及时地付清购货款项，企业应保证其货源，并给予优厚的信用政策。

（2）流动性一般的客户对货款有一定的付现能力，但也时常拖欠，对此，企业一方面应健全、完善销售制度，严格按合同供货、收款；另一方面，要加强货款的催收工作，必要时也可以给予一定的优惠政策，促使其及时付款。

（3）流动性差的客户或信誉差，或付款能力弱，对这样的客户，必须对其限制供货，甚至不给予赊账。

3. 建立内部销售责任制，强化应收账款的管理

企业要提高赊销效果，必须强化日常管理，建立销售责任制，将货款回笼作为考核销售部门及销售人员业绩的主要依据。为此，应建立指标考核体系，并落实到各责任单位及责任人。

1）销售收入总额

应收账款数额也应包含其内，从售货的角度考察销售人员的实际业绩。

2）货款回收率

应收账款的积累量将加大企业资金投入的需求，在一定时间内应清偿应收账款总量的决定因素之一就是货款的回收率。

3）应收账款周转期

利用信用政策的信用期间，反映购货企业的信用好坏，通过对销售部门应收账款周转期的考核，进一步制定对不同信用的购货企业的信用政策。

4）拖欠的货款及拖欠的天数

及时从销售部门掌握购货企业压占本企业资金的情况，进行赊销，实际上就是在有限的时间内向顾客提供资金。因此，企业要对拖欠货款数额较大、拖欠天数较长的顾客抓紧催收工作，进行严格控制。

5）市场占有率

在企业赊销的同时，要掌握自己产品的市场情况，在建立适于企业发展目标的稳定信用政策的同时，提高市场竞争力。

4. 建立应收账款日常管理监督体系

应收账款的管理要耗费大量的人力、物力，而将软件用于应收账款的管理，则能迅速准确地提供应收账款管理所需的信息，提高工作效率。为此，企业应积极开发利用计算机网

络,以便迅速地收集、储存、反馈和分配赊销信息,建立应收账款的自动管理系统,进行科学化、规范化的管理监督。可以将应收账款按客户及销售单位和责任人进行分类,并输入计算机内,企业的赊销情况全部用计算机管理,这样,企业的赊销管理部门能够随时得到下列信息:

(1) 赊销总数、已付货款、现金折扣以及未付款余额等明细表;
(2) 应收账款的账龄分析表,拖欠货款的单位及拖欠天数表;
(3) 各责任单位和责任人的指标完成情况;
(4) 客户的付款情况及信用情况;
(5) 赊销状况及货款催收措施、收账对策;
(6) 反映变化趋势信息的主要比率;
(7) 在各种风险条件下的信用程度的总评价。

5. 利用合同或协议管理应收账款

应收账款是企业的一种债权,是出于尽快实现产品销售、争取客户、扩大市场占有份额、增加本企业收益等考虑而采用赊销方式形成的。采取赊销策略,企业的本意是为了增加收益,但仅就应收账款长期被无偿占用而言,就会使这部分资金在被占压期间无法参加资金流通,增加企业的机会成本,对债权企业来说造成一种损失。债务方在归还应付账款之前,无偿占用着这笔资金,相当于使用无息贷款,所以从主观上当然不会愿意归还。应收账款长期大量积压,几经清理的三角债问题的存在,在很大程度上与这一原因有关。

如果能让债务方企业为这种资金占用随期限付出一定代价,用于弥补债权企业的损失,则一定会减少应收账款占用资金数量和周期。用合同或协议形式规定,对于企业间的应收账款,除债权方主动放弃权力外,债务方应作为一项借款,按一定的利率支付给债权方占用资金的利息。这样做,可以使债务方占用这笔资金无利可图,从而达到从整体上减少应收账款的资金占压、加速资金循环、解开困扰企业的债务链的目的,同时不仅使债权人的权益得到保障,企业资金在运转中被占用也能得到一定的补偿。

参考案例

CA公司近年来高速发展,从山东的一个地方小厂发展成为我国农用车行业的龙头企业、上市公司中的明星企业,主营业务收入增长以数十倍、上百倍计,但公司的应收账款的数额和账龄一直控制在一个合理的水平,保证了公司现金流动顺畅、充足,为公司进一步发展提供了坚实的基础保障。该公司采取的措施主要有:

1. 健全考核指标体系

公司对销售人员的考核,既有销售收入的指标,也有按销售收入比例确定的收回现金的指标,而且收现指标是最终考核指标。只有在完成收现指标的基础上,完成的销售收入才能成为确定员工业绩考评的依据。如果销售人员不能完成收现指标,公司将强令其离开销售岗位,在一定期限内专门负责催收由其引起的应收账款。完成任务,可回原岗位工作;完不成任务,将根据情况予以处罚,直至开除。由于在考核指标体系中强调了销售收现指标,销售人员对赊销手段的利用、赊销对象的选择都极为慎重,对应收账款的催收也极为重视。这样,从根本上杜绝了重销售、轻收现的倾向。

2. 完善内控体系

1）分层管理

应收账款的管理是一个系统工程，在公司内部需要各部门之间相互协调、相互配合、相互监督，形成一个应收账款管理的组织体系。在CA公司内部，财务部是应收账款的主管部门，负责公司各事业部应收账款的计划、控制和考核，对不能收回的应收账款提出审核处理意见。各事业部是应收账款的责任单位，负责本单位应收账款的直接管理。其中，事业部综合管理部负责对应收账款直接责任单位和责任人的考核，事业部财务科负责本事业部应收账款的日常监督管理并向公司财务部报送应收账款详细资料。发生应收账款时，对此负责的销售人员根据销售合同的要求在发票的记账联上签字，并负责该账款的催收。这种应收账款管理体系，将赊销的决定权、应收账款的监控权、考核权、核销权彻底地分开，使每个环节都处于其他相关部门的监控之下，最大限度地减少了个别人员或部门徇私舞弊的可能性。

2）总量控制

公司根据各事业部的销售计划核定应收账款的月度占有定额及年度平均定额，各事业部再将定额拆分成每个销售人员的应收账款占有定额。这样，使得各部门和销售人员一定期限内的应收账款发生额保持在一定限额之内，从而使公司的总体风险被控制在一定范围之内，不至于对生产经营造成巨大影响。

3）动态监控

公司要求应收账款责任人每月对应收账款余额进行核对，尤其对有疑问的账项必须及时核对；各事业部每月进行应收账款分析，根据账龄长短制定解决办法；财务部根据各事业部账龄情况分析全公司应收账款情况，据此下达清收专项计划。这种动态监控有利于及时发现和处理应收账款管理中存在的问题，并及时调整相关的策略，避免问题扩大。

CA公司通过建立合理的考评指标体系和内控体系，有效地管理了公司的应收账款，保证了资产的安全性和收益性。当然，应收账款管理是随着国家经济的发展不断变化的，需要大家不断地探索，力求将这项工作做得更为完善。

资料来源：中央电大财经部，2004年4月28日.

思考题

1. 信用管理的内容有哪些？
2. 简述客户资信调查的方法。
3. 简述客户信用评价的指标和方法。
4. 应收账款的管理方法有哪些？

本章案例

联想公司的信用管理

联想是国内企业实施信用管理的典范之一。实施信用管理后，联想的应收账款坏账率降低为营业额的万分之五，远远低于国际优秀企业千分之三的标准。

联想信用管理采用的是业界通行的全程信用管理体系，包括事前环节的信用调查、信用评估和客户分类管理;事中环节的信用政策制定、信用审批和信用控制;事后环节的应收账款监控和催收。在这个基本体系下,联想建立了独立于财务体系和市场的专业部门商务部,由这个部门对信用风险进行专业化的综合管理。

一是根据联想业务特点和合作伙伴的现状,把工作重心转移到客户和合作伙伴资金投放量的管理。一个客户或合作伙伴从联想获得产品和服务,其资金来源基本就三个途径:一是客户的自有资金;二是赊销;三是从银行等第三方获得的融资投入。客户要实现其购买行为,资金充裕是关键。在联想全程信用管理体系中增加了"商务融资"环节,即通过"商务融资",一方面在控制联想资金成本和信用风险的同时,解决渠道伙伴的资金缺口;另一方面则表现于诉求更丰富更成熟的金融产品,绕过厂商赊销的局限,努力促进销售达成和业务良性发展。

二是因企业制宜建立客户信用评估模型。不仅通过对客户进行评估来确定是否放账和放多少等,而且还对联想的一线销售组织进行评估。以此来加强一线销售组织信用环境的建设,及早了解信息、发现风险,并在第一时间采取措施。信用信息来源则以信用人员和销售人员调查为主,重视历史交易记录,同时,辅助以第三方调查公司的帮助。

在客户评级分类方面,联想首先根据业务特点进行大的分类,如对渠道客户来讲,分为分销型渠道、客户型渠道和零售型渠道等。其次是按照信用评估模型,把某一类客户进行评级,分成了 AAA 级、AA 级、A 级、B 级、C 级和 S 级。其中 S 级渠道是特殊代理,这些渠道信用评估情况可能不太好,但由于业务发展需要更大的支持,因此对这些客户会给予信用支持,但同时也会对其关注更多。

三是健全信用管理的整个流程。在信用审批环节,联想有信用申请审批权限管理制度等;在信用控制方面,联想重点检查应收账款是否逾期,以及授信是否超过信用额度;在账款催收方面,联想一直坚持三项主要措施,账龄监控、对账和三级催收体系。所谓对账,是指每月都和客户对上个月的账,发对账确认单,把问题解决在一个月内。所谓三级催收,是指按照天数划分催收职责,分别由销售人员、信用人员和法务人员催收。

四是充分发挥信用管理部门的作用。联想让其专业的信用管理部门商务部综合协调财务、市场、法务等部门,综合调控信用管理流程。同时,在建立信用管理部门工作的评价标准和监控方法的基础上,赋予其一定程度的灵活的政策空间,让专业而经验丰富的企业信用管理人员能够在收益与风险之间取得最佳的动态平衡。

资料来源:中国企业信用管理网,http://www.creditworld.cn/index.action.

第 9 章 销售人员管理

【本章导读】
理解销售人员的招聘与培训流程
掌握销售人员的激励方法
理解销售人员的行动管理主要内容
理解销售人员的薪酬管理的内容
掌握销售人员的绩效评估方法
理解销售经理的任务重点

9.1 销售人员的招聘

销售管理的重要工作之一就是建立一支合格的销售队伍。销售人员是公司和客户之间的纽带,对许多客户来说,每一个销售人员对外代表的就是公司。反过来,销售人员又从客户那里带回许多公司需要的有关客户的信息。因此,要顺利开展销售部的工作,很大意义上取决于是否有一支素质高、业务能力强的销售队伍。

现在企业最难办的事情有两类:一是产品开发;二是产品销售。而这两类事情又与销售人员的工作密切相关。从一定意义上可以这样说,选择销售人员、培养销售人员、管好用好销售人员是企业能否占领市场、能否不断拓展市场的关键性工作。

9.1.1 销售人员的特点

尽管我们不能说成功的销售人员具备一套与不成功销售人员完全不同的特点,但成功的销售人员确实有某些共同之处。一些研究表明,优秀的销售人员具有一些共同点。这些共同点主要分为品质、技能和知识三类。

1. 品质

成功的销售人员都拥有帮助他们走向职业成功的特质。在基本的职业中,平庸的工作表现是可以被隐藏起来的,而销售人员成功和失败的界限十分清晰,大家可以从销售业绩上看出来。销售的特点决定了那些连喜爱自己的工作都做不到的人无法在本领域取得成功。成功的销售人员必须有下面五项品质。尽管这些特质是成功的销售人员必须具备的,但仅仅拥有这些品质仍然不能保证成功。

1）设身处地地思考问题的品质

设身处地就是指感受对方反应和变化的能力。这是一种能考虑到他人所有微妙暗示和线索，并准确估计其想法和感受的能力。设身处地并不是简单地完全同意他人的想法，但包括知道和了解别人的想法和主意。

设身处地并不是同情。同情往往会失去客观性。曾有人这么说过："设身处地就是把自己的脚放到别人的鞋子，但同情是把鞋子穿上还要感受夹脚的疼痛。"同情中包含了对他人的体会，因而失去了客观性。如果你通过别人的感受来判断，就无法以一种冷静客观的态度来看待问题了。因此，为了能够有效率地销售，必须在保持判断力、目的性和客观性的同时，知道和了解客户是怎么想的。一名销售人员若缺少这种不可取代的能力，是很难取得成功的。

通常销售人员会遇到客户的推脱和拒绝，这就需要设身处地地思考怎么灵活地改变和接近客户。从能够真正设身处地感受客户的需要开始，包括清晰地领悟客户隐藏不露的原因和目的，直至卖给他们一个合适的解决方案，这是一项艰巨的工程。只有真正了解客户的需要，才能出售产品和服务来满足他们的要求。

2）自我激励的品质

自我激励是一种特质。它可以让人充满希望，并能让人产生按照自己行为方式销售产品的欲望。能自我激励的人觉得自己需要去做销售，而客户是帮助他们满足个人需要的对象。对顶尖的销售人员来说，一个客户说"是"可以大大提高其自信心。销售人员个人形象在得到这个"是"的同时不可思议地提高了，并且削弱了其他事情失败所带来的负面影响。

在目标和激励的基础上，人们会怎样来看待自己呢？销售人员寻找的是让别人接受他们观点的机会，这就是为什么优秀的销售人员从来都不真正退休的原因。有超强自我激励能力的销售人员或者销售主管到了强制退休年龄时，仍工作到最后一天，并且一样年轻、有活力、精力充沛。

但仅仅凭强烈的自我激励是无法在销售中获得成功的，除非它能够和设身处地能力以及其他特质达到良好平衡，否则凭单纯的自我激励也可能为销售带来灾难。自我激励过强的销售人员可能会激怒顾客，使潜在客户避而远之。

3）希望被承认和赞赏的品质

销售人员总是希望被承认和赞赏，对于销售人员来说，自我激励使人从获得对方"是"的答案中得到满足，而被赞赏的激励使人从"谢谢"、"你做得很好"、"我觉得很好"等答案中得到同样的满足。具有这种品质的人从被别人肯定的感觉得到和具有自我激励的人一样的满足感。

具有这种品质的销售人员有很强的内在激励，强烈希望被承认和赞赏。就像我们在前面提到的，所有的人都在寻找使自己过得更好的办法。这类销售人员有及时处理事情的能力。一旦被委任担纲做什么事，他们就会完成所有的工作，而且每件事都做得很好。

4）自信的品质

当所有该说的、该做的都已经完成时，销售就变成了一个与拒绝斗争的游戏。很少有销售人员能够在一两次的接触中就做成生意。撇开职业影响不说，销售工作中劝说别人而遭拒绝的可能性比被接受的可能性大得多。当不可避免的拒绝发生时，人们会怎么做呢？当然，他们会觉得很失望，但销售人员从来都不能完全绝望。一次次的失败，肯定会带来不好的感觉。可关键在于这个人是否有自信，是否能从失败中恢复过来。

自信实质上是一个人相信自己的程度。如果一个人很有自信，那么上一次的失败将促使他做下一次的尝试。自信的人在遭遇失败的时候与别人的感觉一样糟，但他们对失败的反应就像饥饿的人错过了一顿饭，只会更加期待下一次的机会。

5) 忠诚的品质

我们发现有两种类型的忠诚，它们各自作用后可能产生相同的结果。无论哪种类型的人都是结果导向的、固执的、有责任心的，遵守规则并且信守承诺。两种忠诚是根据完全不同的激励类型而产生的。一种类型的忠诚被称为"外部激励"；另一种被称为"内部激励"。拥有内部激励忠诚的人以他们自己的理解诠释达到目标和完成工作，他们有一个内在的指南针，指明成就的方向。这种忠诚的人有目标，意志坚强。这种类型的忠诚包括了自我控制。忠诚成为激励个人完成任务的触媒——不需要外在的胡萝卜和大棒。具有内部激励的人把自我激励和高度的责任心结合在一起。

拥有外部激励忠诚的人也具有高度的责任心，其结果与内部激励相同。但外部激励的人很谨慎，并且常常会处于焦虑状态。他们为按照规则去做事而担心。最终，他们由别人定下的规则和期望来激励和鼓舞。拥有这种类型忠诚的人，需要别人告诉他们做什么和什么时候去做。销售人员需要具备的是内部激励的忠诚。

2. 技能

仅有某些品质是不够的。成功销售人员有着比一般销售人员更有效的技能。

1) 沟通技能

一般认为，销售人员有良好的口才叫做沟通技能。其实沟通是一个听说的双向过程，倾听也是销售人员最重要的技能。

2) 分析技能

把分解并解决问题的能力在当今顾问型销售中显得特别重要。有这么一句话："发现问题就等于解决了一半的问题。"优秀的销售人员具有通过表象看本质的能力。这种能力部分源于倾听，同时也来源于提问题的能力。

3) 组织技能

组织与时间管理技能是相关的，因为后者其实就是对时间的组织能力。组织能力就是能使各种因素处于有序状况的能力。因为销售人员掌握着大量的顾客信息、产品信息、行业信息和经济信息。每种信息都必须以可用的方式组织起来。

4) 时间管理技能

正确估计时间需求和安排日常行动是非常重要的。一个销售人员通常用 1/3 的时间来与顾客面对面交流。增加与顾客会面的时间就有助于增加销售额。优秀的销售人员通常花大量的时间在 20% 的顾客身上，因为他们带来 80% 的销售额。同时，他不会忽视小顾客因为他们具有未来购买的潜力。

技能可以培养，技能可以看作是销售人员品质的行动化。许多人害怕人员销售的挑战，而另一些人不愿选择销售职业。因为他们不相信他们能学会成功的技能。这种错误的观念在于把销售看作一个整体，而不是对技能和行为的组合。通过把销售工作拆分，人们就能从每个导致成功的工作做起。

3. 知识

第三项使销售人员脱颖而出的品质就是知识。通常销售人员应该掌握的知识包括：产品知识、客户知识、产业知识、竞争的知识、自己公司的知识等。

通常前两项被视为最重要的，培训是正式提供给销售人员一些知识。但是，如果只是这样的话，销售人员会很快落伍的。既然所有人不可能获得所有情况的信息，对于销售人员来说，在需要信息时知道如何去寻找和收集就特别重要。

总之，在招聘销售人员时，企业必须记住那些导致成功的个人特点。但是也应认识到选择不是仅仅建立在一两个标准之上。当然，有些品质是非常重要的。好的销售人员会与他的顾客和行业一同成长。

9.1.2 销售人员的招聘流程

1. 职位描述

职位描述是在工作分析的基础上进行的，描述职位的书面结果为工作说明书，包括直接上级、工作目标、工作职责与任务、工作绩效、可轮换岗位、权限范围。其中最重要是工作职责与任务，包括销售和服务的职责、计划、内外部联系、日常行政事务及内容处理。工作说明书因不同的产品或服务、用户购买行为、销售形式和公司文化而不同。职位描述是招聘工作的基础，是解决做什么的问题。

成功销售人员的特点只是一些普遍共同点。每个公司和销售职位都是不同的，销售经理在聘用前，要通过对每个特定职位需求相关的特点进行分析。工作与销售人员的匹配是招聘优秀销售人员的关键。对某项工作的理解是招聘过程的起点。

工作描述是正式的对工作的要求。销售经理往往不是唯一的招聘决策人，通常人力资源部也会参与招聘过程，人力资源部的人员可能认识不到职务描述的过程，他们挑选的人员可能不一定都适合需要的位置。

2. 明确任职资格

描述职务之后就确定任职条件，一般有技能、经验、知识、品质、任职时间。从事国际贸易的企业要求销售人员的外语语种及其程度与国内市场不同；产品针对集团客户的企业要求销售人员的谈判能力与针对个人的人员不同；跨区域销售结构的企业要求销售人员适应出差的能力比区域结构小的高。销售经理要清楚目标市场的特点，以便找到合适的销售人员，任职资格是解决谁来做的问题。

3. 选择招聘渠道

选择优秀的销售人员，意味着寻找多种多样的渠道。招聘人员要清楚每种渠道的优缺点，以便根据具体情形正确选择。招聘渠道可以分为四大类：一是内部招聘，包括现有人员推荐、非销售部门、公司数据库；二是公开招聘，包括招聘会、媒体广告、网络招聘、校园招聘；三是委托其他组织，包括职业介绍所、人才交流中心、专业协会、猎头公司；四是隐秘招聘，包括从供应商、客户、经销商、代理商和竞争者等处得到。

1) 内部招聘

考虑从公司内部各部门挑选人员，是挖掘内部潜力，让人才各得其用的有效途径。公司可以短时间、低费用地获得熟悉产品、公司、顾客、竞争对手、行业状况的候选人。但有些部门的人员可能缺乏销售技巧，需培训后上岗。

2) 内部人才库

这种渠道适用于大中型公司。人力资源部查询公司数据库保存的文件，选择符合任职条件的候选人。

3) 员工推荐

公司现有人员特别是销售人员，往往可以推荐优秀的销售人员。被推荐的人一般有丰富经验，理解岗位要求，对职位有浓厚的兴趣。若接受被推荐的人，公司给推荐人奖励并根据后期业绩追加奖励。若不接受或接受后又解雇，则应当给推荐人适当解释，并继续鼓励其推荐新的人员。

4) 招聘会

公司可以按标准招聘，减少私人偏见，节省时间和成本，直接获取候选人的详细资料。但小型企业有时很难招聘到优秀的销售人员。

5) 媒体广告

以报纸为主的媒体广告招聘费用低，信息扩散面大，备选率高。但候选人来源、数量不稳定，广告内容单调，广告位置不醒目，且费用逐步上涨。

6) 网络招聘

网络招聘具有速度快、效率高、成本低、费用省、覆盖面广、招聘方式灵活等优势。但该渠道虚假信息多，信息处理难度大。可以考虑选择国内影响力较大的专业网站进行招聘。

7) 校园招聘

企业选择招聘高等院校或职业学校营销专业的应届生，是由于此种候选人易于培训，积极主动，要求薪水低。但他们缺乏工作经验，适应工作慢的缺陷是销售经理考虑的内容。

8) 人才交流中心

人才交流中心储备了大量的候选者信息，可以推荐优秀的销售人员。

9) 职业介绍所

该渠道的候选人大多是能力差且不易找到工作的人员。企业提供详细的工作说明书及求职条件，请介绍所的专业顾问帮助筛选，以简化工作程序，获取合格的候选人。

10) 猎头公司

针对招聘高级销售人员的猎头公司往往有一定的人才信息储备，对行业有充分了解。但猎头公司收取的费用有时会较高。

11) 供应商

供应商的人员了解产品质量、性能及使用方式，但费用高、培训难。很多零售商聘请供应商的销售人员，因为他们可以熟练地展示产品。

12) 客户

客户了解市场及产品，知晓购买产品的决策者，拥有客户关系基础，但可能缺乏谈判技巧或销售品质。产品销往政府机构的企业，往往聘请曾就职政府部门尤其是采购部门的人员，以获得更好的销售业绩。

13) 推销者

销售经理遇到向自己或别人推销的人员，观察他们的形象、举止及谈判技巧，筛选优秀人员，索要名片或相关资料并存档。销售经理了解现状，选择合适的候选人，表明聘请意愿。

14）竞争者

竞争对手的候选人了解行业、产品、客户，理解岗位要求，有可供评价的销售记录，并可能带来客户，但费用高、忠诚度低、培训难。如果公司有很多空缺，没有时间培训新员工，又要求较高的销售业绩，从竞争对手挖掘是最有效的方式。

4. 人才的甄选

1）简历的研究

如果将收到简历的应聘者都通知来面试，那将混乱不堪。先要对简历仔细分析，专业性强的工作需要会同用人部门一道，筛选出可能的人选，选择的重点是看其基本条件和以往经历。基本条件要符合职位说明书中的要求，经历上最好有过类似的工作经历，并不要跳槽太频繁的人。简历仔细筛选后，可进行下一步工作。

2）电话沟通

仔细研究过简历后，先不要急着通知面试，而应该先电话沟通一次。有很多应聘人员为了增加面试的机会，将简历写得天花乱坠，希望对简历要仔细研究，发现细小的问题，主要目的是为了提高招聘效率，节省成本。通过电话沟通核对简历和澄清一些基本的问题，如毕业时间、实际工作时间、主要工作经历等，并基本感受沟通和表达能力，将简历中不注意或隐瞒的一些问题暴露，剔除一些明显不适合所需职位的人员后，可通知面谈。

3）面谈

对沟通感觉可以的对象约定面谈的时间，一般将面谈时间安排到周末比较好，这个时间段应聘人员一般都有空；人员之间的面试一般需要错开一个时间，一般20分钟左右，避免同时来多人应接不暇。先大致面谈一下，主要感觉外表、表达、性格、真实经历等，对感觉可以的，进行下一轮正式面试，否则就直接淘汰掉，不要耽误太多时间了。

4）评价

为了客观公正、量化地测试应聘人员，通常采用"面试＋心理测试＋情景摸拟"的方式进行，有时还要包括书面测试，如涉外的技术类产品的销售需要英语基础及专业基础，书面的测试是必不可少的。

还是要强调一点，面试过程中，素质项的问题的设计很关键，问题设计一定要有针对性，并且要采取开放式的问题，不要用封闭式的问题。

如要考察应聘者的自信力，可以设计如下问题：

怎样评价你在过去所在团队中的工作业绩以及你所起的作用？

如果上级让你执行一项任务，你认为上级的决定是错误的，你会怎么办？

情景摸拟题的设计问题如"请摸拟推销一个你熟悉的产品的过程"。对于有疑问的问题点要刨根问底。

5）最后的面谈

以上测评通过后，进行最后的面谈，详细介绍公司、职位、了解待遇要求等，双方最后达成录用协议。

5. 招聘过程中应注意的问题

1）决策要果断

人才的竞争是非常激烈的，招聘成本也是非常高的，好的人才会成为公司间争夺的对象，遇到优秀人才不要犹豫，要速战速决。

2) 对落选者表示感谢

对于被淘汰的人员最好能发一份信函，感谢对公司的关注，说明没有被录用并不是能力上不胜任，希望以后有机会合作。让人高高兴兴来高高兴兴去，不要带着希望来，带着怨恨走，让所有接触过公司的人都成为公司的朋友而不是敌人。

3) 核对相关证明文件

要求应聘者提交详细的简历和各种证明文件，并采用电话等方式对应聘者在原来公司的情况进行了解，主要了解有无违法违纪等行为，避免潜在的危害。

4) 注意应聘者的背景

目前的社会各行业众多，不同行业对销售人员的基本素质的要求是不同的，在从事对技术要求较高的产品或服务销售时，招募的人选最好有相关的教育和工作背景，如销售通信行业的较大宗的产品，最好招募工科背景的人员进行一定的培训，而做药品的推销则最好有医药类的学习或工作背景，当然还得看将来所需要面对的客户。这样做的最大好处是着眼于长远，这类人如果工作出色，将会成长成公司中层及上层的骨干，而其他背景的人，如果不是特别的出众，将会在提升空间方面遇到瓶颈。

5) 以下人员最好不要录用

(1) 信用可疑，在原企业有不良记录，个人履历严重作假；

(2) 有身体缺陷或近年有连续入院治疗记录；

(3) 在以前换过 5 个以上工作单位；

(4) 经常变换住址，生活不稳定；

(5) 失业期过长；

(6) 向同事借钱长期不还；

(7) 好高骛远、不切实际者等。

6. 招聘过程的管理、评价和控制

招聘工作是最容易发生失误的工作之一。在招聘过程中，为了避免失误，应该注意以下事项：

(1) 申请表和个人简历必须按时送达招聘部门；

(2) 公司应尽可能及时对申请者的工作申请作出答复；

(3) 申请者与公司间的讨价还价，以及双方达成的聘用条件，都必须根据公布的招聘规定进行评价，并予以记录；

(4) 未接受公司所提供的聘用条件的申请者的有关资料也应保存一段时间；

(5) 如需通过中介机构来招聘，就仔细考虑招聘机构的工作能力；

(6) 为了提高招聘工作的效率，要对过去和现在的招聘过程进行评价。在评价时，应该考虑以下几点：

① 招聘工作的成本，包括总成本和每聘用一人的成本；

② 每个招聘来源中得到的个人简历的数量和质量；

③ 实际录用数量与计划招聘数量的比率；

④ 对面谈后拒绝接受所提供工作的申请者进行调查分析；

⑤ 应聘者接受与拒绝所提供工薪的情况等。

9.2　销售人员的培训

对销售人员的训练是销售管理非常重要的工作。要建设一个高效团结的销售部门，必须重视并能够训练好销售人员。培训有两个作用：一是教会销售人员怎么去做；二是让销售人员做得更好。

1. 销售人员培训的目的

1）提高销售业绩

销售业绩决定企业的成败。没有销售就没有企业，而要提高销售业绩，必须对销售人员进行培训，以提高销售人员的工作能力。

2）提高推销自己的能力

销售人员要推销产品，首先要学会推销自己，对销售人员的培训是企业更好地实现顾客满意和保持顾客忠诚的重要手段。

3）提高应付市场变化的能力

要在激烈竞争的市场中生存发展，必须培养销售人员的随机应变能力。

4）克服孤独感

很多时候销售人员都是处在独立作战的环境中，所以很多销售人员都有孤立无援的感觉。而训练就像精神的兴奋剂，缺乏训练将使销售人员士气不振。

5）摆脱恐惧感和自卑感

很多时候销售人员都会遭到客户的拒绝，因而产生挫折感，有时甚至有害怕被侮辱的心理。反复不断地实施培训，对确立销售人员的使命感有很大的作用。

6）培养客户开发能力

对销售人员来讲，每一个接触的人都可能成为公司的潜在客户，但要有眼光并能够想办法把这些潜在客户培养成真正的客户，除了长期经验磨练积累外，培训也是好的方法。

7）培养洞察力

作为一名销售人员，要有营销专家的眼光和视野，只有这样才能不断提高自己，不被社会淘汰。

销售既是一门艺术，也是一门实践性很强的科学，要想成为一名优秀的销售人员，需要有意识地加强和培养自己各方面的能力学习，包括知识、销售技巧和处理事物的能力。

2. 销售人员培训的时机

通常在下列情况下，对销售人员进行训练比较合适：

（1）新人刚刚工作时；

（2）新的工作或项目刚刚成立时；

（3）产品或服务即将采用新方法、新技术执行时；

（4）开辟了新的渠道时，如电商渠道的应用；

（5）现有的工作人员以缺乏效率的方式执行目前的工作时；

（6）员工现有的能力不足以完成所面临的工作时。

3. 销售人员培训的内容

销售人员就是在一定的经营环境中，采用适当的方法和技巧，宣传企业产品和品牌、引导潜在客户购买产品或服务、实现企业销售目标的工作人员，他们的主要职责是完成销售目标，实现企业利润。销售人员是销售的主体，是企业与客户之间沟通的桥梁，是企业里冲在最前线的群体，对其培训的内容主要有以下方面。

1) 销售知识储备培训

销售人员要想顺利开展工作，首先要武装自己的头脑，进行相关知识的储备。销售人员需要了解、掌握的知识主要包括了解行业和自己的企业、了解企业产品、了解竞争对手、了解终端客户、了解企业销售政策和销售渠道、了解相关的法律法规政策。

2) 寻找客户培训

客户是销售人员一直在寻找的目标对象。谁是客户？客户在哪里？怎样才能找到客户？怎样才能掌握更多的客户资料？销售人员需要通过一系列的工作来解决这些问题，并建立客户管理档案，确定目标客户，初步建立客户关系。

3) 拜访客户培训

拜访客户是整个销售工作中最重要的环节，销售人员的言谈举止，每一句问答以及产品说明与展示等都会影响客户的判断和决定。通过培训要求掌握预约客户、拜访前的准备、面谈、产品展示与报价、撰写提交建议书、客户异议处理等方面的技巧。

4) 成功签约培训

销售人员与客户不断地交往、沟通、协商，其目的就是要促使交易成功，与客户签订合同。这一阶段的工作主要包括通过引导，促使客户作出购买决定，协商、签订购买合同等内容。

5) 售后服务培训

销售人员不是把产品卖出去，签订合同就万事大吉了。为了与客户进一步建立起良好的信任关系，销售人员还应积极做好回访工作，不要忘了客户，也别让客户忘了你。售后服务是销售工作的继续，是和客户加强沟通、建立长久合作关系的关键工作。服务客户的工作主要包括了解服务客户的内容和策略；解决客户产品使用过程中出现的抱怨、投诉、要求索赔和调换产品；维系良好的合作关系，使新客户变成老客户。

6) 收款和催款培训

销售人员将产品销售给客户，在签约阶段双方就要定好付款方式，为顺利收款作好铺垫。当然也有特殊情况，客户因为一些状况不能及时回款，这时千万不要急于催促或诉诸法律，要弄清客户拖欠的真正原因，根据不同的情况，制定相应策略，最终达成收回款项的目的。

7) 客户管理培训

随着业务的不断开展，销售人员手里积累的客户会越来越多，这时就需要对自己的客户进行管理。老客户的维护、新客户的开发、销售渠道的管理、大客户的管理等，都是销售人员需要考虑的问题。

8) 商务礼仪培训

销售人员经常和客户一起参加一些商务活动，为了更好地开展业务，销售人员必须掌握必要的商务礼仪，展现自己的专业形象，加深自己在客户心中的印象，从而减少销售障碍。

4. 培训销售人员的流程

对销售人员的训练，可以在公司由各级主管定期或随时进行，也可以让他们参加社会性及大专院校的培训学习，资金允许的话，最好委托专业培训机构完成，这样效果最好。但很多时候，对于公司培训的效果评价并不好。主要原因是作为领导者没有真正重视培训，或培训仅是泛泛而论，不符合销售人员的需要与水平，脱离实际工作。培训的基本流程如下。

1）培训需求分析

很多企业对培训非常重视，当他们发现一些情况如客户不满、内部混乱、员工士气低落、工作效率低时，便想通过培训加以解决。但有时却忽略了在对销售人员进行培训前，必须进行培训需求分析。

很多培训管理者在没有对培训需求作清楚界定的情况下，就确定了培训的具体内容，如课程、时间安排等，并以自己的经验和理解作为取舍的主要标准。这种过于浮躁的做法往往导致培训效果不理想。

做培训需求分析时，可以通过对销售人员观察、面谈、问卷调查、自我诊断、客户调查等多种方式进行，以了解销售人员在哪些方面需要通过培训加以提高。

2）制订培训计划

在对销售人员进行培训需求分析后，销售经理应拟订一份培训计划书，内容包括如下几个方面。

制定培训目标：目标不能太笼统，应当针对具体任务，并能告诉员工培训后会达到什么样的要求。

选择培训人员：如果是参加公司外部举办的培训，应选择那些有培养前途、合适的销售人员；如果是在内部培训，最好是水平相当的同一部门或面临同样问题的人员，这样有针对性，学员的参与热情会更高。

制定培训内容：对销售人员的培训课程有很多，比如，新产品及新技术知识培训、专业销售技巧、大客户销售技巧、谈判技巧、说服性销售演讲、沟通技巧、项目管理技巧、市场营销基础、团队合作等。

选择培训讲师：有的培训可以由销售经理或公司其他人员如市场部经理、产品技术顾问等人来完成。但更多的培训内容应请专业培训公司的培训讲师来进行。对培训公司和讲师要有一定的审核评估，通常一位培训讲师应具备下列基本要求：丰富的市场及销售经验；有教学的欲望和热忱，这样学员容易受到影响和感染；通晓教学内容；通晓教学方法和技巧；了解如何学习，以便提高教学的有效性；适当的人格特质；沟通的能力；富有弹性和灵活性。

3）选择培训形式

互动式教学效果最好，学员要积极参与，通过案例分析、角色演练来加强培训效果。

4）实施培训

培训地点可以根据具体情况进行选择，最好相对封闭一些，但切勿搞成旅游活动，时间最好不超过两天，否则学员太疲乏。

5）培训绩效评估

对销售人员的培训效果必须要有评估，评估通常在培训之后进行，可让学员填写培训评估表，对培训内容、培训讲师、培训管理及培训效果等做具体评价。在培训进行完一段时间内，销售经理可观察了解学员的实际工作技能是否有所改进和提高，针对个别人员可单独进行接触和辅导。

6) 不断提高,进行下一轮培训

经过一定周期的工作实践以后,随着市场环境的变化和知识的更新,销售人员又会产生新的需求。企业可重复以上流程,对销售队伍进行分析,进行下一轮培训。

9.3 销售人员的激励

有效的激励方式是公司销售成功的前提条件。有效是指先了解销售人员的需求,然后有针对性地激励。在残酷的市场竞争中,企业的成败取决于管理者是否有能力理解并洞悉销售人员的内心世界。

9.3.1 销售人员的类型

美国盖洛普管理顾问集团将销售人员分成四种个性类型,即竞争型、成就型、自我欣赏型和服务型。这种分类有一定代表性,要提升销售人员的业绩,就要针对不同类型的销售人员采取不同的激励方式。

1. 竞争型

这类销售人员在销售竞赛中表现得特别活跃。要激励竞争性强的人,最简单的办法就是很清楚地把胜利的含义告诉他。他们需要各种形式的定额,需要有办法记录成绩,而竞赛则是最有效的方式。

优秀的销售人员具备强大的内在驱动力,它可以引导,可以塑造,但却教不出来。精明的销售经理能巧妙地挑起竞争者之间的竞赛。美国一家公司销售经理劳施科尔说:刚开始做销售的时候,我在公司里连续5个月都是最佳销售人员,于是自鸣得意,趾高气扬起来。不久新来了一个销售人员,我们的销售区域很相似,他开始超过我,成了本月最佳销售人员。经理对我说:"嘿,大腕,新手要打败你了。你要是不赶上来,你的地盘就归他了。"这大大鞭策了劳施科尔,也激励了对手,两个人暗自较起劲来。劳施科尔说,"我们俩争先恐后,月月都想打败对方,结果两人的业绩都大幅度上升,难分雌雄。"

2. 成就型

许多销售经理认为,成就型是理想的销售人员,他们自己给自己定目标,而且比别人规定的高。只要整个团队能取得成绩,他们不在乎功劳归谁,是一名优秀的团队成员。

怎样激励这类已经自我激励了的销售人员呢? 正确的方法是要确保他们不断受到挑战。阿克里沃斯公司总裁兰德尔·墨菲在他的长期职业发展计划中指出:"同成就型的人坐下来,弄清楚他工作中三个很关键的方面:擅长什么;哪些方面有待提高;哪些方面是不擅长而需要学习的。接下来,一起为各个方面制定提高的目标。"

还有一些销售经理认为,激励成就型销售人员的最好办法就是不去管他们。把大目标交给他们,随他们怎么干。这一方式本身对他们就是一种很大的激励。

激励成就型销售人员的另一方法是培植他们进入管理层。"如果他们对管理有兴趣,那就在他们身上投资",奥丽酒店副总裁如此说。"培养他们,拉他们走出销售圈子,开拓眼界。这么做一定会得到回报,因为成就型的人像主管那样进行战略思考,制定目标并担负责任。"

3. 自我欣赏型

这类型销售人员需要的远不止奖牌和旅行,他们希望感到自己重要。而精明的销售经理就让他们如愿以偿。对于他们,这是最佳的激励方式。

优利公司销售总监菲希特曼说:"我们会让自我欣赏型的杰出销售人员带几个小徒弟,这类人喜欢被年轻人奉若大师。我们也乐意这样做,因为这能激励他们不断进取。如果新手达到了销售目标,就证明他指导有方。而没有业绩做后盾,是不能令新手信服的。"

盖洛普公司总经理赞盖里认为,最能激励他们的方法是向其征询建议。"请他们加入总裁的智囊团,或进入重要的委员会,向他们咨询。"

4. 服务型

这类销售人员通常是最不受重视的,因为他们往往带不来大客户。优利公司菲希特曼对这类销售人员的看法很具代表性,他说:"我对这类人提不起兴趣,因为他们不出来争取新地盘。他们也许能在竞争中站得住,却不能推动企业前进。此外,我可以培训一个强烈竞争型的销售人员去服务顾客,却没有办法把一个服务型的销售人员训练得有竞争性。"

激励这些默默无闻英雄的最好办法就是公开宣传他们的事迹,比如,在全公司通报表扬他们的优质服务,在公司集会上讲他们的事迹。既然服务型销售人员带不来新生意,就应该给他们一些额外奖励。因为他们花很多时间款待顾客,跟顾客联络。

总之,不同的方式能激励不同类型的推销人员。无论什么类型的优秀销售人员都有一个共性:不懈地追求。只要激励方法得当,都能收到预期的效果。

小案例

激励的作用

美国哈佛大学的戈森塔尔教授曾作过一个实验,他让加州某中学校长从学校随机抽出三名教师,同时随机抽出100名学生。然后,校长把三名教师叫到办公室,对他们说:"你们是学校最优秀的三名教师,现在,我们从学校选出了100名最聪明的学生,分为三个班,让你们去教。"一年后,这三个班果真成为学校最优秀的三个班。最后,校长告诉三位教师,他们只是随机抽出来的,那100名学生也是随机抽出来的。

9.3.2 销售人员激励的方式与原则

销售是企业的龙头,是市场经济下企业家的共识,我们常说,客户是企业的上帝,而销售人员就是将上帝请回来并要上帝掏腰包的人。对销售人员激励的目的就是激发他们为企业请来更多的上帝、回收更多的资金,从而实现企业的目标。

对于销售人员的激励要考虑营销工作的具体特点,根据销售人员所面对的客户情况、市场情况、竞争对手情况和社会环境现状,结合销售人员自身的特点,对其潜能进行开发和引导，达到其人力资源效用的最大化。

1. 激励主要方式

1）薪酬激励

要激励销售战线的员工，必须通过合理的薪酬来激发其工作积极性。尽管薪酬不是激励员工的唯一手段，也不是最好的方法，但却是一个非常重要、最易被运用的方法，因为追求生活的需要是人的本能。

2）目标激励

对于销售人员来讲，由于工作地域的分散性，进行直接管理难度很大，组织可以将对其分解的指标作为目标，进而授权，充分发挥其主观能动性和创造性，达到激励的目的。

3）精神激励

销售人员常年在外奔波，压力很大，通过精神激励，可以使压力得到释放，有利于取得更好的业绩，比如在企业的销售人员中开展营销状元的竞赛评比活动，精神激励的目的就是给销售人员不断加油，使其动力充足。

4）情感激励

利益支配的行动是理性的。理性只能使人产生行动，而情感则能使人拼命工作。对于销售人员的情感激励就是关注他们的感情需要、关心他们的家庭、关心他们的感受，把对销售人员的情感直接与他们的生理和心理有机地联系起来，使其情绪始终保持在稳定的愉悦中，促进销售成效的高水准。

5）民主激励

实行民主化管理，让销售人员参与营销目标、顾客策略、竞争方式、销售价格等政策的制定；经常向他们传递工厂的生产信息、原材料供求与价格信息、新产品开发信息等；公司高层定期走下去、敞开来聆听一线销售人员的意见与建议，感受市场脉搏；向销售人员介绍公司发展战略，这都是民主激励的方法。

2. 激励要遵循的原则

1）目标激励的原则

企业为销售人员制定的目标必须是有效的，这就要求企业根据销售人员的目标市场销售潜力（以市场调研为基础），结合上年度的情况，适度调整销售目标，这个目标必须是销售人员经过努力之后才可实现的。目标不能过高，让人望而生畏，放弃努力；也不能太低，那样会滋生懒惰情绪，造成人力资源的浪费。

以利益为核心的激励机制无疑能很好地激励营销战线的员工，但还不够。根据销售人员工作地域分散、单兵作战机会多的特点，营销主管应适当激发销售人员内心隐蔽的权欲，根据有效目标的需要和个人的能力状况，给予适当授权，并保持充分的信任，使其在一定程度上个性与潜能都得到充分释放。同时要注意引导和规范，这样才能促使他创造性地工作。需要注意的是当企业遭遇重大变化，比如市场突变、原来的条件恶化或遭遇不可抗力时，应适时适当修正目标，否则会也失去目标激励的要义。

2）绩效考核原则

确立了有效目标之后，绩效考核就提上了议事日程，这是对销售人员实施激励的重要过程。合理、有效的绩效考核可以达到激励的目的，否则将会起反作用。

3)软硬指标相结合的原则

对于销售人员来讲,硬指标主要有:产品销售量、资金回收量、资金回收率等;软指标主要有价格体系管理、客户关系管理、市场调研管理、工作态度管理等。硬性指标完成必须奖励,这是绩效考核的主线,但是软指标也要充分考虑,是绩效考核的辅助手段。软指标考核主要依据是销售日报表、市场调研情况、潜在客户培育情况、团队协作情况、敬业精神情况等。同时还要注意在经济欠发达地区,销售人员的工作能力、吃苦精神往往并不比经济发达城市的销售人员差,甚至付出更多,但是业绩却往往相差很大。在这样的环境下,就给开拓市场造成了很大的障碍,势必影响到业绩。另外,项目进展阶段发生影响项目的不可抗力事件的发生等,对销售人员的业绩也会有一定的影响。新产品进入市场初期,销售难度自然较大,必须适当地在政策上给予倾斜。

4)灵活控制原则

减少费用就可以增加利润,这是最简单的财务公式。可是,对于每一个销售主管来讲,控制销售费用都是很困难的事。销售费用不控制将会产生诸多问题,控制太死同样会有副作用。

对于不同地区和产品所处的不同发展时期,要有区别地给予不同的费用政策。比如,新产品投入市场初期,销售费用要给予倾斜。有许多公司实行销售大包干,将销售费用全部包括在销售提成之中。这样似乎控制了费用,其实弊端很大,尤其在开发潜在客户、进行市场调研、维系老客户上,他会采取短期策略,为增加自己的收益而减少投入,必然导致公司产品的市场成长性差、潜在顾客少甚至老客户流失。有的公司将销售人员的电话费、交通费进行了定额控制,这种方式很值得推敲。一般情况下,销售人员所用的交通费和电话费主要是用在开拓市场、联络客户上,通常所花费用和工作量是成正比的。给予定额费用的目的并不是让其减少业务量,而是让他从思想上尽量节省费用。降低费用绝不能以牺牲业务、降低效率为代价。有的企业规定出差可以坐飞机,但是坐火车软卧却不给报销。因为他们认为坐飞机是为了节省时间,提高工作效率,而坐软卧是浪费时间,是为了贪图个人享受。

5)薪酬兑现原则

薪酬兑现是实施利益激励的关键环节。什么样的薪酬才能让销售人员满意?公平理论告诉我们,让员工感觉公平的薪酬他就会满足,就会起到有效的激励作用。

怎样让员工感觉自己的薪酬是公平的?销售人员在衡量自己的报酬是否公平时,主要考虑三方面因素:本公司其他岗位的职工的收入;本公司其他销售人员的收入;其他类似单位销售人员收入。所以,企业制定薪酬目标时,要让销售人员的薪酬高于公司内技术含量低的岗位员工的收入,吸引更多的优秀员工加入营销队伍,也能对现有销售人员起到鞭策作用。同时,企业要经常调查本地和外地同类型企业销售人员的薪酬水平,有针对性地调整本企业的薪酬政策,增强其对销售人员的吸引力,留住优秀人才。这一政策对于所有员工应一视同仁,应和销售人员交换意见,听取他们的建议,让他们认为自己是受到了公正对待,从而激发他们奔向更高的目标。

有的企业对于销售人员的薪酬兑现期限是一个季度、半年或一年,甚至还有到次年三月才兑现上年薪酬的企业。这些做法都不妥。根据心理学的调查结果,对于员工一次激励的有效期限一般为30天,也就是说,两次激励的时间间隔不应超过这个期限。销售人员长期在市场上作战,有时受客观环境的影响,其业绩并不理想。此时绩效考核绝对不能唯销量论英雄，而应给予销售人员基本的生活费，保证其基本生存需要。实行"底薪保生活，高薪靠贡献"的薪酬指导思想，每月固定发放一定数额的生活费和补助，保障其基本生活条件，使管理工作更人性化。

6）构建共同愿景

一个美好的共同愿景可以唤起企业内部员工发自内心的希望，员工和企业之间有强烈的一体感，企业会具有更加旺盛的生命力。它是一只"看不见的手"，可以深入到人的内心世界，有效地规范和引导员工的行为，使其产生"士为知己者死"的心理效应。

销售人员是公司的形象代表，他们的素质是公司素质的体现。现代社会日新月异，对他们进行培训，既是个人发展的需要，也是企业发展的需要。公司应给予关注，适时创造机会对他们进行产品知识、营销知识、财务知识、税务知识、法律知识等方面的培训，让员工感觉到企业很关心自己的成长，自觉地将个人目标和企业目标统一起来，为自己的明天而努力工作。

诚信规则同样适用于对员工的激励，企业对员工一定要"言而有信"。许多公司为激励销售人员而制定了"上不封顶"的薪酬策略，但是当年底考核兑现的时候，又感觉偏高了，唯恐引起贫富差距过大，于是，临时巧立名目，来个考核，以此来减少销售人员的收入，搞内部平衡。这样做的结果只会严重挫伤销售人员的积极性，引起员工对企业的信任危机，迫使员工意愿和企业愿景相偏离。通常超额完成销售指标、收入被减少的都是最优秀的销售人员，是营销一线的骨干，对他们的打击必然给企业带来惨痛的教训。因此，企业要想和员工达成共同愿景，实施有效激励，对员工一定要言而有信，说到做到。

9.4 销售人员的行动管理

销售人员的销售活动，大部分是在公司所在地以外的场所进行的，也就是离开了主管可直接控制的领域，而投入客户所在的领域。大多数销售人员都是单兵作战、独立作业，因此销售人员的活动除了开会时间、中午休息时间有机会被观察了解外，其他时间销售人员的活动完全处于开放自由的状态。

销售人员的行动管理，并非是束缚或掌握控制销售人员的活动。行动管理只是销售目标管理及效率管理的辅助工具及做法。换言之，行动管理的最终目的是销售业绩和效率，只要目的达成，行动的内容不必拘泥于形式。

1. 销售日报表管理

个人行动管理最有效的做法之一，是填写销售日报表制度。销售日报表是每位销售人员每天的行动报告书，也是所有行动在人、事、时、地、结果、进度等方面的总记录。填写日报表不单是对销售经理行动管理的手段，也是改进销售工作的主要依据。

1）销售日报表的作用

通过销售日报表管理可以让销售人员正确把握市场需要及其动向；收集竞争者情报和相关技术情报；便于公司针对销售人员在洽谈中遇到问题的把握，进而提高目标达成程度；销售报表也是制作销售统计和销售人员的自我管理的依据。

2) 销售日报表的内容

一般的销售日报表包括：访问地点、单位；对方决策人及职务；实际工作时间；访问人数及次数；面谈或介绍产品次数；对方需求；对方相关技术现状；可行性；目前项目的进展等。

3) 销售日报表的特点

要销售人员填写销售日报表的第一个条件是销售经理及其主管对日报表的关心；第二个条件是要下功夫研究，使这份日报表很容易填写，因为销售人员都是经过忙碌辛苦的访问之后，拖着疲惫的身子回来的，尽可能不要把繁重的担子交给他们挑。不过日报表也得尽可能提供丰富而具体的情报。

2. 时间分配管理

1) 建立现有顾客访问的规范

企业可用销售量、利润的潜力或增长的潜力将客户分成几类，并规定每类顾客在一定时间内应接受访问的次数。假如每年访问 24 次和访问 12 次，其销售量和利润都是一样，访问 12 次的效率便比访问 24 次的效率高，因为企业可节省销售费用和时间。对利润反应与次数无关的客户，只需访问几次，需访问较多次数才有较佳的利润反应的客户，则需要较多访问。

2) 建立潜在顾客的访问规范

除了访问现有顾客外，还需发掘新客户，加速企业的销售额和增加销售人员个人的收入。销售人员不愿花费时间在新客户身上是由于访问成功机会往往不大。因此有些企业会限定销售人员访问新客户的最少数目。

3) 制订顾客访问计划

客户访问计划有利于销售人员合理地安排工作时间，增加成功的机会，提高每次访问的销售量，有利于大客户的开发和费用的减少，从而大大提高销售人员的业绩。

4) 销售人员时间结构分析

一出公司就到处奔走的销售人员，其主管对他们的活动实在难以掌握。就销售人员来说，因为自己的成绩依靠业绩的份量相当大，所以为了提高业绩，必须很妥善地安排自己的时间，适当地控制自己的活动。

与销售人员业绩直接关系的时间是洽谈时间，这对销售人员来说是黄金时间。把一天的活动详细加以分析，就可知道他对时间运用的情况，如果在洽谈的时间比其他时间更多（这当然也与销售技巧有关），则获得较好实绩的可能性也愈大。

参考案例

杰出销售人员应派往何处

美国弗斯帕西公司年度销售会议召开的第二天，便在一片争吵喧闹中不欢而散。到会的 28 名机电设备销售人员听到推销经理盖都提出要把他们调往新区去开辟市场的建议时，都愤怒地加以谴责。

盖都解释说：公司目前面临着销售额下降和严重的现金流通问题，其主要原因是顾客延期付款，而应收账款正以惊人的速度增加。

按照盖都的计划，公司的优秀销售人员都要从他们所负责的销售额高区调往目前销售额低的地区。他解释说，这意味着经验丰富的销售人员能够在销售额低的地区集中精力打开销路，增加销售额；而经验不足的销售人员则可以不费力地在发达的区域开展工作。

公司的一些主要销售人员立即表示反对。"我花了好几年的时间才在我负责的区域打开局面，为什么要我把这个区域交给一个新手，然后到一个新的地区去重新开始？"

盖都指出，公司把优秀的销售人员安排在那些销售基础好的区域是浪费人才，"你们只是到一些老客户那里去拿订货单就万事大吉了。"他辩解道。

一个资深的销售人员站起反驳说：去年我负责的区域销售额大幅度增长，取决于自己对现有的客户们做了大量的说服工作，才扩大了他们办公用品的订货量。

盖都反诘，这件事恰好证明了他的观点，即这些销售人员在已经打好基础的销售区内逐渐失去了进取精神，没能发现新的客户。"不过，这是很自然的事，"他补充说，"当年我被提升为销售经理后，当看到我的接班人在我的老销售区何等成功地获得新的订货单时，我会感到惊奇。公司非常需要借助你们的经验去开发需求疲软的销售区。"

另一个有经验的老销售人员提问，这个新政策是否意味着发展新客户将得到额外奖金或者更高的提成？盖都予以否定。他解释说，财力决定了是不能实行的。一个一直坐在角落里默默地生闷气的年轻销售人员打断了他的话。他告诉盖都，关于把年轻销售人员调离未开发区的这个建议，使他感到非常泄气。

盖都力图再一次向年轻销售人员们保证，公司并没有把他们看成失败者。他指出，之所以作出这一变革，只是因为公司面临困境，需要尽快打开销路。

盖都在宣布另一条新政策之前，使劲地咽了一口唾沫，他知道它会使到会的销售人员们心烦意乱。"管理委员会还决定，今后销售提成奖金每季度发一次，而且必须是在客户订货单上载明的货款收回后才发。"他紧张地宣布道，"从今天起，与客户讨论延期付款的问题就是你们的责任了。此外，在没有从顾客那里收回全部过期未付的货款之前，不能接受新的订货单。"

销售人员们简直难以容忍了，会场顿时爆发出一片喧嚣的吵闹声。"我们已经拿到的订货单，为什么不给我们发提成奖金？"一个销售人员提出强烈的要求。"收欠款本来就不是我们的任务。"另一个提出抗议。

"这完全违背了我们的雇用合同。"又一个销售人员大声吼叫起来。

当盖都决定结束那天的会议时，在场的销售人员们还在愤愤地议论纷纷。他匆匆来到总经理里昂的办公室，向他汇报会议进行情况。

"我们的提议遭到了强烈的反对，甚至比我们想象的还要厉害。"盖都告诉里昂，并一面向他述说会议如何在一片骚乱中解散的情况，"恐怕你明天也很难使他们相信我们的提议是为了每一个人的利益。但是，我想我们现在不能回避这个争论了。我们不得不趁把大家都召集在一起的时候来解决这个争端。"

里昂沉重地点了点头。他的第一个倾向是继续进行这个议程，无论销售人员是否同意上级的建议；另一方面，他也考虑到销售人员是一个公司成功的关键。如果不征得他们的同意，把一个新制度强加在他们头上，是不明智的。总经理决定在明天上午的会议上发表讲话。

就像一些飞行事故一样，大多数企业的失败都是"驾驶员失误"的结果。面对这一动乱的时期，弗斯帕西公司正处于危急的困境中。坐在驾驶员坐舱里的里昂正在进一步考虑董事会的一个关于紧缩赊售以加速现金周转的指示。

就像从指挥塔上发出的这些命令不算太坏似的,他刚刚知道坐在飞机后座上的盖都正在指示驾驶室里的机组人员转换位置。

里昂的失误在于他让别人替他思考问题,同时作计划时缺乏明辨是非的判断力。他听了盖都的汇报后,彻夜难眠。在他醒着的时候,他可能想到,盖都把这个问题塞给他至少是出于好意,给他留有一些思考的时间。

问题搞清楚了,就等于解决了一半。因此,决策的方法就是要从弗斯帕西公司所患小病的一些症状中找出病因。很显然,在公司领导的心目中,严重的现金短缺是最主要的问题。公司为保留足够的流动资金用以偿付经常性的待付款而操心,当然是负责的态度。这是不是意味着应该拒绝把公司产品卖给那些爱拖欠货款的顾客呢?当然,停止赊销可以减少应收账款,却未必能赚得更多的现金,这就像为了减少交通拥挤而拒绝让人们自由通过一样。

应收账多到如此惊人的程度,的确是现金周转不畅的原因之一。但事实上这两方面的问题都是一个更主要的问题——下降的销售额的反映。如果像盖都所认为的那样,销售人员的积极性正在衰退,那么无论采取任何行动来修补销售计划,如扣留销售提成奖金、调换销售人员等,都不可能奏效,采取片面的行动重新划分销售区,无论在景气或不景气的时期,都是危险的。

一种可能性是各个销售区域仍维持原状,但需要增加人力,给老资格的销售人员分派一个连续的任务,不过这种做法也有一个弊端:除非资深销售人员与年轻销售人员的推销活动利害攸关,否则是不可能公正地划分销售区域的。而且,总部对推销活动的控制也会减弱。

里昂认为,正确的解决方案是建立销售定额制度。通过分配限额,公司可以考核每一个销售人员的个人工作成绩,激发他们为使个人的推销成绩达到预定的标准而努力。以预期的销售额为基础而规定的年度销售定额也有助于计划产品、存款和流动资本的需求量。制定了销售定额制度以后,区域的变更就容易了,因为定额可以根据各个区域的潜力加以调整。

一些公司往往给能力较差的销售人员的定额定得偏低,这种做法会使销售人员的士气低落,正如盖都所发现的那样。较好的方法是选择一个具体的市场,以此为依据制定个人的销售定额,然后再提供一些特殊的奖励,如开发新客户奖,或销售量超过定额的 100% 给予更高的提成率。

弗斯帕西公司一贯坚持的直线提成制过时了,它只适合于代理商销售和合同型销售,而现代化的工业公司都抛弃了这种方法而采用工资和提成奖相结合的方法。销售人员们拿到了双份的工资,往往会想到他们是公司的成员,因此,当公司根据它的目标修正销售政策时,他们抗拒的理由就不充足了。忠于公司的观念加强了,为公司效力并接受公司的指示就成了他们不可推卸的责任,而绝对不只是去抓订单了。

里昂和盖都必须制定一个以销售定额为基础并辅以固定奖励制度的正确销售方针。要做到这一点,必须搞清楚两个重要因素,即地区性的市场潜力衡量销售工作好坏的准则。后者应该包括新客户或续购的老买主、优惠的产品组合或目标买主、零售商或直接用户,如此等等。

里昂立即要做的工作就是要设法使销售人员保持旺盛的活力。他旁观坐等时间太久了。现在,他必须坐下来为明天早上的会议写一篇鼓舞士气的发言稿。

资料来源:《销售与市场》1996 年第 1 期,作者:黎力。

9.5 销售人员的薪酬管理

建立一套对内具有公平性、对外具有竞争力的薪酬体系，是目前我国很多企业的当务之急。员工薪酬制度是成功管理的最有效工具之一，明确的薪酬体系能够提供有效的信息并最终促成预期的经营成果，这对公司取得成功来说是至关重要的。

员工的薪酬是员工在人力市场中的价格。正如商品市场中的供求规律通过商品价格决定商品供求关系，而供求关系又反过来影响商品价格一样，供求规律同样影响着销售人员的人力市场。较低的岗位进入壁垒，使销售人员尤其是有一定工作经验的销售人员，经常在各个企业之间、各个行业之间跳来跳去。牵引销售人员工作流动的驱动力有很多，但最主要的一条就是薪酬水平的高低。薪酬像一只看不见的手，将销售人员从低收入的企业推向高收入的企业，从低收入的行业推向高收入的行业。另外，薪酬还是企业的隐形传播器。薪酬体系体现的是组织内部的一套全新的价值观和实践方法。它是一套把公司的战略目标和价值观转化成具体行动方案，以及支持员工实施这些行动的管理流程。事实表明，薪酬体系正在以自己特有的方式改变着组织的精神面貌，改变着企业所有者与员工的关系以及企业的竞争力和活力，实现企业所追求的目标。

9.5.1 销售薪酬概述

1. 销售薪酬的含义与构成

公司支付给销售人员的薪酬分为外在薪酬和内在薪酬两大类，两者的组合称为全部薪酬。外在薪酬，主要指为销售人员提供的可量化的货币性价值，比如基本工资、佣金、奖金等短期激励薪酬，退休金、医疗保险等货币性的福利，以及公司支付的其他各种货币形式的开支。内在薪酬则是指那些给销售人员提供的不能以量化的货币形式表现的各种奖励价值，比如对工作的满意度、培训的机会、提高个人名望的机会、优秀的企业文化、相互配合的工作环境，以及公司对个人的表彰等。外在薪酬与内在薪酬各自具有不同的功能，它们相互补充，缺一不可，忽视精神方面的激励，一切都想用钱来解决问题，同样会伤害员工的积极性。我们主要研究外在薪酬，即薪酬中可用货币量化的部分，其中又主要探讨基本薪资、奖金、佣金和红利支付的直接货币性报酬。

1) 基本薪资

是指根据销售人员的销售技能、工作的复杂程度、责任大小以及劳动强度为基准，按员工完成定额任务（或法定时间）的实际劳动消耗而计付的工资。它在销售人员的总薪酬中所占的比例根据企业类型、人员职位、时期的不同而不同。

2) 奖金（或佣金）

是指根据销售人员超额完成任务以及优异的工作成绩而计付的薪资。其作用在于鼓励员工提高工作效率和工作质量，所以又称"效率薪资"或"刺激薪资"。

3) 津贴（附加薪酬）

是指为了补偿和鼓励员工在恶劣工作环境下的劳动而计付的薪资，或对交通、通信等付出的补偿。它有利于补偿销售人员延长劳动时间并经常出差等具体付出。

4) 福利

是指为了吸引销售人员到企业工作或维持企业骨干人员的稳定性而支付的作为基本薪资补充的若干项目，如失业金、养老金、午餐费、医疗费、退休金及利润分红等。

总之，销售人员的薪酬是企业对员工为企业所做的贡献，包括他们实现的绩效，付出的努力、时间、学识、技能、经验与创造支付的相应的回报和答谢。这实质上是一种公平的交换或交易。

薪酬的结构见图9-1。其中，刚性指薪酬的不可变性；差异性指薪酬在不同员工之间的差别程度。为了达到企业的目标，薪酬管理主要由企业人力资源部门负责，其他职能部门参与协助管理。通常企业的薪酬体系是一个非常复杂的系统，其构成也因不同的企业而不同。表9-2是常见的薪酬系统构成。

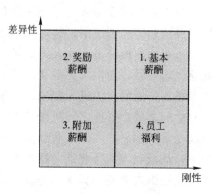

图9-1 薪酬的刚性—差异性

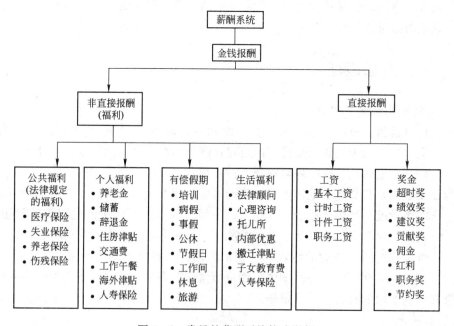

图9-2 常见的薪酬系统构成举例

2. 销售薪酬影响因素

1) 员工付出的劳动

对企业而言，员工的薪酬水平都要受到他所提供的劳动量的影响。首先，员工只有为企业劳动才可能得到工资性的收入；其次，员工劳动能力的大小有别，同等条件下，所能提供的现实劳动量的多少就不同。这种现实的劳动量的差别是导致薪酬水平高低差别的基本原因。

2) 销售人员的职位

职位的高低是以责任为基础的，责任是由判断或决定能力而产生的。通常情况下，职务高的人权力大，责任也较重，因此其薪酬较高。这样就可以说明为什么销售经理的薪酬高于一般销售人员，因为销售经理决定和判断的正确与否对于公司产品的市场、信誉与盈利等产生重大的影响，必须支付与其责任相称的适当的薪酬水平。

3) 销售人员的受教育程度

销售人员作为企业与客户的纽带，代表企业与客户接触，其本身的一言一行表现出企业的文化层次。使销售人员的基本薪资与其受教育程度挂钩，一方面是对销售人员前期投资的回报；另一方面体现出企业对知识和文化的认可，对于留住高文化层次的销售人员起到积极作用。

4) 销售人员的销售经验

薪酬水平中的固定部分和员工的岗位经验成正比，这有利于促使员工愿意不断地学习产品知识，不断接受培训，提高销售能力和工作效率。

5) 为企业服务的年限

工龄长的员工薪酬通常高一些。主要是为了减少人员流动。连续计算为企业服务的年限并与薪酬挂钩有利于稳定员工队伍，降低流动成本的作用，并能提高员工对企业的忠诚度。但对于销售人员来说，这个权变因素不能占有过高的比重。销售人员的正常流动是必要的，如果工龄占权重过高，可能造成老员工和新员工的基本工资差异过大，产生内部不公平。

6) 企业负担能力，即企业的盈利能力

有的公司盈利能力高，其销售人员的薪资与福利水平也居于同行业前列；而很多中小企业利润空间小，其销售人员的平均薪酬就偏低。

7) 地区差异

薪酬水平是同企业当地的经济发展水平成正比。这也是外派销售人员的薪酬比较难于管理的原因之一。

8) 行业间的薪酬水平差异

在在诸如医药、IT行业的销售工作中，销售人员薪酬水平高，因为这些行业的销售工作中包含一定的技术支持，如医药行业的销售人员必须有医药类的教育背景，IT销售人员必须具备一定的科技知识，相比其他的销售人员，其岗位进入壁垒高，薪酬也高。

9) 劳动力市场的供求状况

当市场上某些销售人员（如高级销售经理）供给不足时，其薪酬水平会提高。相反，当市场上某些销售人员需求大于供给（如普通销售人员）时，其薪酬水平会下降。

9.5.2 销售薪酬管理的原则

1. 公平性

企业员工对薪酬的公平感，也就是对薪酬发放是否公正的认识和判断，是设计薪酬制度和进行薪酬管理时要考虑的首要因素。公平的赏罚是取得员工的信任、争取员工支持并为企业做出更大贡献的基础。当员工为企业努力工作、业绩突出时，无论他是企业的骨干，还是一般员工，也不论他以前曾有过什么过错，都应该公平地给予奖励。对于在同一个部门工作的员工，如果他们为企业做出的贡献大小相同，且其他因素也相近，那么就应该付给他们相同的或相近的薪酬水平。这样，员工才不会抱怨企业的薪酬制度不公平，才不至于降低士气。在企业薪酬管理中，薪酬公平通过四个途径实现。

1) 外部公平

即同一行业同一地区或同等规模的不同企业中类似岗位的薪酬应基本相同。因为此类岗位对员工的知识、技能与经验要求相似，付出的脑力和体力也相似，薪酬水平应大致相同。属于同一行业同一地区且规模相当的不同企业中的类似岗位，薪酬水平具有外部可比性。在这种外部比较中，销售人员可以得出自己的薪酬是否具有外部公平性。外部公平是企业吸引和留住员工的一个重要因素。

2) 内部公平

在同一企业中，不同岗位的员工所获得的薪酬应正比于其各自为企业所做出的贡献。工作评价是衡量内部公平的重要依据。

3) 团队公平

许多岗位和绩效的评定，不是以员工个体为单位的，而是以团队为单位的，因此，内部公平还体现在不同的团队之间。维护团队之间公平的措施是建立科学和严格的集体绩效评估体系，按照团队内部公平的原则进行成员之间的报酬分配。

4) 个人公平

即同一企业中占据相同岗位的员工，所获得的薪酬应与其贡献成正比；同样，不同企业中岗位相近的员工，其薪酬水平也应基本相同。

为了保证企业中销售人员薪酬制度的公平性，企业的高层主管应注意以下几点。首先，薪酬制度要有明确一致的原则作指导，并有统一的、可以说明的规范作依据。其次，薪酬制度要有民主性和透明性。当员工能够了解和监督薪酬制度的制定和管理，并能对制度有一定的参与和发言权时，猜疑和误解便易于冰释，不公平感也会显著降低。最后，销售经理要为员工创造机会均等、公平竞争的条件，并引导员工把注意力从结果均等转到机会均等上来。如果机会不均等，单纯的收入与贡献比均等并不能代表公平。

2. 竞争性

是指在社会上和人才市场中，企业的薪酬标准要有吸引力，才足以战胜竞争对手，招到企业所需的销售人员，同时也能留住优秀的销售人员。

企业薪酬的竞争力直接和企业的外部薪酬政策相联系。企业外部薪酬政策主要是处理企业与外部市场的关系。薪资政策的制定，反映了企业决策层是否将薪资作为提高企业竞争力的一个有效手段。在分析同行业的薪酬数据后，企业可以根据企业实际情况确定不同的薪酬水平。同产品定位相似的是，在薪酬定位上，企业可以选择领先策略或跟随策略。

3. 激励性

在企业内部，不同职务、不同级别、不同销售业绩的销售人员之间的薪酬水平应该有一定的差距，从而不断地激励员工提高工作绩效，因为当他们因业绩突出时，将获得更高的薪酬水平。除此之外，适当拉开不同销售业绩的销售人员之间的薪酬差距，还可以吸引其他企业有时甚至是竞争对手中的优秀销售人员到本企业来工作，不仅增强了自身的实力，而且削弱了对方的竞争力，从而使本企业在竞争中处于有利地位，不断扩大市场份额，不断成长。

具有激励性的薪酬可以增强员工的责任感，并调动其积极性和工作热情，创造一种奋发向上、积极进取得企业氛围。员工的责任感不只是员工的满意程度，员工责任指的是员工所感觉到的工作的发挥程度，所感觉到的被管理组织的有效程度、在工作中的满意程度。

4. 经济性

销售人员的薪酬一般包括基本薪资（保底薪资或固定薪资）和佣金（或奖金）。基本薪资应计入企业的人力成本，而佣金或奖金往往计入销售费用。由于基本薪资在大部分销售人员的薪资中所占比重不高，所以这里所指的经济性主要指销售人员的佣金（或奖金）部分。提高销售人员的佣金水准，可以提高其竞争性与激励性，同时也不可避免地导致企业销售费用的上升和销售利润的下降，这一点在销售类企业中尤为重要。因此，佣金水平的高低不能不受经济性的制约，即要考虑销售毛利率的大小。此外，行业的性质及成本构成也影响着销售佣金的高低。比如，家电等毛利率比较低的行业中，销售佣金在总销售费用中的比重可高达50%，佣金水平稍有提高，会使销售成本明显提高；但在手机等销售毛利率较高的行业中，佣金却只占销售成本的10%~20%，而销售人员的工作热情与革新性、开拓性，却对企业在市场中生存与发展起着关键作用。当然，企业的高层主管在考察销售费用时，不能仅看佣金水平的高低，还要看员工的绩效水平。实际上，员工的绩效水平对企业产品竞争力的影响会大于销售费用的因素。总之，经济性的原则就是：花最少的钱办最多的事。

5. 合法性

指企业销售人员的薪酬制度必须符合现行的法律法规。《劳动法》是我国一项重要的法律，任何类型的企业都必须落实《劳动法》及各地的相关劳动法规。

9.5.3 销售薪酬的类型与选择

虽然所处的行业不同，典型的销售人员报酬计划都依赖于销售佣金的形式。例如，在保险业，销售人员的收入几乎全部以佣金的形式支付。只有在运输设备业，销售人员的收入才习惯以薪资的形式支付。然而，销售人员最通行的报酬方式是薪资、佣金（或奖金）的混合支付。一般情况下，主要以下三种销售人员的薪酬计划为主。薪酬制度的设计程序如图9-3所示。

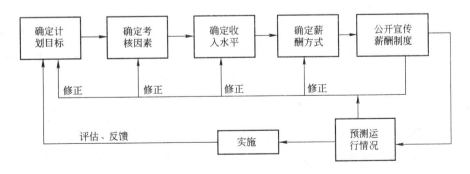

图9-3 销售薪酬设计流程

1. 固定薪水制

销售人员报酬的主要形式是薪资，当然偶尔也可能获得红利、销售竞赛奖之类的奖励。

销售人员接受固定的薪酬，不随着销售额、市场分额以及其他销售指标的变动而变动。从销售人员的观点看，这种报酬形式没有风险，激励性弱。当销售人员的销售业绩与员工的个人发挥并无直接关系或不能用量化指标显示时，往往采用单一薪资计划，如公司的主要目标是从事开发性工作（包括寻找新顾客），而且计划实施得很好；或者销售人员主要从事事务性工作；或者参与国家与当地的贸易展销活动等。

对销售人员直接采取单一薪资计划的优点表现在：销售人员预先知道他们的收入是多少，雇主也有固定的、可预知的销售人员开支计划。这就便于改变销售人员工作范围或工作定额，或重新为他们安排工作，并可以培养销售人员高度的忠诚感。单一薪资计划更多地鼓励销售人员培养企业的长期顾客，这对企业的长期市场及长期发展有很大的好处。然而，单一薪资计划也有其不足之处，最主要的一点是它与雇员个人业绩无关。事实上，薪资通常与资历（而不是与绩效）相联系，这会降低具有潜在高绩效的雇员的进取精神，因为他们知道是根据资历，而不是个人绩效来付酬。

2. 直接佣金制

直接佣金是直接按销售额的一定比例确定销售人员的报酬，销售人员的全部收入来自佣金，它只根据业绩来确定报酬。

直接佣金制有几个优点：单一佣金计划最符合最低成本战略，因为企业把所有的销售风险都推给了销售者；销售人员可以得到最多的奖金；由于报酬明确的同绩效挂钩，因此它可以吸引高绩效的销售人员；由于销售成本同销售额成比例（而不是固定不变），因此可以减少公司的销售投资；佣金基准量也容易理解和计算。

但佣金计划的不足之处在于：销售人员只注重扩大销售额和推销高额项目，而忽视培养长期顾客，不愿推销难以出售的商品。销售人员之间的收入差距会拉大，从而使人产生不公平感，这一现象在销售管理工作中普遍存在。更严重的是，它鼓励销售人员不去推销获利小的商品。此外，在经济繁荣时期，销售人员收入往往过高；而在萧条时期，其收入又往往过低。

3. 组合薪酬制

多数公司对销售人员实施复合形式的薪酬制度，在多数此类计划中，销售人员的收入中有相当一部分是薪资形式的收入。最常见的有以下三种复合方式。

1）薪水加佣金计划

其中薪水是销售人员的固定薪资，佣金是指基于一个产品或服务价格的百分比而构成的激励薪酬。其中佣金部分将公司与销售人员的销售风险脱节，销售人员没有销售回款就没有佣金收入。

2）薪水加奖金计划

其中薪水是为了保证销售人员基本生活需求，奖金主要是为了激励销售人员的销售绩效和其他组织期望的绩效。如彩电的销售人员，除了销售回款以外，组织还期望库龄、资金周转天数、价格规范程度等指标，此时，用奖金来与这些指标挂钩，是一种较为理想的计酬方法。

3）生活费加佣金计划

即提前给销售人员提取一部分生活费，生活费有两种形式，一种是公司先借给销售人员，等赚钱之后再偿还；还有一种是不偿还的，但是双方要约定一定的期限，比方说一年之后还不能达到一定的销售额，则取消合同。

组合薪酬制不仅具备薪资计划和佣金计划的优点，也具备二者的缺点。销售人员有基本收入，因此可以确保维持其家庭生活开支。而且，公司可以通过确定销售人员的薪资来指导其活动，而佣金则是激励绩效显著的销售人员的一种手段。然而，薪资并不同绩效挂钩，因此，企业实际上把销售人员的一部分奖金让渡为工资。复合计划由于变得越来越复杂，会使销售人员产生各种误解，在简单的"薪资加佣金计划"中此类问题会相应减少。合理的销售人员薪酬计划，是在薪酬的固定部分与非固定部分之间求得一种平衡。

4. 销售薪酬类型的选择

一般情况下，大型公司，尤其是具有很高知名度的公司应采用高工资、低提成的策略，原因在于：

（1）大型公司薪酬的一个主要目的在于留住人才；

（2）大型企业产品一般已经具有很高的品牌知名度，市场比较稳定，而且有一套运行良好的营销管理体制，因此对销售人员的个人销售技能依赖性不高，过多的提成无助于销售业绩的提高；

（3）大型公司更注重团队在销售中的作用，对销售人员的要求不仅仅是懂推销，最重要的是销售人员要遵守公司的市场统一部署，互相协作，销售额只是对销售人员进行考核的其中一个指标。

而对于新成立的公司采用低工资、高提成的薪酬策略。主要基于以下原因：

（1）低工资有利于降低固定费用，降低企业经营风险；

（2）小公司缺乏销售渠道、销售管理手段，销售业绩严重依赖于销售人员个人表现，因此高提成旨在使薪酬与业绩挂钩，激励销售人员积极推销；

（3）新公司、小公司资金实力较弱，资金回笼的压力大，因此对于销售人员的考核主要是销售额，随着公司规模的不断扩大，企业管理不断成熟，需要逐渐加大固定薪酬，减少浮动部分薪酬。这样有助于留住一些骨干人员。

9.5.4 销售人员的福利

福利是企业为员工提供的间接货币形式的一切物质利益。根据一项调查，在跨国大企业中，过去50年中的工资增加了40倍，而福利增加了500倍。现在人们都认为，福利是薪酬组合的一部分。优良的福利制度对于吸引优秀销售人员，提高销售人员的士气，降低人员流动率，激励和凝聚销售人员有着重要作用。

1. 福利的项目

企业中的福利五花八门，名目繁多。每个企业除了法律政策规定的福利以外，可以提供任何有利于企业和员工发展的福利项。

（1）公共福利。指法律规定的一些福利项目。主要有医疗保险、失业保险、养老保险、伤残保险、生育险和住房公积金等。

（2）个人福利。是指企业根据自身的发展需要和员工的需要选择提供的福利项目。主要有退休金、互助金、交通补贴、工作午餐、海外津贴、人寿保险等。

（3）带薪假期。指员工在有薪酬前提下的假期，这类福利项目的主要体现形式有病假、事假、公休、探亲假、法定节假日、年假、资助旅游等。

（4）生活福利。是指企业为员工的生活提供的其他各类福利项目，主要有内部优惠产品、子女教育费等。

2. 福利的设计目标

每个企业的福利目标各不相同，但是有些内容是相似的。主要包括：

（1）必须符合企业长远目标；
（2）满足员工的需求；
（3）符合企业的报酬政策；
（4）要考虑到员工短期需要和长远需要；
（5）能激励大部分员工；
（6）企业能担负得起；
（7）符合当地政府法规政策。

3. 福利的设计要点

企业提供的福利反映了企业的目标、战略和文化，福利种类的确定对企业的发展有至关重要的关系。有些企业由于不善于设计福利，虽然在福利方面投入了大量金钱，效果却不理想，许多优秀人才纷纷离职，企业效益明显下降，福利的设计要点涉及以下几个方面：福利的成本核算；福利的沟通；福利的调查；福利的实施。

福利的成本核算是福利管理中的重要部分，人事主管应会同财务人员花较多的时间与精力投入福利的成本核算。主要涉及以下方面：

（1）通过销量或利润计算出公司最高的可能支出的福利总费用；
（2）与外部福利标准进行比较，尤其是与竞争对手的福利标准进行比较；
（3）作出主要福利项目的预算；
（4）确定每一个员工福利项目的成本；
（5）制订相应的福利项目成本计划；
（6）尽可能在满足福利目标的前提下降低成本。

9.6 销售人员的绩效评估

9.6.1 绩效评估概述

绩效是指构成员工职位的任务被完成的程度，它反映了员工能在多大程度上实现职位要求。绩效评估又称绩效考评、绩效评价、员工考核，是一种正式的员工评估制度，也是销售管理中一项重要的基础性工作，旨在通过科学的方法、原理来评定和测量员工在职务上的工作行为和工作效果。绩效评估是企业管理者与员工之间的一项管理沟通活动。绩效评估的结果可以直接影响到薪酬调整、奖金发放及职务升降等诸多员工的切身利益。常见的绩效评估类型有以下几种。

1. 效果主导型

考评的内容以考评结果为主，效果主导型着眼于"干出了什么"，重点在结果而不是行为。由于它考评的是工作业绩而不是工作效率，所以标准容易制定，并且容易操作。目标管理考评办法就是该类考评，它具有短期性和表现性的缺点，对具体生产操作和销售人员较适合，但事务性人员不适合。

2. 品质主导型

考核的内容以考评员工在工作中表现出来的品质为主，着眼于"他怎么干"，由于其考评需要如忠诚、可靠、主动、有创新、有自信、有协助精神等，所以很难具体掌握。操作性与效度较差。适合于对员工工作潜力、工作精神及沟通能力的考评。

3. 行为主导型

考核的内容以考评员工的工作行为为主，着眼于"如何干""干什么"，重在工作过程。考评的标准容易确定，操作型强，适合于管理性、事务性工作的考评。

9.6.2 绩效评估的指标和方法

1. 定量评估指标体系

1) 产出指标

产出性考核指标有：销售额；销售毛利；销售边际贡献率；每一个新顾客的平均成交额；每一个原有顾客的平均成交额；销售收益占销售潜力的比重；订单数；新开发的顾客数；与新顾客的成交总额；失去原有顾客数。

考核销售人员个人业绩最常用的信息来源是销售统计资料。在销售分析中将销售人员完成的实际销售额与其销售定额相比较所得到的业绩指数就是一种产出指标。

2) 投入指标

投入性考核指标有：销售人员访问顾客（包括新老客户和未成交的潜在客户）的总次数；每一个新顾客的平均访问次数；每一个顾客的平均访问次数；访问准顾客的总次数；销售费用（差旅费、广告宣传费、招待费等）；销售人员的工资；奖金。

许多公司采用的客观指标一般都侧重于考察销售人员付出的努力，而不是考核这些努力所导致的销售结果。这主要是因为：第一，销售努力或行为比结果更难为销售经理所控制；第二，在许多情况下，销售努力的投入与销售成果的产出之间存在一定的时滞，一笔大额销售可能是许多销售努力的积累促成的。

3) 比率指标

投入/产出型考核指标有：

$$访问成功率 = 成交客户率/访问客户总数 \times 100\%$$

$$访问收益率 = 销售额/访问次数 \times 100\%$$

$$访问利润率 = 销售额/访问次数 \times 100\%$$

$$访问订单率 = 订单数/访问次数 \times 100\%$$

$$订单平均收益率 = 销售额/订单数 \times 100\%$$

$$开发新客户成功率 = 新客户数/访问准客户数 \times 100\%$$

$$定额完成率 = 销售额/定额 \times 100\%$$

将各种投入与产出指标以特定方式相组合（通常是比率关系），可以得到其他一些有用信息。

2. 定性评估的指标体系

定性评估有时候也被称为主观考核，一般是对销售人员的行为考核。客观考核衡量的是与销售人员主观意图相关的销售努力，主观考核反映销售人员执行这些主观意图的好坏。一般来说，主观考核要比客观考核困难得多。这是因为，客观指标一旦确立，便很少受到个人偏见的影响，所得出的结论与实际情况也相符合。而主观考核即便其考核过程设计得再完美，仍然免不了会受到个人偏见的影响。

主观考评包括以下内容。

（1）销售成果：侧重于销售额（量）的完成情况。
（2）相关知识：包括企业政策、产品知识、推销技巧等。
（3）销售区域管理：包括访问计划、费用控制、销售文件记录和处理。
（4）客户关系：包括对于客户、同事以及企业关系的处理。
（5）个人特点：包括工作态度、个性、能力等。

不同企业、不同考核目的的主观考核对以上 5 项内容的侧重点不同。比如说，在作出解雇或补偿决定时，企业会比较注重销售成果；而在作出调动或升迁决定时，工作知识与客户关系更为重要。

3. 评估的主要方法

1）图尺度评价法

图尺度评价法是用示意图表示评价档次（尺度）以及相应的评分标准或评价档次的含义、评语等。首先，在一张图表中列举出一系列绩效评价要素，如"销售量"、"工作知识"、"态度"等；其次，为每个绩效特征要素列出取值范围，如"不令人满意"、"需要改进"、"良好"、"很好"和"优异"分别对应评价尺度为 60 以下、70～60、80～70、90～80 和 100～90 等；再次，从每一要素的备选等级中分别选出最能反映员工实际工作绩效的绩效等级，并相应确定各个要素所得的分数；最后，加每位员工所得到的所有总分值，即可得其最终的绩效评价结果。

2）关键绩效指标法

关键绩效指标（Key Performance Indicator，KPI）考核是通过对工作绩效特征的分析，提炼出最能代表绩效的若干关键指标体系，并以此为基础进行绩效考核的模式。KPI 是衡量企业战略实施效果的关键指标，其目的是建立一种机制，将企业战略转化为企业的内部过程和活动，以不断增强企业的核心竞争力和持续地取得高效益。

KPI 考核的重要的管理假设就是一句管理名言："你不能度量它，就不能管理它。"所以，KPI 一定要抓住那些能有效量化的指标或者将之有效量化。而且，在实践中，可以"要什么，考什么"，应抓住那些急需改进的指标，提高绩效考核的灵活性。KPI 一定要抓住关键而不能片面与空泛。当然，KPI 的关键并不是越少越好，而是应抓住绩效特征的根本。

KPI 体系的建立首先要明确企业的战略目标，并在企业例会上利用头脑风暴法和鱼骨分析法，找出企业的业务重点。这些业务重点即是企业的关键结果领域，也就是说，这些业务重点是评估企业价值的标准。确定业务重点以后，再用头脑风暴法找出这些关键结果领域的关键业绩指标（KPI），这些关键业绩指标定为企业级KPI。然后各系统的主管对相应系统的KPI进行分解，确定相关的要素目标，分析绩效驱动因素，确定实现目标的工作流程，分解出各系统部门级的KPI，确定评价指标体系。接着各系统的主管和部门的KPI人员一起将KPI进一步细分，分解为更细的KPI及职位的业绩衡量指标，这些业绩衡量指标就是员工考核的要素和依据。

3) 360°绩效反馈

360°绩效反馈也称全景式反馈或多源反馈，是由与被评价者有密切关系的人，包括被评价者的上级、同事、下属和客户等，分别匿名对评价者进行评价，被评价者自己也对自己评价，然后，由专业人员根据有关人员对评价者的评价，对被评价者提供反馈，以帮助被评价者提高能力水平和业绩。一个有效的360°反馈评价的过程是这样的：

（1）使用者可以根据自己的实际情况设计评价过程；

（2）使用有效的过程鉴别所有被评价对象应该具备的工作能力；

（3）筛选评价人，一般说来，除了被评价者本人和其直接主管，其他评价来源总体不应该少于4人；

（4）通过匿名的方式获得反馈信息并绝对保密；

（5）严格按照科学研究的方式收集、整理、统计、分析和报告所获得的信息；

（6）使用科学的、标准化的操作程序进行评价。

4) 平衡记分卡

平衡记分卡（The Balance Score-Card，BSC）是从财务、顾客、内部业务过程、学习与成长四个方面来衡量绩效。平衡记分法一方面考核企业的产出（上期的结果），另一方面考核企业未来成长的潜力（下期的预测），再从顾客角度和内部业务角度两方面考核企业的运营状况参数，把公司的长期战略与公司的短期行动联系起来，把远景目标转化为一套系统的绩效考核指标。

4. 克服评估中出现的误差

尽管绩效评估体系日益被现代公司广泛采用，但人们在应用过程中发现，评估中总是不可避免地存在这样或那样的偏见，影响绩效评估的公正性、客观性。评估中常见的失误表现有以下几种。

1) 晕轮效应误差

评估人在对被评估人绩效评估时，把绩效中的某一方面甚至与工作绩效无关的某一方面看得过重，而影响了整体绩效的评估。晕轮效应会导致过高评估或过低评价。

2) 近因误差

一般说来，人们对近期发生的事情印象比较深刻，而对远期发生的事情印象比较淡薄。在绩效评估时往往会出现这样的情况，评估人对被评估人某一阶段的工作绩效进行评估时，往往只注重近期的表现和成绩，以近期印象来代替被评估人在整个评估期的绩效表现情况，因而造成评估误差。

3) 感情效应误差

人是有感情的，而且不可避免地把感情带入他所从事的任何一种活动中，绩效评估也不例外。评估人可能随着他对被评估人的感情好坏程度自觉地对被评估人的绩效评估偏高或偏低。为了避免感情效应造成被评估人绩效评估的误差，评估人一定要克服绩效评估中的个人情感因素，努力站在客观的立场上，力求公正。

4）暗示效应误差

暗示是人们一种特殊的心理现象，是人们通过语言、行为或某种事物提示别人，使其接受或照办而引起的迅速的心理反应。评估人在领导者或权威人士的暗示下，很容易接受他们的看法，而改变自己原来的看法，这样就可能造成绩效评估的暗示效应。

5）偏见误差

由于评估人员对被评估者的某种偏见而影响对其工作实绩的评估而造成的误差就被称为是偏见误差。

5. 提高绩效评估的有效性

1）选择合适的评估方法

运用绩效评估不是赶时髦，而是要运用科学的方法来检查和评定企业员工对职位所规定职责的履行程度，以确定其工作成绩，从而促进企业的人力资源管理，提高企业竞争力。当前，一些企业在进行绩效评估时，盲目运用所谓新兴的绩效评估方法，结果导致评估失灵。平衡记分卡、360度绩效考核等绩效评估方法固然有其先进性，但对于有些企业并不一定具有适用性。如果一知半解，盲目引入，有时未获其利，可能反受其害。任何绩效评估方法都不是十全十美的。没有最好的绩效评价工具，只有最适合的工具。简单实用或复杂科学，严厉或宽松，非正式的考核方式或系统性的考核方式，不同规模、不同文化、不同阶段的公司要选用不同的方式。因地制宜、顺势而为，选择适合企业自己的绩效评估方法，方为明智之举。

2）不能忽略员工的表现力

员工在企业的表现力主要体现一是工作业绩，这是最为重要的，如销售人员业务成交次数及替公司带来的营业收入应作为绩效评估的指标。在进行这类数字考核时，要注意理解这些数字所代表的真正意义，切不可迷信于数字。二是员工在工作团队中的投入程度，可请员工为自己的工作团队打分数，以了解团队中每名成员在扮演主管、部属、同事时是否尽到应尽的责任。三是员工对顾客的贡献程度，可请顾客评估员工的表现，即使没有代表公司向外接触的员工，其实他们一样有顾客，如为公司的另一个部门服务，另一个部门的员工就是这些员工的顾客。

3）制定合理的评估标准

绩效评估标准是对员工绩效的数量和质量进行监测的准则。企业在进行绩效评估时，要充分考虑标准的合理性，这种合理性主要体现在几个方面。一是考核标准要全面。要保证重要的评价指标没有遗漏，企业制定的各种考核标准要相互补充，扬长避短，共同构成一个完整的考核体系。二是标准之间要协调。各种不同标准之间在相关质的规定性方面要衔接一致，不能相互冲突。三是关键标准要连贯。特别是关键绩效指标（KPI）应有一定的连贯性，否则不仅不利于考评工作的开展，而且可能导致员工奋斗目标的困惑。四是标准应尽可能量化，不能量化的要细化。只有科学合理的量度方法，才能让员工相信绩效评估的公正性和可行性。倘若绩效量度的内容过于笼统，量度的方法不明确，员工完全有理由认为考核结果是由考核者主观臆断而作出的判定，无任何客观标准和实际意义，只不过是形式上走过场，从而产生不满和抵抗情绪。五是要根据团体工作目标而非个人来制定考核标准，同时针对不同层次员工和不同年龄员工的特点来制定考核标准，使标准具有针对性。

4) 以提高员工满意度为目的

绩效评估是一把双刃剑，正确的绩效评估能激起员工努力工作的积极性，可以激活整个组织；但如果做法不当，可能会产生许多意想不到的后果。绩效评估要体现公正、合理、公开，才能起到激励作用。企业在进行绩效评估时应尽力使绩效评估制度完善，令员工尽量满意。但是，员工对绩效评估或奖罚仍有可能产生不满，若员工的不满得不到舒解，就有可能导致不理想的工作态度和行为。企业的管理者在绩效评估过程中应尽力地去了解、发现员工对评估的不满，进而寻找员工不满的原因，制定措施解决不满。因此，企业应设立正式的绩效考核怨诉程序，若员工对部门考评结果不满可以上诉至企业的考评小组，为员工设置畅通的怨诉渠道；这样不但使员工可以通过正式的途径表达不满，并知道能将自己的不满上达管理层；同时亦可使管理人员积极面对工作，不作回避，以积极的态度解决问题，从而使员工的不满逐渐降低，逐步培养起员工对企业的向心力，使员工的个人目标与企业的整体目标得以进一步协调统一。同时作为企业更应创造条件让员工有更好的表现，把员工当作为企业的合作者而不是打工者，把绩效评估同员工的生涯规划、企业的培训计划有机结合起来，而不仅仅局限于员工的薪资、奖金和升免。

5) 保证评估过程的完整性

完整的绩效评估过程包括事前沟通，制定考核标准，实施考核，考核结果的分析、评定，反馈、控制等五个阶段。许多企业通常忽视了最前面和最后面的两个重要过程。尽管人力资源部把绩效评估系统和政策设计得比较完美，但如果事前没有和部门主管进行有效的沟通，得不到很好的理解和认同，结果肯定是白费劲。要知道绩效评估的主要执行人是各部门直接主管，而不是人力资源部。绩效评估的结果是必须让员工知道的，这就是绩效评估的反馈。如果企业做了绩效评估后，却不让员工知道评估的结果，而只作为企业对员工的奖赏或其他决定，那么这种做法就不能发挥绩效评估的应有目的，从而使得绩效评估工作前功尽弃。此外，绩效评估的效果能否充分发挥，也取决于相关的跟进措施。主要体现在：平时的目标跟进和绩效辅导是否及时？评估后能否给予相应的奖惩或改进监督？能否不顾情面明确指出下属的不足？是否建立了员工投诉渠道？评估结果能否有效地运用到培训中去？如果这些措施不完备，绩效评估效果就无法保证。

9.7 销售团队管理

销售经理是一个企业的销售主管，销售主管是所负责销售团队的核心，是精神领袖。从某种程度上来说，衡量一支销售团队是否有激情，首先看销售主管是否有激情；衡量这支销售团队是否有战斗力，首先看销售主管是否有战斗力。一个令团队成员尊敬且信任的销售主管，会提高团队的凝聚力。

销售主管对所负责区域市场的运作应该有一个清晰的思路，包括目标销量、产品定位、价格策略、渠道策略、促销策略、销售人员规划等。销售主管与销售人员在职责分工上是上下级的关系，是领导与被领导的关系。很多优秀的销售主管都在不断淡化这种关系，将自己定位于销售人员的良师益友,从生活、工作、学习上全方位地关心、帮助下属,与下属打成一片。如果销售主管放不下架子,还是高高在上,就得不到大部分下属的认同,销售团队的凝聚力也无从谈起。一支没有凝聚力的销售团队,是创造不出一流的销售业绩出来的。

9.7.1 销售经理的任务概述

1. 销售经理的任务重点

1) 销售团队建设

打造一支高效协作、充满激情与斗志的专业化销售队伍是销售经理的重要职责。如果没有一支充满激情、斗志、快速反应市场的销售团队,纵使销售主管能力很强,也不可能创造辉煌销售业绩。因此,销售主管应该将销售团队建设作为首要任务。建设销售团队可以归纳为十二字。"关爱下属,以身作则,树标立杆"。

关爱下属,是指销售主管应该主动地关心下属的生活和工作;以身作则,是指销售主管应该与下属打成一片,不搞特殊化,严于律己;树标立杆,是指销售主管应该在片区内培育和树立销售业绩、学习意识等各项综合表现突出的下属,并将他们作为典型,在销售例会上和其他场合介绍和推广他们的优秀贡献和成功经验。

2) 执行营销策略

一个市场是否运作成功,市场规划、营销目标和营销策略是关键。衡量销售主管有没有水平,要看他能否制定市场规划、营销目标和营销策略。一个完整的市场规划应该包括销售目标、产品策略、价格策略、渠道策略、促销策略、人力资源策略、激励策略。销售主管制定市场规划后,应该督促和指导下属将市场规划、营销目标与营销策略执行到位。

3) 解决重点问题

一个销售团队,每天、每月都面临很多需要解决的问题,如产品质量问题、市场窜货、客户心态不稳定、客户引进了其他厂家的产品等。很多销售主管,面对这些问题时千头万绪,不知从何下手。因此,销售主管应该保持清醒的头脑,确定哪些问题是重点的、根本的、需要马上去解决的,然后将主要的精力放在解决重点问题上。如区域冲货,表面上可能是经销商的问题,但实质上可能是公司没有制定市场规范或者下属销售布点不合理,这时销售主管不是去处理一个又一个市场的冲突上,而是应将精力放在制定市场规范或者培训下属如何合理销售布点上,从根本上防范市场冲突。

4) 提升销售业绩

一个销售团队,其团队成员的素质、能力参差不齐,有能力强的,有能力弱的,有业绩好的,有业绩差的,作为一个销售团队的领头人应该主动站出来,分出一部分时间和精力,指导和帮助能力弱、业绩相对差的下属提高其能力和业绩。一个木桶能装多少水取决于最短板,最短板有多高,水就能装多高。销售团队也是如此,将能力最弱、业绩最差的团队成员提升为能力强、业绩好的水平,整个销售团队的业绩自然提升。

5) 重点客户管理

根据二八原理,可能20%的客户占据公司80%的销量。销售主管应该明确谁是你的重点客户，并牢牢掌握与控制这 20% 的客户。销售主管应经常性地亲自登门拜访或者电话联系重点客户，巩固和发展客户关系，及时把握重点客户的心态，确保市场快速、稳定增长。

6）激励与考核

销售激励政策好像无形的指挥棒，销售主管应该根据市场及公司产品的实际情况，遵循综合绩效考评、超冰点奖励、全方位激励等原则，结合销售目标与销售计划，制订操作性强的富有吸引力的销售绩效考评与激励方案，客观地评价下属的销售业绩，不让销售业绩突出的下属吃亏，真正做到能者多劳，多劳多得。

2. 销售经理的角色

1）人际关系角色

管理是销售经理所担任的最基本的最简单的角色。作为一个销售部的正式负责人，要负责对下属进行激励和引导，包括对下属的雇用、训练、评价、报酬、提升、表扬、干预以致解雇。另外，销售经理是他所领导的部门同其他个人和团体维持关系的重要网络。销售经理通过各种正式的和非正式的渠道来建立和维持本部门同外界的联系。

2）信息管理角色

首先体现的是信息接受者的角色，销售经理得到的信息包括内部业务信息、外部事件信息、分析报告、各种意见和倾向、压力反馈信息等。

其次体现的是信息传播者的角色，这是指销售经理把外部信息传播给其部门，把内部信息从一位下属传播给另一位下属。

最后体现的是发言人的角色，销售经理的信息传播者的角色所面向的是部门内部，而其发言人角色则面向外部，把本部门的信息向周围的环境传播。

销售经理发言人的角色要求他把信息传递给两类人：第一是其直接上级；第二是企业之外的公众。销售经理只有把自己的信息同他所联系的人共享，才能维持他的联系网络。在发言人的角色中，销售经理被要求在销售部门中是一位专家。由于他的地位和信息，销售经理也应该拥有在他那个部门和行业的许多知识。因此，部门外的各种人往往就销售部门工作中的一些问题征求销售经理的意见。

3）决策方面的角色

首先是执行力决策，当发现一个问题或机会以后，如果销售经理认为有必要采取行动来改进其部门的目前状况，就应该提出改进方案，报上级批准后组织本部门进行实施。

其次是故障排除决策，故障主要包括下属之间的冲突、部门之间的冲突。在故障排除中，时机是极为重要的。故障很少在例行的信息流程（如报告）中被发觉，而通常以紧急情况形式由发现故障的人上报给经理。经理则一般把排除故障置于较其他绝大多数活动都优先的地位。

然后是资源分配决策，销售经理的资源分配者由以下几部分组成：安排自己的时间、安排工作、分配费用、分配潜在客户等。整个销售部要做些什么事，谁去做，通过什么机构去做，怎么做？等等，这类决策涉及基本的资源分配。

最后还有谈判决策，对于销售经理来说，谈判活动也是最重要的角色之一。这些谈判既包括正式的商务谈判，也包括非程式化的谈判。谈判就是当场的资源交易，要求参加谈判的各种人有足够的权力来支配各种资源并迅速作出决定。对于销售经理来说，很多谈判场合都需要他参加并作出决定。

> **小案例**
>
> **某化工公司销售部责任**
>
> 某化工公司是生产销售卫生面材的,销售经理谢先生在与客户的接触中发现客户经常抱怨几件事:
>
> (1) 该材料在生产线上加工时,对员工的技术要求较高,拉力太大或太小都会影响最终产品的质量,同时在调试过程中也增加了材料的浪费;
>
> (2) 售出的材料质量不稳定;
>
> (3) 时有交货不准时的现象。面对这种现象,谢经理组织了一次部门会议,征求各销售人员的意见。销售人员王某认为这几个问题都不是本部门所能解决的,最多只能把情况反映上去。张某认为应该直接与生产部、技术部和运输部联系,以取得相关部门的支持。其他几个销售人员也认为这不是销售部的责任。作为销售经理,你应该如何去做呢?
>
> 谢经理在仔细考虑之后,决定以书面报告的形式直接向总经理汇报。总经理李先生在看到报告后,立即把营销副总郑先生找来,要他负责解决这些问题。郑总看了报告后把销售经理谢先生找来,首先责备为什么不向他报告,后又指示销售经理与相关部门直接联系以解决这些问题。
>
> 谢经理根据郑副总的指示先后与储运部、生产部、供应部、财务部进行联系,得到如下答复。
>
> 储运部:"因为没有成品,生产跟不上,找生产部门去。"
>
> 生产部:"原材料供应不及时,影响生产进度,找供应部门去。"
>
> 供应部:"没有足够的资金,找财务部。"
>
> 财务部:"因为销售部回款不力,应收款占用大量资金。"
>
> 技术部:"可以为客户提供技术支持。"
>
> 质管部:"质量控制太严,更无法交货。"
>
> 问题绕了一圈,又回到谢经理这里,可谢经理也有话说:"不就是这些问题,客户才不按期付款的呀!"谢经理现在该怎么做呢?
>
> 资料来源:吴洪刚. 深圳市麦肯特企业顾问有限公司。

9.7.2 销售经理的知识背景

作为销售经理,必须掌握一些必要的知识。这些知识有助于提高销售管理的水平,也是销售经理自我发展的需要。知识结构的更新是每个销售经理必须坚持的工作。知识不能保证销售经理的成功,但没有掌握必要知识的销售经理会越来越难以适应市场的竞争。

1. 市场营销知识

现代市场营销是以消费者需要为中心,长期地、综合地、动态地谋求企业持续发展的经营活动,是以市场调查、营销环境分析为基础,以经营战略为指针,从制定市场营销目标到市场营销管理的完整体系。掌握这一体系的基本内容,了解市场营销各个要素之间的有机联系，有利于较好地进行市场销售工作。

2. 财务管理知识

财务管理是对企业活动及所体现的财务关系进行管理。财务活动是现代企业实物商品运动和金融商品运动过程中所体现的价值运动，即企业的资金运动。销售活动的最终结果会体现在企业的财务报告上面。作为销售经理，在工作中，必然会遇到支付结算、预算等问题，良好的财务知识会有助于销售工作的管理和销售业绩的提高。

财务管理是组织企业财务活动、处理财务关系的经济管理工作。财务管理的本质决定了它是企业一切管理活动的基础，是企业管理中的核心环节。

在企业的经营过程中，一方面表现为物资的不断购进和售出；另一方面，又表现为资金的支出和收回；企业的经营活动不断进行，会不断产生资金的收支，所有这一切构成了企业经济活动的一个独立方面。资金对于企业的重要性，就如同人体中的血液。在现代市场经济中，商品生产和交换形成错综复杂的经济关系，都是通过资金表现出来的，因此，资金运动就成为各种经济关系的体现。财务管理，实质上就是对资金运动和价值形态的管理，而通过对价值形态的管理，就是对实物形态的管理，所以说财务管理是企业管理的核心。作为销售经理就必须正确策划资金流量，用好用活资金，提高资金利用效率。

参考案例

预售楼花，分期付款

销售谈判中最难达成一致的可能就是价格和付款方式了。现金交易对交易双方来说都不容易，现在已经很少有人提着现款排着队来等候发货了。"预售楼花，分期付款"现在是各房地产商普遍采用的办法。但是20世纪50年代的香港，房地产交易通常是现金买卖。这对买卖双方都非常不易。如果从事房地产开发，作为卖主一方，须物业大功告成，持有现房才能收买主的钱。这样一来，在购地皮和建房的整个过程中，全得靠开发商自筹资金来运转。而房地产生意需要大量资金，少则千万，多辄上亿。这笔资金从哪里来？

一个好的销售经理就可以是半个财务经理，从销售的环节筹措资金，同样是在销售经理的职责范围之内。而且，这种资金对企业来说可能是成本最低的。而"预售楼花，分期付款"恰恰是在销售中应用财务手段的典范。

1954年12月20日，霍英东花了120万港元，在香港繁华的铜锣湾购置了一幢大厦，创办了"立信建筑置业有限公司"，开始房地产经营。

当时的房地产交易方式对开发商来说要冒巨大的风险，先期投入巨额资金。而对于买方来说，须一次清房款，不得拖欠，也不能赊账。如果买方手头一时较紧，房就只得泡汤，能不能突破这种现金交易一次清款的模式，找到一种更科学的交易方法呢？

经过一番深思熟虑之后，霍英东决定采用"预售楼花，分期付款"的办法。所谓预售楼花，就是将尚未建好的住宅、工商楼宇，分层、分单元预售出去。考虑客户的困难，可以采取分期付款进行。

当时一套住宅单元，大约需要1万至2万港元。对于一般工薪阶层来说，他们要一次拿那么多钱确实很困难。当时租房子，保证金为房价的一半，以后每月交几百元就行。而霍英东售楼花，首期只需交房价的一半，以后每月交几百元就行。首期款与租房的保证金差不多，人们当然愿意买房而不愿租房。所以霍英东售楼花的这一招一推出，就受到用户的欢迎。

卖楼花加速了霍英东有限资金的周转，实现了他"花小钱办大事"的构想。在房地产上他的立信公司走上了一条良性循环的发展道路。霍氏首创的预售楼花，被后来许多开发商竞相效仿，霍英东也赢得了"香港楼花之父"的称号。

从以上例子可以看出，销售不配合适当的财务金融手段，是很难在市场竞争中获胜的，作为销售经理，掌握必要的财务金融知识并在销售中加以灵活应用，就可以赢得更多的商机。

资料来源：吴洪刚．深圳市麦肯特企业顾问有限公司。

3. 管理学知识

销售经理的工作是以销售人员的管理为核心，为了实现管理的基本职能，提高销售业绩，销售经理掌握必要的管理原理，对在实践中提高管理水平、激励销售人员提升业绩是很有帮助的。管理是一种科学，更是一种技术，在了解顾客需求之前，销售经理要掌握管理的基本特性、管理的科学性与艺术性、管理的计划职能、组织职能、控制职能和领导职能、管理的激励职能、团队建设和管理创新等内容。

4. 经济学知识

掌握基本的经济学知识对于销售经理处理经营活动中的各类事务至关重要，经济学知识是销售经理必备的基础知识。重点掌握基本的经济学原理、专业化与贸易、比较优势原理、绝对优势、机会成本、供给与需求的应用、弹性及其应用、效用论及其应用、边际效用递减规律生产要素及其报酬、市场效率等内容。

5. 职业道德

道德问题与销售工作密切相关，缺乏强烈的道德价值观，会使企业的营销、客户服务等陷入困境，这种困境会损坏企业在公众眼中的形象甚至导致法律问题。所以销售经理必须在部门内部树立和宣传良好的职业道德观念，利用职业道德的基本职能调节从业人员内部的关系，即运用职业道德规范约束职业内部人员的行为，促进职业内部人员的团结与合作；另外，良好的职业道德有助于维护和提高本行业的信誉。一个行业、一个企业的信誉，也就是其形象、信用和声誉，是指企业及其产品与服务在社会公众中的信任程度，提高企业的信誉主要靠产品的质量和服务质量，而从业人员职业道德水平高是产品质量和服务质量的有效保证。若从业人员职业道德水平不高，很难生产出优质的产品和提供优质的服务。

职业道德是整个社会道德的主要内容。职业道德一方面涉及每个从业者如何对待职业，如何对待工作，同时也是一个从业人员的生活态度、价值观念的表现；是一个人道德意识、道德行为发展的成熟阶段，具有较强的稳定性和连续性。另一方面，职业道德也是一个职业集体甚至一个行业全体人员的行为表现，如果每个行业，每个职业集体都具备优良的道德，对整个社会道德水平的提高肯定会发挥重要作用。

9.7.3 销售团队建设

管理与建设一支团队是销售经理的主要工作。他需要确保团队有清楚明确的目的和足够达成目标的资源,要以开放和公正无私的态度对待团队成员。团队建设一般包括以下内容。

1. 确立团队的任务和目标

企业在不同的发展阶段对销售队伍的要求,即销售团队的任务是不同的。企业发展初期,公司只有产品而几乎没有客户,这时销售团队的任务就是努力寻找目标客户,实现销售,迅速进行产品铺货。当企业成立了三五年后,公司的区域开发已基本完成,这时销售团队的重点不是开发客户,而转移到维护客户关系、保持长期交易的阶段了。

销售团队目标必须以公司目标、市场特征和公司在这些市场的预期位置为前提。要考虑到人员推销在市场营销组合中的独特作用,它能更有效地为消费者提供服务。人员推销是成本最高的沟通工具,也是最有效的工具。

1)建立共识

团队成立初期,会议是增进团队精神及适应团队工作的一个好方法。安排一系列的热身会议,让团队成员能彼此了解,并对团队目标有一致的看法。要确定每位成员对团队所交付的任务和即将面对的问题都有清楚的认识,同时在决定如何组织团队前,评量所有的可能性。最后,讨论和决定完成每个阶段性任务的期限。

2)分析目标

目标会随团队是否要推选一套行动方案、是否要从事或推动某件事而有所不同。譬如说,推动改善方案的小组,可依据来自机构内部的回馈测量自己的成功率;一支做实事的团队,如产品小组团队,就要向降低成本和提升顾客满意度的目标努力;一支负责创造销售业绩的团队,则必须严控开支预算,并按时程表来推动工作。

3)目标激励

具有挑战性的目标比起较小而明确的目标更具激发力。如果可能,同时设定概括的和特定的目标,不过目标虽高,但仍要考量实际情形。因此,要确定每个人皆参与设定自己的目标,同时亦了解团队的共同目标。另外,对团队的任何需求不可妥协。要找出兼具适合团队工作和优良专业技能两项条件的最佳团队组合。

2. 选择团队成员

团队成员的素质、技能、心态将直接影响到团队的整体水平及工作效率的发挥。大部分的企业人力资源部对于各部门相关岗位都有较规范的规定,因此,销售负责人对于自己团队成员的选择应该注意最基本的几个方面。

1)选择复合型人才

一个优秀的销售人员一定是个"杂家":不管对经济学还是宗教、钓鱼或者足球都应有所了解。因为他们所从事的是一项与人沟通的工作,每天要遇到不同类型的客户,不同的客户就应当运用不同的方式。

2)招聘过程结构化

要想提高招聘效率,保障好的招聘结果,销售经理就应该花点时间建立一套招聘程序。应该和人力资源经理一起,确定销售团队各个成员的职责,对应各职能的应对技能、经验、素质等方面制定规范的标准,再依据此标准设计笔试或面试问题,根据各环节应聘人员的综合表现选择相符合的人才。所以,销售经理对于团队的人员结构切不可因人设事。

3)具备解决问题的能力

销售人员需具备的基本要求,如吃苦耐劳、保持平常心、善于沟通等在招聘选择时都会有严格的规定，但最能体现一个销售人员是否合格的最重要的一条标准，就是主动解决问题的能力。现在很多企业的销售人员所起的作用，仅仅是问题的收集和反馈，而对于来自客户或市场的问题和需求缺乏适当解决的能力，也就是说，销售团队执行力的强与弱，其实是由销售人员解决问题能力的强与弱所决定的。

3. 团队模式选择

团队的组成形态千变万化，其中有正式的也有非正式的，它们各自适合特定的任务。销售经理可以根据公司组织结构的要求选择适合的团队模式，这样才能将任务分配给最适合的团队。

4. 团队合作

成功的团队合作最重要的特点是信赖。团队在互信的基础上会欣欣向荣，所以在团队成立初期就必须建立互信。可透过授权、开放透明的行事方式及意见、允许信息的自由流通来促进相互信赖。

1）授权

团队要培养互信合作，需要实施必要的授权。将每个计划打散成多个任务或目标，赋予个别的团队成员。然后充分授权，除非有迹象显示目标将无法达成，否则不要介入。以向成员咨询所有问题的方法，与团队分享你的权力，若个人的专业领域亦牵涉其中，则应给予他们充足的权力，并与他们分享你的权力，这就是授权的方法。要求成员随时告知你进度，以便你掌握进度，然后放手让他们做下去。

2）沟通

团队合作和保守秘密是不能兼顾的，所以说，一位不会和团队成员开诚布公的领导者无法让团队成员发挥最佳潜能。应定期和不定期地安排会议，作为沟通的管道。成员会因彼此了解而解除戒心、放松心情，这有助于培养忠诚和凝聚力。试着在适当的场合，充分开放所有与团队任务有关的信息，如数据、事实、议程或记载成员个人对整个计划所应负责的备忘录。

每个人在团队工作时，一定远比一个人独自工作有创意。鼓励公开讨论意见，并确保每项意见都受到聆听及尊重。如果对某个意见持保留态度，要委婉地表示，驳回的理由一定要合理正当。提醒成员团队中有何专业知识可供运用，并促进成员之间公开讨论与团队目标有关的意见。

3）分担责任

团队刚成立时，设定共同目标和安排个人角色只是一个程序的开端。此程序持续的时间与团队持续的时间等长。一支团队须负起执行政策、控制进度的责任，遇有不能达到目标的行动时，亦必须向上级做有建设性及创意性的反馈。作为一个整体，团队有责任确保成员间沟通自由且畅通，还要让每位成员都清楚明了政策上的改变和工作的进度。

参考案例

新上任销售经理如何面对老雇员

"我遇上个难题。"阿兰·兰德里一边叹息一边跌坐在总经理科林·斯特朗办公室中的躺椅上，科林很快就猜出了是怎么回事。这位年仅37岁、精力充沛的销售经理上任4个月之后，竟然还没有使他的销售人员振作起来。

一想起当初董事会对阿兰寄予的厚望，总经理两小时午餐后的余兴就逐渐消失了。在前任销售经理退休以后，似乎是一个使公司销售人员提高素质的好机会。公司希望他们适应现代化生产条件，成为一支富于革新和钻研精神的队伍。而唯一的难题就是要让推销队伍中的第二号人物，58岁的和蔼可亲的达根靠边站。只要看看这3年不景气的销售数字，就连达根的朋友们也承认，公司需要任命一个新人来当销售经理，而不是达根。

阿兰诉说了他是怎样争取赢得公司20个推销员的支持的。他曾与他们单独交谈，但他们只是绷着脸保持沉默。他几次召集会议，讨论公司在销售新产品方面存在的问题。可这些推销员们只不过发一通牢骚，说一大堆俏皮话，而根本提不出有助于解决这些问题的合理建议。当阿兰指出这些新产品在国外代理商手中销路很好时，他们则强调说国内市场与国外如何如何的不同。他详细解释了那个由他推行的销售调访制度的必要性。"但他们根本就不想知道"，阿兰告诉总经理，"有些人甚至故意阻挠这个制度的实行。看完这些报告你就会明白。"说着，他把一叠报表扔在总经理的办公桌上。

科林浏览了这些由区域推销员填写的活页表格，注意到其中没有一张表格是按规定的方法填写的。对于有些关于顾客接受新产品的能力问题，一些推销员甚至填上了近似谩骂的话。有一个推销员在表格上写道："是填表格，还是搞推销？扔掉这些毫无用处的东西吧！"

接着阿兰开始说明如何实施他的宏伟计划。他要解雇6个推销员，因为他们都曾嘲弄过他的询访汇报制度，并且还用别的方式阻挠他的努力。他还建议让达根也走，或者用他的话说："让达根正式退休。"他要招聘一些有进取心的年轻人来换班，使销售人员的平均年龄从现在的50岁降低到40岁左右。

"阿兰，你认为这种做法是不是有些激进？"科林打断他的话，"你不能一下子就解雇1/3的推销员。你为什么不招聘两个新培训的推销员来逐步加强销售力量呢？我会批准这两个额外的人力。不管怎么说吧，这两个人的工资也要比按你的意见而使我们所要支出的解雇费少得多。"

"按我的计划，的确会使公司支出一笔比解雇费多得多的费用。"阿兰坚持道，"为了吸引我需要的那种人，推销员的提成奖金应该增加50%。事实上，我们现在的根本问题就是销售人员工资太低造成的。我们过去招聘和培训的所有有能力的推销员为了多挣工资都离开了我们公司，而这些年来你建立起来的销售人员小组，其中都是些本事不大、难以另有高就的人。"

阿兰随后提交了一份详细的报告，计算出解雇的7个人、招聘和培训补充人员和增加一半提成奖金等费用，这将会使他的销售部门在1年之内增加40%的开支。他预计在这1年期间，销售额只能增加5%。但他补充道："如果第二年销售额不能增加30%的话，我就辞职。"

那天晚上，总经理科林偶然碰到达根。闲聊了一会儿彼此的家庭情况后，他问道："销售小组的情况怎样？""不太好。"达根蹙着眉头回答，"这些新的日常文书工作使我们的进度慢下来了。"他犹豫了一下，然后继续说："在我们两人之间，年轻的阿兰已经使所有的人都和他作对。一些推销员用辞职来威胁。如果他们走了，你会看到他们将带走一大批客户。你不得不承认，我们的工业品正处于逐步衰退的状况。我们之所以能够提高产品的市场占有率，无非是靠我们的推销人员这些年来建立的私人联系。"

第二天，总经理科林叫财务经理仔细核算一下阿兰的计划。核算结果表明，阿兰的成本估计是相当准确的。任命阿兰为销售经理，主要是根据他创造的击中销售目标的记录。但是，阿兰对新产品如此信赖是否正确呢？达根曾经透露，推销员们没有大力推销新产品，因为它们可以作为价格较高的老产品的代用品。

再说，阿兰的计划意味着在本年度公司将有少量的亏损，而不是预算的利润。但如果阿兰是正确的话，那就意味着在以后几年内将获得更高的利润。在科林看来，如果在第二年销售状况还不能好转，他这个总经理也就当不成了。他又推想，如果他不支持阿兰，那就只好解雇他，而任命达根为销售经理，免得两头为难。

科林有一个比支持或解雇阿兰更大的疑难问题，那就是为自己的前途担心。作为总经理，他最重要的责任之一就是规划公司的远景，而现在看来他似乎并没有做好这件事。假如达根所谓关于公司的营业是处于下降趋势，新产品正在替代价格较高的老产品的说法是对的，那么制定规划就应该有先见之明，从而制定出相应的销售方针。

尽管阿兰对他的销售人员评价很低，他们对自己所干的一行似乎比阿兰更精通。与其乞怜于国外代理商的成功，倒不如接受意见放弃他新建立的汇报制度，和他的推销员们一道开始认真考虑基本原则。

科林不支持58岁的达根而支持比他更年轻的阿兰，这种做法也许是对的，但是他选择这个新人的思想基础却是肤浅的。任命阿兰主要是由于他过去击中销售目标记录，但是，阿兰在处理人际关系方面却从来没有打破纪录，而且似乎他以前从来没有接受过这种人际关系的训练。

当前的一些麻烦是由于科林未能积极地解决达根的职位而产生的。如果达根确实已经完全失去他在公司所起的作用，那么，给他一笔退休金是合情合理的事情。但是他对公司的销售情况似乎比科林或阿兰了解得更多，还是值得留用的。

【案例点评】

总经理当然不应该批准阿兰的宏伟计划。为了避免使阿兰难堪，他应该承认自己对市场状况没有全面的了解，提议由阿兰、达根和他本人一起开展一次实地调查研究活动。他们应该尽力搞清（因为看来他们并不清楚）其公司的市场规模、市场占有率以及它是否像达根所说的那样正在增加。通过调查，就不难明白对他们公司的推销员应该如何评价以及如何与竞争对手相比较。

关于推销员的工资和佣金，贸易协会应该能够给他们提供一些有用的可供参考的信息。同时，公司的人事科也应该能够作出调查结论，对过去几年里离开公司的那些有本事的推销员进行深入的调查，以明确他们是否实际上都在他们找到的职业中有了更多的收入。

访问一些国外代理商和他们的顾客也应该作为实地调查的一部分内容。通过调查，也许会获得一些有价值的信息，特别是公司在发达国家中是否正在取得成功的信息。但是，如果公司果然是处于生产率趋于下降的工业体系中，不难猜想，公司正在从比较不发达的国家中取得良好的成绩。在那里，人们对老产品仍然有着强烈的需求。

科林、阿兰甚至连和蔼可亲的达根也算在内似乎都不曾负起了解市场销售情况的责任来，因此他们或许难以得出制订一项适当的市场销售计划所需的答案。由此看来，科林应该委托一个外部咨询机构，帮助公司进行市场调查和制定销售方针。花这笔钱要比同意阿兰使销售科增加40％开支的计划稳妥得多。

当市场情况调查清楚时，科林不妨考虑任命达根为外地销售经理，直接负责销售人员的管理工作。因为达根与他们的关系融洽。假使那样的话，就应该由阿兰负责制定销售政策，并与产品开发组一道研制更现代化的新产品,设计更好的广告和促销方案以及改进售后服务工作。

与此同时,科林应该送阿兰去接受一次短期培训,学习如何处理人际关系以及如何调动部下的积极性。他还应该说服阿兰不要把精力过多地放在销售人员的报表上,而应花更多的时间与他们一道出去作实地调查。

疑虑一经解除,科林需要解决的问题就不只是阿兰的轻率而不成熟的计划了。他至少应该开始着手拟定一项适宜的、长远的经营规划,还必须逐步拟定出与该规划有关的所有其他内容,并在实施过程中不断修正。只要正确地做好这些事情,他就能管理得更好,他的公司就大有前途,而且他还能像往常一样去享受那两个小时的美味午餐了。

资料来源:《销售与市场》1996年第二期. 作者:黎敏

思考题

1. 销售人员应当具备哪些优秀品质?
2. 针对销售人员的激励方法有哪些?
3. 销售人员的薪酬有哪些类型?各有什么优缺点?
4. 销售人员的绩效评估方法有哪些?如何确保绩效评估的有效性?
5. 销售经理的重点任务有哪些?
6. 销售经理一般要充当哪些方面的角色?

本章案例

A公司销售人员绩效考核

1. A公司现状

A公司是我国制造业信息化领域主要的PLM方案和服务提供商(PLM是一种应用在单一地点的企业内部、分散在多个地点的企业内部,以及在产品研发领域具有协作关系的企业之间的,支持产品全生命周期的信息的创建、管理、分发和应用的一系列应用解决方案,它能够集成与产品相关的人力资源、流程、应用系统和信息),主要从事PLM软件开发、销售及服务。开发出拥有自主知识产权PLM软件产品和解决方案。其产品深受国内制造业企业的喜爱,曾荣获中国软件行业协会"金软件奖"以及"中国制造业信息化工程十大优秀供应商"等荣誉。A公司国内销售网遍布全国绝大部分省、直辖市,已在全国建立起了7个大区35个营销和服务中心,公司员工人数500人,其中销售人员350余人,研发人员100余人。

随着软件正版化意识的增强,国内制造业企业越来越重视对软件的投入,制造业软件行业处于快速发展期。在这样的环境下,处于成长期的A公司需要扩大营销,增加人力资源,以满足市场对其产品和服务的需求。然而随着A公司在中国日益壮大,其竞争对手及仿制者也如雨后春笋般涌现,虽然公司2006年、2007年、2008年在中国的销售业绩呈上升趋势,但其所占的市场份额却出现下降趋势。

公司实行总经理负责制,组织结构为直线职能制,公司下设销售部。公司销售部由全国各地35个办事处组成。销售部的销售人员有350余人。销售部设经理,管理各个办事处。

各地办事处设立负责人一名,直接向销售部经理汇报。销售人员平均年龄低,受教育程度高。

公司销售人员的绩效考核是目标管理体系,在目标的制定方面是由上而下进行的,通过布置任务完成计划指标。每年末公司制定第二年的销售预算,目标分解至各办事处。销售人员的绩效考核主要由年度绩效考核、季度绩效考核组成,两项考核共同构成了一套完整的绩效考核体系。考核时由人力资源部门根据财务部门提供的数据,主要对销售收入、利润率、回款额等指标进行考评,指标完成情况与部门人员的绩效工资和奖金挂钩。人力资源部门对销售部门的考评主要来源于表1和表2所示的两份统计表。

表1　A公司产品出货单

姓名	部门	产品种类	出货时间	出货单位

表2　销售人员奖金核实表

姓名	部门	任务额	销售额	回款额	利润率	奖金额

1) 年度绩效考核

每年年末,公司会根据以上两张表数据以及销售人员的上级评议对每位销售人员进行考核,销售人员的年度绩效考核将作为销售人员年终奖金的发放和员工发展的依据。

2) 季度绩效考核

每季度末,公司会依据以上两张表数据对每位销售人员进行季度考核,考核的重点是销售额和回款额。根据以上指标来确定季度奖金。

2. A公司销售绩效体系的问题分析

为了了解公司销售考核体系的运行状况,通过与A公司相关高层的充分沟通,对公司销售人员进行了问卷调查,调查共发放问卷357份,回收342份,有效问卷325份,回收有效率为91.03%。通过对问卷调查的分析,总结出公司销售考核系统存在的主要问题突出表现在以下几个方面。

1) 考核指标不能充分传递公司战略

公司的任何行动都应该围绕战略展开。为了使公司员工都能了解和理解公司战略,就需要公司相关部门对战略进行宣传。但更为重要的是需要把公司的战略通过规章制度(如绩效考核制度)等传递给每一个员工。这样,每一个员工不仅能了解公司的战略,同时所做的工作都是围绕战略来进行的。如果公司的销售绩效考核不能很好地传递公司战略,势必使得销售人员的工作偏离公司战略,就会造成不必要的人力、财力的浪费,甚至还会起到反作用。

问卷调查结果显示,A公司的销售绩效考核体系不能充分地传递公司战略。超过七成的销售人员认为现有的考核体系不能充分体现公司战略。

2) 考核指标设计方面只重结果

考核指标基本上是销售结果指标，如销售额、销售量等，而对销售过程管理和工作职责方面的内容却极少提交。调查问卷中有64%的销售人员选择目前绩效考核指标内容不全面，说明公司对销售过程等方面的考核还不够重视。另外，单纯的财务指标对企业发展战略的支持性不足，不能真实和全面地度量各销售人员的时间工作绩效。这种以偏概全的考核容易导致这样的结果：销售部门都能够完成甚至超额完成公司下达的指标，但整个公司的市场竞争力却并没有因此增加。调查发现大部门销售人员对考核指标还是比较明确的，但只是基于销售量指标的考核，易于造成销售人员过度注重销售结果，而忽视了市场培育和整个销售增长的长远发展。

3) 绩效考核指标制定缺乏沟通

在制定考核指标时，高层管理者制定总体销售目标，再分解到各个销售办事处直至每个销售人员，在这个过程中，管理者很少和销售人员进行充分的双向沟通，没有和目标执行人达成共识。访谈中有些销售人员抱怨道："上级经理说销售额要完成多少就是多少，如果我说指标完不成，经理就根本不理会。"没有就考核指标充分地沟通往往会导致销售人员的反感、抵触，进而会影响工作的效率和效果。

4) 缺少绩效反馈面谈环节

绩效评估结束后，企业管理人员应把评估的结果对员工进行反馈，分析这一绩效期间完成计划任务的心得、未能完成计划任务的原因、应该从哪些方面进行改进等。然而在A公司却忽视了绩效反馈面谈环节，无人真正对绩效考核结果进行认真客观的分析，没有利用考核过程和考核结果来帮助员工的绩效、行为、能力、责任等多方面得到切实的提高。

通过问卷调查以及与几位销售经理和销售人员座谈，了解到：有些管理者把绩效反馈面谈当作例行公事。面谈对象的选择比较随意，面谈地点也不太合适，面谈时间一般十几分钟甚至更少。有时面谈的气氛非常紧张，最终不欢而散。大部分管理者由于平时工作太忙，抽不出时间与下属面谈。

5) 绩效考核的应用不充分

在实施绩效管理过程中，通过对各种资料、相关信息的收集、分析、判断和评价等流程，会产生各种中间考核资料和最终考核信息资源，而A公司仅把考核结果与奖金挂钩，就草草了事，没有把这些信息资源充分运用到人力资源战略规划、员工的职业发展、培训以及人事决策等多项工作中去，造成考核资源的极大浪费。

调查结果显示，公司绩效考核的目的好像只是为销售人员提成、奖金的发放提供依据，甚至有的销售人员认为绩效考核就是一种罚钱制度。

3. 利用平衡计分卡设计绩效考核体系

为了建立基于平衡计分卡的销售人员考核体系，A公司销售部将整个建立过程划分为三个阶段，即计划阶段、开发阶段和运行阶段。

1) 计划阶段

(1) 建立团队。

建立导入团队是一项必不可少的工作。因为很多人会对新的绩效考核办法产生抵触情绪，为了消除这种抵触性，尤其是在设计指标时消除抵触，需要"集体的智慧和力量"。为此，A公司建立了导入团队，组长由销售部经理担任，副组长由人力资源部主任担任，成员包括来自各销售办事处的负责人。各成员的职责如下：

组长作为发起人,负责主导整个销售人员绩效考核体系的建立工作;为团队提供有关战略和方法的背景信息;保持与高层管理人员的沟通;在组织内激发对销售人员绩效考核体系的支持。

副组长作为小组的直接领导人,负责小组组织会议的计划、跟踪并向有关人员报告小组成果;为小组提供基于平衡计分卡的销售人员绩效考核体系的思想指引;保证小组获得所有相关的背景资料。

小组成员负责提供有关本办事处的信息;开发公司基于平衡计分卡的销售人员绩效考核体系。小组成员在计划阶段和开发阶段完成以后,将转为实施成员。

(2) 建立沟通机制。

沟通是建立体系成功与否的重要影响因素。因此,在导入过程中建立定期的或不定期、正式的或非正式的沟通机制至关重要。为此,A公司销售部建立了以下几个沟通渠道。

小组内部简报:主要介绍小组内部工作动态,分发范围是小组成员和公司管理人员。

公开简报:主要介绍基于平衡计分卡的战略绩效管理体系的知识、小组开发阶段性成果,以及发起观点讨论,发布范围是小组成员。

书面征求意见:通过座谈、一对一面谈等形式对阶段性研究成果向有关人员书面征求意见和建议,以达成共识。

阶段成果报告会:以会议方式向公司管理人员正式汇报成果。

2) 开发阶段

在完成了计划阶段的各项工作以后,A公司开始进入开发阶段的工作内容,主要包括:开发公司销售人员平衡计分卡和建立运行机制。

(1) 开发销售人员平衡计分卡。

开发A公司销售人员的平衡计分卡可由以下几步来完成。

第一步:分解公司战略目标

战略目标是企业在其经营过程中所要达到的市场竞争地位和管理绩效的目标,它规定着组织执行其使命时所预期的成果,明确的战略目标是企业战略有效实施的前提。在此不讨论公司战略如何确定,而是在战略确定的情况下来建立绩效考核体系。A公司确立的下一年度战略目标是:财务指标达到公司要求的目标、提升产品品牌知名度。

第二步:绘制公司销售战略地图

战略地图是公司战略的可视化描述,也是开发绩效指标体系和行动计划的前提和基础。如果没有战略地图,公司的绩效指标体系和行动计划将失去内在因果逻辑关系,变成一堆KPI指标和工作项目的杂乱堆砌,分不清轻重缓急,并无法取舍。通过导入的沟通和协商,最终确定公司销售战略地图,如图1所示。

针对战略地图的各个层面说明如下。

① 财务层面。

在以盈利为目标的企业中,创造长期股东价值最主要的表现是财务目标,即利润最大化。为了实现这个目标可以从以下两个方面来考虑:一方面是增加收入,在保持现有业务收入水平的基础上,开发新客户和增加老客户销售都能达到增加收入的目的;另一方面即降低成本,通过提高销售达成率来降低销售费用,通过严格费用审批制度等措施,减少不产生收入的费用。

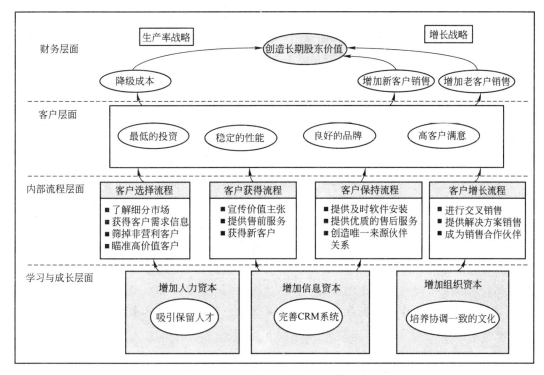

图 1 A 公司销售战略地图

② 客户层面。

为了实现财务层面的目标,就需要向客户提供客户价值主张的产品。一般来说,在制造业软件行业,客户比较关注的是:一是购买产品最低的投资成本,这不仅包括产品的购买成本,也包括服务成本等;二是产品的性能稳定好坏,性能稳定可靠的软件产品实际上是为客户节约了成本;三是产品是不是具有良好的品牌效益;四是产品是不是具有很好的客户满意度。可以根据不同的业务确立公司的目标顾客群,了解其需要,通过高质量的产品和快速、有效的服务实现对顾客的承诺,从而可以提高客户满意度。

③ 内部流程层面。

为了实现财务层面和客户层面的目标,就需要通过公司内部运营实现。客户的选择和获得提供了新的收入来源,尤其是在企业进入新市场并增加新产品服务时。客户的保留和客户的增长流程应该产生增长的客户价值。来自这些流程的期望成果包括公司赢得的客户销售额增长和保持长久良好的客户关系。

● 客户的选择:客户选择流程始于将市场细分为较小的特殊市场,每个小市场都有截然不同的特征和偏好。通过一定的方法衡量客户偏好和需求,将客户区分为截然不同的细分群体。一旦确定了可能的细分客户,就需要选择目标细分客户。作为销售的前期准备工作,还需要了解目标客户的需求信息。在选择客户时,要筛选出非营利客户,更加关注高价值的客户。有些客户使用服务的成本高于他们提供的费用,特别是那些寻求最低报价的客户,从这些客户上很难获得应有的利润。有些客户不仅能提供可观的价值回报,并且还能发展成为战略上的合作伙伴,这些高价值的客户是必须重点关注的。

● 客户获得:获得新客户是最困难和最昂贵的客户管理流程。必须向新客户宣传公司的价值主张,同时要通过一定的方法来启动客户关系。这些方法包括向客户介绍公司产品的优点,必要时可以为客户提供软件产品的试用,让客户了解产品的特点,也可以许诺给客户高折扣的产品来获得客户。

● 客户保留:一般来说,保留客户远比持续增加新客户取代那些背叛的老客户节约费用。忠诚的客户看重企业产品的质量和服务,并常常愿意为获得的价值付出稍高的价格。客户寻找代替品的可能性较小,因此潜在的竞争者必须提出显著的折扣才能吸引客户的注意力。企业保留客户,一部分是通过持续地传递公司的价值给客户,但也更多地通过服务质量的万无一失。客户可能背叛那些对信息和问题解决需求反应迟钝的企业。所以在客户保留方面,公司不仅要做到提供及时的软件安装,也要做到提供优质的售后服务。为了实现上述的目的,就需要销售人员在客户和公司之间做好充分的沟通、协调工作。

● 客户增长:增加客户的价值是任何客户管理流程的最终目标。企业应该积极地管理好客户的合作周期。通过交叉销售以及与客户建立伙伴关系的企业,来增加客户消费的份额。日益增长的关系深度和广度不仅增加了客户的消费份额,同时也增加了客户转换到其他供应商的成本。更为重要的是,企业如果能够与客户结为销售伙伴关系,让企业与客户成为共同受益者,实现客户增加目标就容易得多。为了实现这个目标,销售人员就要从更高的角度来从事销售活动。

④ 学习与成长层面。

企业为了实现财务目标所做的一切计划活动都是由员工来完成。这说明员工绩效与财务回报之间存在明晰的联系。不仅员工选型与成长层面的指标会改善企业组织的财务绩效,而且通过这些指标可以为维持长期的成功铺平道路。对于软件企业来说,学习与成长层面应需关注以下几个方面。

● 增加人力资本准备度:人力资本准备度是衡量公司合格员工的程度。人力资本准备度越高,实现战略目标的可能性就越大。常用提高人力资本准备度的方法有招聘企业外的员工和培训企业内的员工。对于软件公司的销售人员来说,为了达到公司合格员工的标准,就需要常常参加公司组织的培训。

● 增加信息资本准备度:随着IT的发展,信息资本对企业发展的影响越来越大。对于销售部门来说,信息资本主要指销售软件准备程度以及对销售软件使用的程度,更为重要的是对销售软件的充分利用。

● 增加组织资本准备度:企业组织效率的高低对企业目标实现有很大的影响。在销售部门,通力合作的销售团队往往能取得更好的销售业绩。

第三步:确定销售人员关键业绩指标

战略地图给出了要实现战略需要努力的方向和需要达到的关键目标,为了实现这些关键目标,就要制定关键指标来衡量是否达到这些目标。在制定销售人员关键业绩指标前,按照平衡计分卡的设计方面,首先要讨论一下公司的关键绩效指标,根据公司的关键业绩指标逐层分解制定销售办事处的关键业绩指标,再根据销售办事处关键业绩指标设定销售人员关键业绩指标。

公司级的指标:公司级的指标与公司战略紧密相连,具体地讲,在公司战略中指出巩固产品品牌,在关键指标中的第一指标是品牌形象,而品牌形象又从客户满意度和市场定位这两个指标衡量。在公司战略另一个目标是财务目标的实现,即提高销售额,体现在关键指标上,分为一级指标:开发新客户和增加老客户销售。开发新客户,这部分内容将体现在销售办事处的关键指标中。在内部流程方面:通过卓越运营来达到提高运营效率。在学习与成长角度方面:重点突出了对留住骨干、员工成长、能力提升及员工发展计划的制订。

销售办事处的指标:销售办事处的指标与公司指标的制定紧密相连,公司涉及销售办事处的指标分解为:提高销售额可由开发新客户和增加老客户销售来达到;巩固产品品牌可由市场占有率和客户满意度来承担。在内部流程方面:通过新产品上市的数量、拜访客户的数量以及售后服务来达到提高运营效率。在学习与成长角度方面:针对员工培养制订员工成长、能力提升及员工发展计划,以储备人才为重点。

销售人员的关键绩效指标:根据销售办事处的指标,导入团队经过沟通、探讨最终确定销售人员关键绩效指标。

第四步:确定销售人员关键业绩指标权重

确定关键绩效业绩指标权重有不同的方法,该公司用层次分析法来确定绩效指标的权重。

层次分析法是在20世纪70年代初提出的,是一种基于定性和定量分析的层次化、结构化决策方法,是一个先分解、再判断、最后综合的过程。基本思路是将一个复杂的系统分解成几个独立的组成因素,并按一定的关系将这些因素分成一定阶层,形成有序的层次,建立起描述系统内部特征或功能的层次结构。然后结合定量和定性的方法,对每个层次中的各元素进行比较,按元素之间的相对重要性作出定量表示。通过这种量化的描述,层次分析法使人们在面对多目标、多准则的决策问题时,能作出更为可行、有效、可靠的决策。层次分析法主要包括建立层次结构、构造判断矩阵、确定权重、进行一致性检验四个步骤。通过层次分析法(过程略)得到A公司销售人员的平衡计分卡,如表3所示。

表3 销售人员的平衡计分卡

公司绩效层面	关键绩效指标	权重			目标值	计分值		
Perspective	KPI	CSF	KPI	Pts.	2009	100分	60分	0分
财务层面	销售完成率	50%	50%	25分	100%	100%	90%	80%
	销售回款率		30%	15分	100%	100%	90%	80%
	销售利润达成率		20%	10分	100%	100%	90%	80%
客户层面	市场占有率	20%	40%	8分	36%	36%	34%	32%
	客户满意度		60%	12分	90%	90%	60%	50%
内部流程层面	新客户增长率	20%	30%	6分	30%	30%	20%	10%
	老客户续签率		20%	4分	90%	20%	15%	10%
	拜访客户数量增长率		30%	6分	30%	30%	20%	10%
	老客户流失率		20%	4分	10%	10%	15%	20%
学习与成长层面	培训完成率	10%	50%	5分	100%	100%	90%	80%
	客户信息录入完成率		50%	5分	100%	100%	90%	80%

对表3说明如下。

① 财务层面:财务层面始终是销售人员应该重点关注的层面,所以财务层面的权重比

较高，占到了一半的权重。销售人员财务层面关键业绩指标为销售额完成率、销售回款率和销售利润达成率。在这三个关键指标中，销售额的完成情况直接关系到财务目标的实现与否，所以它的权重在财务层面中是最大的。也说明销售人员最主要的任务是全力完成销售任务。在销售额完成的基础之上，销售回款率和销售利润率也是财务关注的目标，因为在企业发展中，投资利润率始终是企业生存、发展的基础。

② 客户层面：客户层面的指标主要体现公司战略中提高品牌的目标，主要是通过市场占有率和客户满意度来衡量。

③ 内部流程层面：销售人员的内部流程层面主要是围绕客户的角度来展开的。这些工作包括客户的选择、获得、保留和增长，在关键业绩指标中对应的为拜访新客户增长率、新客户增长率、老客户流失率和老客户续签率，这些指标的完成是财务目标达成的基础。

④ 学习与成长层面：作为公司的目标是要尽量多地获得合格的员工，达到目标的方法之一是对公司的员工进行有效的培训，所以公司的员工要及时参加培训，才有可能提高。在销售人员的平衡计分卡中，学习与成长层面的指标为培训完成率和客户信息录入完成率。

为了明确各绩效指标的背景、含义，以及数据来源、统计方法等，还必须开发"指标字典"，其格式见表4，这也是绩效指标设计中最重要、最烦琐的工作。

表4 绩效指标字典

层面：内部流程层面	指标号/名：C02/客户满意度	责任人：销售部经理
战略/战略主题：提高产品品牌		目标：客户满意
指标描述：客户满意度，是指公司所服务的客户对公司服务满意的程度。客户满意度越高，公司整体服务水平就越高，越有利于公司产品品牌的提高		
滞后/前置指标：滞后指标		报告频率：每年一次
计量单位：%		极性：数值越高越好
公式： 客户满意度＝满意客户数÷调查客户总数×100% 其中：客户指公司正在服务的客户，包括合同执行中和服务期内的客户； 调查客户100%覆盖客户总数；调查客户不返回问卷的，视为不满意客户		
数据来源：公司市场部数据		
数据质量：中		数据收集人：市场部经理
基准值：2008年70%（估计）		目标：2009年80%
目标制定说明：客户满意度指标是反映公司整体水平的重要指标。如果客户满意度持续降低，公司将无法长久生存。我们采取了稳步增长的方法进行指标设置，目的是强调公司在提升客户满意度方面的努力		

应该说明的是，制作指标字典也是最好的沟通方法，因为当绩效指标体系请求通过时，任何审查的人都会问"为什么选用这个指标"、"这在战略上有意义吗"、"这些指标怎么计算"、"谁为这些指标负责"？面对这些问题怎么应答呢？指标字典是最好的书面回答方式。以上面的指标字典为例，逐一讨论该字典中的各项内容。指标字典可分为指标背景、指标的各种特征、计算和数据分类和绩效信息四个部分。

第一部分是指标背景部分，包括以下栏目。

层面：平衡计分卡的四个层面，所有绩效指标都应归入描述的层面。

指标名称：对所有的绩效指标都应该提供编号和名称。为了方便查找，并为今后导入计算机软件打下基础。

责任人：对该绩效指标结果负责任的人。平衡计分卡不仅能够把通往成功的关键战略传达给整个企业组织，而且能够创造一种"结果受托责任制"的文化。结果受托责任的中心是明确每一指标的责任人。简单地说，责任要为结果负责。如果绩效指标开始下降，责任人必须对此作出说明，并提出与实现预期绩效指标目标一致的行动计划以改善之。

战略/战略主题：说明该绩效指标将正面影响的战略和具体的战略主题。

目标：每个绩效指标都是对某一个具体目标的另一种描述，在指标字典里需要明确相关的目标。

指标描述：这一部分是简要、确切地描述指标的含义，以便任何阅读此表的人都能够迅速地明白该指标对企业具有重要意义的原因。

第二部分是指标的各种特征部分，包括以下栏目。

滞后/前置指标：说明该绩效指标究竟是核心的结果指标，还是绩效驱动的指标。

频率：报告该指标的时间间隔，需要说明指标的频度的时间不要太短，也不要太长。一般是按月计算，最好不要超过一年。

计量单位：指绩效指标的单位，比如个数、元、百分比等。

极性：指数据大小的好坏程度。数据极性基本有四种情况：一是指标数据越大越好，如销售收入和利润；二是指标数据越小越好，如质量不合格率、成本费用；三是指标数据在某个范围越趋近于中间值越好，如员工满意度一般在55%～95%，趋于75%比较好；

第三部分是计算和数据分类部分，包括以下栏目。

公式：在这个栏目里，应该提供计算绩效指标的具体要素。导入团队考虑到各个办事处情况有区别，公式中有的来自于公司下达的数据会根据具体情况而不同。

数据来源：每个指标都应该有某些特定的来源，这些来源包括现有的管理报告、外部购买的信息、顾客数据库，以及财务报表等。

数据质量：本栏目用于评价绩效指标体系结果报告所要求的数据质量。如果数据可以从来源的数据库中自动产生且容易评价的话，可以认为质量很"高"；但如果数据来源很间接，比如数据来源于说明性的文字报告，而这份报告又来源不清，则这个信息的质量就很"低"了。

数据收集人：在指标责任人的这个栏目必须明确谁该为结果负责，但通常这个人并不是提供该实际数据的人，因此，一般需要落实数据收集人。

第四部分是绩效信息部分，包括以下栏目。

基准值：一般情况下，绩效指标体系的使用者对目前所有指标的绩效水平都很感兴趣，尤其对那些在目标制定上面临挑战的人而言，基准值对他们的工作更是至关重要的，因此有必要进行基准值说明。当然，对于全新指标来说，也许根本还无法获得基准值的信息，那么可以暂时空在那里，待一个报告期后有了数据，就可以以此作为基准值，这时也可以同时重审一次目标值。或者也可以基于现状对基准值进行估计，待有累积数据后再修正。

目标：指绩效指标应该达到的计量程度。

目标制定说明：说明目标制定的基本原理，以及制定的依据。

第五步：确定绩效指标基准值和目标

绩效指标体系建立完毕以后，还需要为各指标确定绩效基数和目标，在确定目标的基准值时，常见寻求基准值的信息来源渠道，包括员工、公司历史数据的趋势分析、与高层管理人员的面谈、顾客、行业竞争对手、行业研究报告、标杆等。另外在确定目标值时，不要把目标定得太低或太高。太低的目标值，起不到效果，太高的目标值又达不到，导致效果也不好。

第六步：制订行动计划

当明确了公司战略、开发了地图、设计了绩效指标体系并确定了绩效目标以后，还必须制订相应的行动计划，以确保绩效指标的达成。那么行动计划该如何编制呢？可以通过以下四步来建立行动计划：第一，通过集思广益，采用"TO DO LIST"的便签条将各种可能改善指标的行动措施罗列出来；第二，用图表描述各种行动措施与各种战略目标的关系；第三，删除那些非战略性的行动；第四，根据行动措施的轻重缓急、资金和人员需求、行动效果显现的时间等确定行动的优先次序；最后，形成行动计划并保留"TO DO LIST"和描述行动措施与战略目标的关系图表，以备下期检讨行动效果时查阅。显然，没有行动计划支持的绩效指标体系将是"无源之水"，行动计划是基于平衡计分卡销售人员绩效管理体系的重要组成部分。

(2) 建立运行机制。

完成销售人员平衡计分卡的设计以后，为了能够使整个绩效体系有条不紊地运转起来，还必须制定一些必要的运行机制和保障措施。

为此制定了《销售人员绩效考核的管理办法》，重点明确了维护或破坏平衡计分卡的奖惩办法，以及绩效考核的管理流程和各成员的职责等内容。

在经过了上述保障措施的安排后，就进入了销售人员绩效考核体系的运行阶段。

3) 运行阶段

(1) 综合运用。

在原考评体系中，考评结果只与工资奖金挂钩，不仅降低了考评的作用，而且使员工对考评工作产生误解。作为人力资源管理职能中的核心环节，绩效考评与人力资源管理职能之间存在着非常密切的关系，因此在新的绩效考评体系中，绩效考评的结果不仅是员工绩效改进的根据，还要强调考评结果与人力资源管理职能系统其他环节的结合运用，主要体现在以下方面。

① 用于员工报酬的分配和调整。

管理部门依据销售人员的业绩指标完成情况，参考员工个人的态度与能力考评结果，以报酬的形式对员工的工作进行反馈，激励员工挑战新的工作目标。A公司销售办事处以往采用的是单一薪制，这种薪酬体系虽然操作简单，但却缺乏灵活性和激励性，比如在销售人员因故休假期间工资如何发放，销售人员出现工作失误或做出突出贡献时，薪酬如何发放等都没有明确的标准，具有一定的随意性。而公司目前决定实施销售平衡计分卡的一个目的就是想借此建立销售人员的绩效考核体系和激励体系。因此，建立与销售员工绩效考核体系相对应的浮动薪酬体系将势在必行。浮动薪酬体系的主要想法是将销售人员的工资分为基本工资、间接工资和浮动工资三个部分。销售人员在完成每月的日常工作后都将获得基本工资，而由于全勤、节假日奖金、福利等将作为销售人员的间接工资部分，根据每个销售人员季度或年度考核结果给予不同幅度的奖励或惩处。

② 用于招聘决策。

当人力资源部门通过对考评结果的分析,认为某些员工在工作能力或态度上存在的欠缺,是无法通过培训来解决时,或者发现是由于工作量较大,而影响工作成绩时,人力资源部门就可能需要制订相应的招聘计划,开展招聘工作了。

③ 用于人员调配。

人力资源部门通过考评结果,如果发现某些员工的绩效不佳是由于工作能力不够,就需要果断地换岗;同时,对于绩效成绩优秀的员工,人力资源部门可以积极地培养、推荐和提拔,为他们创造上升的渠道和空间。

④ 用于人员培训与开发决策。

通过考评结果,人力资源部门会发现员工身上存在的不足之处,就可以对员工开展有针对性的培训,帮助员工提高工作所需的知识和能力,为企业的长期发展战略奠定人才基础。人力资源管理最直接的目标就是提高员工的工作绩效,而绩效考评的结果正是对这一核心目标的最直接体现,所以优化后的绩效考评体系要注重通过考评结果的广泛应用,促进绩效考评工作的良性循环。

⑤ 完善销售人员考核制度。

通过平衡计分卡的实施,每个员工都应明确自己的工作目标和考核指标。A公司的销售人员绩效考核体系基本上是以销售额作为考核依据,而平衡计分卡的实施可以通过定期组织员工对绩效结果进行回顾与讨论,使员工将注意力集中在关键目标值上。作为考核制度的补充,可以在每季度进行一次绩效考核,季度考核以KPI等方式进行,年度的考核在前三季度的基础上,配合上级评价的方式,结合员工的年终业务指标完成情况进行总结。

(2) 注意点。

① 平衡计分卡的实施需要决策层的支持。

员工绩效考评决非一日之功,不能一蹴而就。实践中,有不少曾经认真做过绩效考评的企业,后来都半途而废,绩效考核经常遭到来自各方面的批评,但由于它在人力资源管理工作中的重要地位,它是其他管理工作开展的依据,同时对增强组织人力资源竞争力、实现组织战略起着举足轻重的作用,绩效考评依然是管理中需要重视的问题。然而,任何方案都无法做到十全十美的周全,因此,企业在落实方案的过程中,应不断征询各个层次员工的意见,对考评方案加以修正,而不能畏惧于一些不同声音,将考评工作半途而废。事实上,在企业推行任何一项管理措施时,都会产生不同的呼声,主要应看这种呼声的出发点是企业、团队还是自己。在这个过程中,决策层的大力支持和坚定的态度起着至关重要的作用。坚持公开、公平和公正地进行绩效考评,并将其与劳动合同、职务晋升、培训开发和薪酬调整等结合起来,形成一个有机的人力资源管理体系,长此以往,就合自然而然地形成企业独特的考评氛围,并构成公司文化的一部分。

② 需要对平衡计分卡进行动态的管理。

平衡计分卡的指标和指标值的选择是否与公司的实际情况相适应,就需要在平衡计分卡运行时随时跟踪、分析和调整。不能认为,平衡计分卡所确定指标和指标值是固定不变的。同时,平衡计分卡有长期与短期平衡的特点,也需要在指标运行过程中对指标实行动态的管理。

资料来源:游建军《A公司销售人员绩效考核体系设计》北京理工大学硕士论文。

参 考 文 献

[1] 曼宁. 现代销售学. 欧阳小珍, 童建农, 译. 北京: 机械工业出版社, 2011.
[2] 易正伟. 销售管理原理与实务. 北京: 中国水利水电出版社, 2011.
[3] 杜琳, 刘洋. 销售管理. 北京: 清华大学出版社, 2011.
[4] 刘永炬. 销售部. 北京: 机械工业出版社, 2011.
[5] 李先国. 销售管理. 北京: 北京大学出版社, 2005.
[6] 熊银解. 销售管理. 北京: 高等教育出版社, 2006.
[7] 福特雷尔. 销售管理: 团队、领导与方法. 6版. 刘寅龙, 译. 北京: 机械工业出版社, 2004.
[8] 张启杰. 销售管理. 北京: 电子工业出版社, 2005.
[9] 刘敏兴. 销售人员专业技能训练. 北京: 中国社会科学出版社, 2004.
[10] 陈玉峰. 餐饮管理. 北京: 机械工业出版社, 2004.
[11] 余恕莲. 管理会计. 北京: 对外经济贸易大学出版社, 2004.
[12] 宋智勇. 客户资信调研. 广州: 广东经济出版社 2002.
[13] 赵元培, 席振国. 浅谈加强企业应收账款管理. 时代经济论坛, 2007 (1).
[14] 杰克逊, 希里奇. 销售管理. 李扣庆, 译. 北京: 中国人民大学出版社, 2001.
[15] 胡旺盛. 销售管理. 合肥: 合肥工业大学出版社, 2007.
[16] 吴健安. 现代推销学. 2版. 大连: 东北财经大学出版社, 2006.
[17] 金正昆. 礼仪金说: 金正昆教你学礼仪. 西安: 陕西师范大学出版社, 2006.
[18] 刘君茹. 销售实务. 北京: 中国物资出版社, 2002.
[19] 张伟. 双向销售管理. 北京: 企业管理出版社, 2001.
[20] 刘永炬. 消费品企业销售管理. 北京: 企业管理出版社, 2001.
[21] 黄沛. 销售管理. 武汉: 武汉大学出版社, 2000.
[22] 欧阳小珍. 销售管理. 武汉: 武汉大学出版社, 2003.
[23] 刘震伟. 销售管理. 上海: 华东理工大学出版社, 1996.
[24] 李红艳. 信用管理概论. 上海: 复旦大学出版社, 2007.
[25] 胡维熊. 企业信用管理理论与实践. 上海: 上海财经大学出版社, 2008.
[26] 刘俊剑. 信用管理实务教程. 北京: 中国金融出版社, 2008.
[27] 麦肯思特营销顾问公司. 销售团队建设与管理. 北京: 经济科学出版社, 2005.
[28] 朱国正. 做售后服务要注意哪些? 全球品牌网.
[29] 吴向前. 企业员工的绩效评估方法刍议. 管理科学文摘, 2007 (3).
[30] 方家平. 成功实施绩效评估并非易事. 全球品牌网.
[31] 孙斌. 销售主管管什么? 中国营销传播网.
[32] 邓为民. 提高销售预测准确度. AMT企业资源管理研究中心.

[33] 蒋军. 销售计划和目标分解. 中国 MBA 网. http://www.mba.org.cn.
[34] 中国营销传播网. http://www.emkt.com.cn.
[35] 重庆餐饮网. http://www.cqcyw.com.
[36] 中国 IT 推动创新. http://www.cioage.com.
[37] 精品培训网. http://cnshu.org.
[38] 北京派力营销管理咨询有限公司网站. http://www.teampilot.com.
[39] MBA 智库百科. http://wiki.mbalib.com.
[40] 中国企业信用管理网. http://www.creditworld.cn/index.action.